Daten – Recht – Digitale Ethik

herausgegeben von
Dr. Stefan Brink
Prof. Dr. Petra Grimm
Dr. Clarissa Henning
Prof. Dr. Tobias O. Keber
Prof. Dr. Oliver Zöllner

Band 1

Stefan Brink | Petra Grimm | Clarissa Henning
Tobias O. Keber | Oliver Zöllner (Hrsg.)

Das Recht der Daten im Kontext der Digitalen Ethik

 Nomos

Die Open-Access-Veröffentlichung dieses Titels wurde durch die Dachinitiative „Hochschule.digital Niedersachsen" des Landes Niedersachsen ermöglicht.

Die Deutsche Nationalbibliothek verzeichnet diese Publikation in der Deutschen Nationalbibliografie; detaillierte bibliografische Daten sind im Internet über http://dnb.d-nb.de abrufbar.

1. Auflage 2024

© Die Autor:innen

Publiziert von
Nomos Verlagsgesellschaft mbH & Co. KG
Waldseestraße 3–5 | 76530 Baden-Baden
www.nomos.de

Gesamtherstellung:
Nomos Verlagsgesellschaft mbH & Co. KG
Waldseestraße 3–5 | 76530 Baden-Baden

ISBN (Print): 978-3-7560-1716-4
ISBN (ePDF): 978-3-7489-4446-1

DOI: https://doi.org/10.5771/9783748944461

Onlineversion
Nomos eLibrary

Dieses Werk ist lizenziert unter einer Creative Commons Namensnennung 4.0 International Lizenz.

Inhaltsverzeichnis

Teil 1: Orientierung für die Digitalität

Tobias O. Keber
Kompass für die digitale Gesellschaft: Datenschutz und
Digitale Ethik. Einleitung — 9

Stefan Brink, Clarissa Henning
Datenschutz als Ausdruck digitaler Freiheit — 15

Petra Grimm
Digitale Ethik und die zentralen Leitmotive *Sinn, Identität und Verbundenheit* — 37

Teil 2: Daten schützen – Kinder schützen. Ethik der Überwachung in Familie und Alltag

Ricarda Moll
Zur Bedeutung anthropomorpher Zuschreibungen für das Vertrauen in vernetztes Kinderspielzeug — 75

Nina Köberer
Medien – Ethik – Bildung: Privatheit als Wert und digitale Mündigkeit als Bildungsziel — 89

Julia Maria Mönig
Das Recht des Kindes auf Achtung seiner Privatsphäre — 111

Inhaltsverzeichnis

Teil 3: Diskurse zur Digitalität

Walter Krämer
Über das berechtigte Interesse — 125

Daniel Maslewski
Synthetische KI-Lerndaten – Voraussetzungen für einen
Personenbezug — 153

Mike Kuketz
Das Fediverse: Social Media im Wandel — 167

Curriculum Vitae Herausgeber_innen — 185

Teil 1:
Orientierung für die Digitalität

Kompass für die digitale Gesellschaft: Datenschutz und Digitale Ethik. Einleitung

Tobias O. Keber

Digitale Ethik: Ende eines Trends?

In der zweiten Hälfte des vergangenen Jahrzehnts avancierte die Ethik zum vielbemühten Herausforderungs-Management-System. In Ansehung moderner Technologien wird von manchen ein „höherer Moralbedarf" konstatiert, der – so die These – mittels der Ethik als probatem Werkzeug zu adressieren sei. Der „Rise of Ethics" hat seinen Höhepunkt vielleicht 2019, als „Digitale Ethik" von einer großen Unternehmensberatung zu einem der zehn wichtigsten Technologietrends erklärt wird.[1] Das geschah freilich ohne, dass man das so honorierte Feld zuvor definitorisch gegenüber parallelen (Sub-)Disziplinen, namentlich der Daten-, Algorithmen-, Roboter- oder KI-Ethiken klar abgegrenzt hätte.

Eine Vielzahl von Unternehmen, Verbänden, Nichtregierungsorganisationen sowie unterschiedliche Akteur aus Zivilgesellschaft und Wissenschaft folgten dem Trend. Das Projekt „AI Ethics Guidelines Global Inventory" der Initiative Algorithm Watch wies mit zuletzt aktualisiertem Bestand im Jahr 2020 insgesamt 167 ethische Guidelines[2] aus und diese adressierten überwiegend „nur" das auf Künstliche Intelligenz eingegrenzte Feld.

Mehr Ethik wagte auch die Politik. Aus dem Boden schossen neue politikberatende Gremien, die zum Teil neben bereits etablierte Institutionen traten und den ethischen Diskursraum weiter verdichteten. Das konnte man sowohl auf der nationalen, als auch auf der europäischen Ebene beobachten: In Deutschland veröffentlicht der Ethikrat im November 2017 die Stellungnahme „Big Data und Gesundheit – Datensouveränität als informationelle Freiheitsgestaltung"[3]. Dem Auftrag, „die notwendigen ethischen Leitlinien für das automatisierte und vernetzte Fahren zu erar-

---

1 Vgl. Panetta 2018.
2 Vgl. AlgorithWatch 2020.
3 Deutscher Ethikrat 2017.

beiten",[4] kommt die eigens eingesetzte „Ethik-Kommission Automatisiertes und Vernetztes Fahren" im Juni 2017 nach. Ihr Bericht umfasste u. a. 20 ethischen Regeln. 2018 setzte die Bundesregierung eine Datenethikkommission (DEK) ein, die Fragen zu algorithmenbasierten Prognose- und Entscheidungsprozessen, Künstliche Intelligenz sowie der Verarbeitung von Daten in bestimmten Szenarien beantworten sollte.

Auch auf europäischer Ebene „trendete" die „Ethisierung" von Technikkonflikten. Der Europäische Datenschutzbeauftragte (EDPS) widmete sich dem Thema visionär schon 2015 in seiner Stellungnahme (opinion) „Toward a new digital ethics"[5]. Die „European Group on Ethics in Science and New Technologies (EGE)"[6] gab am 9.3.2018 ihre Erklärung zur künstlichen Intelligenz, Robotik und „autonomen" Systemen[7] ab. Im Juni 2018 wurde von der Europäischen Kommission dann noch eine spezielle High-Level Expert Group (HLEG) für Künstliche Intelligenz (AI)[8] einberufen, die 2019 ihre „Ethics Guidelines for Trustworthy Artificial Intelligence (AI)"[9] veröffentlichte.

Die noch junge dritte Dekade scheint sich hinsichtlich des probaten Werkzeugs zur Lösung von Technikkonflikten indes umzuorientieren. Zu beobachten ist eine Verrechtlichung vieler Gegenstände, die zuvor unter Ägide der Ethik sondiert worden waren. Aspekte des datenethischen Diskurses gehen im Data Governance Act sowie dem Data Act auf. Ähnliches gilt für die KI-Ethik, die zum Teil in dem von der Kommission vorgeschlagenen Artificial Intelligence Act reflektiert zu werden scheint. Beginnt man also, im Methodenkoffer das Werkzeug zu wechseln und von Ethik auf Recht umzugreifen?

---

4 Zum Verfahren vgl. die Angaben im Bericht der Ethik-Kommission Automatisiertes und Vernetztes Fahren vom 20.06.2017, S. 7.
5 European Data Protection Supervisor 2015.
6 Informationen zur EGE online abrufbar unter: https://research-and-innovation.ec.eur opa.eu/strategy/support-policy-making/scientific-support-eu-policies/european-group -ethics_en#ege-opinions-and-statements (letzter Zugriff: 04.03.2024).
7 Europäische Gruppe für Ethik der Naturwissenschaften und der Neuen Technologien 2018.
8 Informationen zur AI HLEG abrufbar unter: https://ec.europa.eu/digital-single-marke t/en/high-level-expert-group-artificial-intelligence (letzter Zugriff: 04.03.2024).
9 Die Guidelines sind abrufbar unter: https://ec.europa.eu/futurium/en/ai-alliance-cons ultation/guidelines/1.html (letzter Zugriff: 04.03.2024).

In Vielfalt und Beliebigkeit?

Zu lesen ist bei den Kritiker_innen, die Digitale Ethik sei ein zahnloser Tiger, isoliert und bedeutungslos, und mit Blick auf die zu adressierenden Herausforderungen schlicht nutzlos. Um im Bild zu bleiben, ist die These also, dass das Werkzeug unbrauchbar ist. Begründet wird das unter anderem mit Hinweis auf die eingangs erwähnte Legion ethischer Guidelines der Unternehmen, die sich lediglich als gefällige, nicht sanktionierte Absichtserklärungen darstellten, mit denen sog. ethics washing (Feigenblattethik) betrieben werde. Das ist zum Teil sicher valide. Interessanter ist aber der Blick auf das, was man als zweite Säule der Ethisierung von Technikkonflikten bezeichnen könnte. Es geht um Sinn oder Unsinn der Einsetzung politikberatender Ethik-Gremien.

Führt man die skizzierte Gremienvielfalt einer vergleichenden Analyse zu, ist der Vorwurf von Inkohärenzen zwischen den Ergebnissen einzelner, untereinander auch und gerade im Mehrebenenverhältnis nicht abgestimmten Gremien (isolated in den Worten der Kritiker) nicht von der Hand zu weisen. Tatsächlich sehr unterschiedlich ist das in den Gremien jeweils zugrundeliegende Technikverständnis, das Verständnis hinsichtlich des Verhältnisses von Recht und Ethik, eine eher deskriptive oder normative Herangehensweise oder die Publizität der Arbeitsweise der Gremien, die zum Teil vornehmlich „in camera", also hinter verschlossenen Türen, arbeiten.

Diesem Befund ließe sich entgegenhalten, dass Empfehlungen (welchen Ethikrats auch immer) schlicht unverbindlich sind und ein Bedürfnis gremienübergreifender Kongruenz gar nicht besteht. Nun ist das mit der Unverbindlichkeit aber so eine Sache. Wenn ein öffentlichkeitswirksam bestelltes Expertengremium in einem ausführlich begründeten Papier konkrete Empfehlungen macht, sind diese Leitplanken im digitalpolitischen Diskurs natürlich nicht implikationslos.

Ethics by Design und Digital Ethics by Process

Interinstitutionelle Inkohärenzen sind zum Teil der schwierigen Operationalisierbarkeit ethischer Reflexion geschuldet. Während Jurist_innen auf eine einheitliche und transparente Methodik der Gesetzesauslegung verweisen können, erscheint der modus operandi ethischer Betrachtung vielschichtiger. Der hohe Abstraktionsgrad ethischer Werte erschwert die

Operationalisierbarkeit. Gleiches gilt aber auch für abstrakt formulierte Rechtsnormen. Ein schönes datenschutzrechtliches Beispiel hierfür ist Artikel 25 DS-GVO. Der Abstraktionsgrad der Vorschrift, über die Datenschutz in die Technikgestaltung überführt werden soll („Privacy by Design"), ist so hoch, dass Unternehmen auch vier Jahre nach unmittelbarer Anwendbarkeit der bußgeldbewehrten Vorschrift noch nicht genau wissen, wie sie das umsetzen sollen.

Zugleich enthält das, was als Schnittstellenvorschrift zwischen Ethik, Recht und Technik bezeichnet werden kann, aber einen wichtigen zentralen Gedanken: die Subsysteme müssen interdisziplinär anschlussfähiger werden. Rechtliche Vorgaben müssen im Technikdesign abgebildet werden. Weitergedacht gilt das auch für die Reflexion ethischer Werte. Letztgenanntes, also Ethics by Design, muss dann technisch auch in digitalpolitikberatenden Gremien sichergestellt werden.

So verstanden wäre mit **Digital Ethics by Process** ein Minimalkonsens zu umreißen, dessen Gegenstand beispielsweise Außengrenzen der zulässigen Besetzung der Gremien durch politik-, staats- oder wirtschaftsnahe Expert_innen zum Gegenstand haben könnte. Digital Ethics by Process für digitalpolitikberatende Ethik-Gremien bezeichnet die Reflexion und ggf. die Begründung eines gremienübergreifenden Minimalkonsenses hinsichtlich der Besetzung, der Arbeitsweise, der Entscheidungs- und Ergebnisdokumentation sowie Maßnahmen zur gremienübergreifenden Anschlussfähigkeit.Mit Blick auf die Verfahrensweise wäre weiter zu fragen, ob das in den Gremien vielfach zugrunde gelegte Konsensprinzip dem Auftrag (tiefgehender) ethischer Reflexion gerade mit Blick auf Technikkonflikte hinreichend dienlich sein kann.

Universelle Mindestvorgaben wünschte man sich auch hinsichtlich der Transparenz von Entscheidungsprozessen. Ein Best Practice Beispiel liefert hier die Arbeit des Center for Data Ethics and Innovation (CDEI)[10] im Vereinigten Königreich: Das Gremium hat seine Überlegungen[11] zum Thema „Online Targeting" nicht nur im Ergebnis veröffentlicht, sondern (auch) die

---

10 Informationen zu dem politikberatenden Gremium sind abrufbar unter: https://www.gov.uk/government/organisations/centre-for-data-ethics-and-innovation (letzter Zugriff: 04.03.2024).

11 Vorbereitende Materialien sowie der finale Report mit Empfehlungen sind abrufbar unter: https://www.gov.uk/government/publications/cdei-review-of-online-targeting (letzter Zugriff: 04.03.2024).

Entscheidungsfindung („How did we form our final recommendations?")[12] bestens dokumentiert.

Mehr Transparenz in den Papieren digitalpolitikberatender Gremien schließlich wünscht man sich hinsichtlich des zugrunde gelegten Technikverständnisses und der Relation von Recht und Ethik; die meisten Dokumente schweigen sich hierzu aus.

Wird das Gesagte bei Einsetzung digitalpolitikberatender Ethik-Gremien umgesetzt, erscheinen sie durchaus als taugliches Werkzeug und können auch in Zukunft wertvolle Orientierung liefern.

Zur Schriftenreihe und diesem Band

Eine erste Grundlage, richtungsweisende, anwendungsbezogenen, übertragbare und interdisziplinäre Perspektiven im Kontext einer digitalen Gesellschaft zusammenzuführen, soll mit der Schriftenreihe „Daten – Recht – Digitale Ethik" geleistet werden. Mit Blick auf Herausforderungen, die im besonderen kommende KI-Anwendungen mit sich bringen, lassen sich Datenschutzrecht, Digitale Ethik und Datensicherheit nicht mehr isoliert betrachten – sollte das je funktioniert haben und nicht vielmehr Grundlage des oben beschriebenen Problems sein. Egal, ob man die Auswirkungen von Smart Toys auf das Individuum und kulturelle Praktiken reflektiert, ob man die Datennutzung personenbezogener Trainings-Daten in KI-Anwendungen betrachtet oder das berechtigte Interesse des_der Einzelnen zum Schutz der eigenen Daten mit den Interessen von Unternehmen zur Nutzung abwägt – bei jedem Bezugsproblem sind Datenschutzrecht, Digitale Ethik und Datensicherheit untrennbar miteinander verwoben.

Die Notwendigkeit dieses neuen wissenschaftlichen Verständnisses, um Digitalisierung werteorientiert ausrichten, gestalten und regulieren zu können, wird in den übergeordneten Eingangskapiteln des ersten Teils erneut zugrunde gelegt.

---

12 Grundlage der Empfehlungen der CDEI sind ausweislich der Angaben auf der Webseite (Fn. 51): „Our evidence base is informed by a landscape summary [...]; an open call for evidence; a UK-wide programme of public engagement; and a regulatory review of eight regulators. We have consulted widely in the UK and internationally with academia, civil society, regulators and the government. We have also held interviews with and received evidence from a range of online platforms in addition to advertising companies and industry bodies." Online: https://www.gov.uk/governmen t/publications/cdei-review-of-online-targeting/online-targeting-final-report-and-rec ommendations#fn:51 (letzter Zugriff: 04.03.2024).

Im zweiten Teil wird sich dem Schwerpunktthema „Daten schützen – Kinder schützen. Datenschutz und Überwachung in Familie und Alltag" aus ethischer Perspektive genähert. Hier wird deutlich, welche Herausforderungen sich in diesem aus datenschutzrechtlicher Sicht womöglich noch zu wenig beachtetem Anwendungsbereich stellen.

Der dritte Teil widmet sich dem Facettenreichtum aktueller datenschutzrechtlicher Themen im Licht möglicher Implikationen für den_die Einzelne innerhalb der digitalisierten Gesellschaft. Dieser Teil ist dem Blick nach rechts und links gewidmet und soll den Blick für unterschiedlichste Problemlagen des Datenschutzes geben.

Die Aufbereitung der Themen in der Schriftenreihe Daten – Recht – Digitale Ethik für ein interdisziplinäres wissenschaftliches Publikum soll einen Beitrag dazu leisten, Digital Ethics by Process zu fördern, um Ethics und Privacy by Design (Data Protection by Design) durch ein übergreifendes Verständnis anwendbar zu machen.

Literatur

AlgorithmWatch (2020): AI Ethics Guidelines Global Inventory. Online: https://inventory.algorithmwatch.org/ (letzter Zugriff: 09.06.2023).

Deutscher Ethikrat (2017): Big Data und Gesundheit – Datensouveränität als informationelle Freiheitsgestaltung. Online: https://www.ethikrat.org/fileadmin/Publikationen/Stellungnahmen/deutsch/stellungnahme-big-data-und-gesundheit.pdf (letzter Zugriff: 09.06.23).

Ethik-Kommission Automatisiertes und Vernetztes Fahren (2017): Bericht Juni 2017. Online: https://bmdv.bund.de/SharedDocs/DE/Publikationen/DG/bericht-der-ethik-kommission.pdf?__blob=publicationFile (letzter Zugriff: 09.06.2023).

Europäische Gruppe für Ethik der Naturwissenschaften und der Neuen Technologien (2018): Erklärung zu künstlicher Intelligenz, Robotik und „autonomen" Systemen. Online: https://op.europa.eu/en/publication-detail/-/publication/dfebe62e-4ce9-11e8-be1d-01aa75ed71a1/language-de/format-PDF (letzter Zugriff: 09.06.2023).

European Data Protection Supervisor (2015): Stellungnahme 4/2015: Der Weg zu einem neuen digitalen Ethos. Daten, Würde und Technologie. Online: https://edps.europa.eu/sites/default/files/publication/15-09-11_data_ethics_de.pdf (letzter Zugriff: 09.06.2023).

Panetta, Kasey (2018): Gartner Top 10 Strategic Technology Trends for 2019. Online: https://www.gartner.com/smarterwithgartner/gartner-top-10-strategic-technology-trends-for-2019 (letzter Zugriff: 09.06.2023).

Datenschutz als Ausdruck digitaler Freiheit

Stefan Brink, Clarissa Henning

Was ist Digitalisierung? Diese Frage klingt zunächst banal, im Besonderen dann, wenn man den x-ten Artikel liest, der mit den Worten beginnt: „Digitalisierung ist aus unser aller Leben nicht mehr wegzudenken." Dass dieser Satz eine Plattitüde darstellt, macht deutlich, dass diese Feststellung zu einer allgemeingültigen Tatsache geworden ist und keinen Neuigkeitswert mehr hat. Und dennoch ist der Begriff mit einer Aura des Neuen, nie Dagewesenen und Revolutionärem verknüpft, die es nötig zu machen scheint, dass man sich mit diesem Phänomen immer wieder auseinandersetzt, um es zu entmystifizieren.

Blickt man auf die Wortbedeutung stellt man fest, dass lat. „digitus" den Finger bezeichnet, „digitalis" damit „zum Finger gehörend". Die Finger sind die grundlegenden menscheneigenen Werkzeuge, um die Welt zu formen, zu verändern und nutzbar zu machen. Darüber hinaus dienen sie dem Entdecken der Welt durch das Ertasten. Als Drittes dienen sie der Kommunikation, in dem sie entweder selbst Symbole formen und damit Bedeutung generieren, auf etwas hinweisen, also durch einen Fingerzeig etwas bezeichnen oder ein Hilfsmittel (Stifte, Farbe, Kohle etc.) nutzen, um Kommunikationszeichen zu schreiben. Die Vielfalt unserer Welt mit ihren Gegebenheiten, Phänomenen, Zusammenhängen und Bedeutungen wird, um über sie kommunizieren zu können – sie dadurch in das kulturelle Gedächtnis übertragen zu können und damit gleichsam Wissen/Fakten über die Welt zu schaffen – in ihre kleinsten Bestandteile zerlegt und rekonstruiert. So wie der einzelne Farbtupfer in einem impressionistischen Gemälde für sich genommen nur die Information des Farbtons enthält, ergänzen sich alle Farbtupfen zusammengenommen womöglich zum Abbild eines Baumes, der sich durch eine Vielzahl an Merkmalen auszeichnet und Deutungsspielraum zulässt. Dieses Abbild eines Baumes enthält nicht nur die Information, dass es sich hierbei um einen Baum handelt, sondern eröffnet durch die Art und Weise der Rekonstruktion – der Auswahl, welche Farbpunkte wie zusammengesetzt werden – Bedeutung, die über das einfache Abbild des Baumes hinausgeht. So wird durch die Zusammensetzung der Farbpunkte auf genau diese Art und Weise auch festgelegt, um welche Art Baum es sich handelt, zu welcher Jahreszeit er abgebildet ist, welches Alter er haben könnte – er wird zu einem einmaligen und wiedererkennbaren Bild eines Baumes, der womöglich ein analoges Vorbild hat, jedoch nicht derselbe ist und sein kann. So wird eine eigene Welt der Bildlichkeit und damit Sprache geschaffen, die ebenso wirklich ist, wie das, was wir als Realität verstehen. Der Begriff der Realität als Bezeichnung dessen, was wir als analoge Welt kennen, reicht zur Abgrenzung von der durch Zeichen rekonstruierten Welt nicht aus, ist doch auch diese Welt real mit einem eigenen Bedeutungshorizont. So geht selbst das wie eine Fotografie anmutende Gemälde „Betty" des Künstlers Gerhard Richter[1] schon allein dadurch, dass es keine Fotografie ist, über die reine Zeichenhaftigkeit der Abbildung einer blonden Frau in rot-geblümter Kapuzenjacke, die über ihre Schulter zurückblickt, hinaus und eröffnet nur durch die Art der Nutzung von Bildpunkten zur Darstellung eine Aussagekraft und einen Kommunikationsinhalt, eine Botschaft. Diese geht über die Botschaft hinaus bzw. ist eine andere, würden wir die analoge Betty in dieser Pose in einem situativen analogen Setting eingebettet sehen.

Abbildung 1: Betty, Gerhard Richter, 1991

Abbildung 2: Waterval, M. C. Escher, 1961

---

1 Bildquelle: https://www.slam.org/collection/objects/23250/

Doch Bilder erweitern unsere Weltsicht nicht durch die Verdoppelung der Wirklichkeit, also dadurch, dass die Welt durch ihre Fragmentierung in Kleinstelemente und Reorganisation dieser zu einem neuen Ganzen wird. Durch Abbildung wird es auch möglich, Gedanken, Ideen und Vorgänge, die in der analogen Welt nicht materiell, sondern nur als Ideen oder Phantasmen existieren, real werden zu lassen. Als eines der vielen Beispiele kann hier Eschers „Waterfal"[2] dienen; die Vision eines in sich geschlossenen Wasserkreislaufs, der sich immer wieder selbst antreibt, bei genauer Betrachtung jedoch ein Perpetuum mobile darstellt. Auch wenn das Abgebildete in der vormals existenten Welt so kein materielles Pendant hat, bekommt die Idee durch die bildliche Darstellung nun Materialität, wodurch die Welt selbst erweitert wird. Heißt also: Bilder sind nicht Teile der Welt, sie werden es. Sie verweisen auf Teile der analogen Realität, schaffen damit durch diese Rekurrenz auf die analoge Bezugsquelle für den Betrachter die Möglichkeit, die neue Botschaft verstehen zu können. Besonders deutlich macht das René Magrittes Abbildung einer Pfeife[3], die keine Pfeife ist, da sie nicht die Eigenschaften der analogen Pfeife hat.

Abbildung 3: La trahison des images, René Magritte, 1929

Diese Abbildung der Pfeife mit dem schriftlichen Hinweis darauf, dass es eben keine Pfeife ist („Ceci n'est pas une pipe."), geht genau auf dieses Verhältnis von analoger und abgebildeter Realität ein und macht erneut deutlich, dass dieses Abbild der Pfeife seine eigene Realität schafft.

---

2 Bildquelle: https://artsupp.com/en/artists/maurits-cornelis-escher/cascata-1
3 Bildquelle: https://www.wikiart.org/en/rene-magritte/the-treachery-of-images-this-is-not-a-pipe-1948

Kommen wir mit diesen Ausführungen im Hinterkopf zurück zur Eingangsfrage:

Was ist Digitalisierung?

Digitalisierung stellt **erstens** die Überführung analoger Zeichen in digitale Zeichen dar – den Binärcode. Die Vielfalt unserer Welt wird in die Einfalt von Einsen und Nullen überführt. Und mit den Zeichen auch die Bedeutungen, für die diese Zeichen stehen. Das Kontinuum des analogen Lebensvorgangs wird rekonstruiert durch kleine Einzelbausteine, die sog. bits[4], die zusammengesetzt ein Abbild der Realität erschaffen und für den Betrachter Bedeutung tragen. Ergo: Durch technischen Fortschritt erschaffen wir einen neuen Blick auf die Welt. Dieser Blick hält neue Facetten der Welt für uns bereit, die wir bis dahin noch nicht kannten. Die Zerlegung der Welt in ihre kleinsten bedeutungstragenden Einheiten (bei der gesprochenen Sprache würde man von Morphemen sprechen), Übersetzung dieser Morpheme in Bits und final der Wiederaufbau unserer Welt führt nicht etwa zu einem erwartbaren Reduktionismus, sondern fördert ein komplexes und differenziertes Bild unserer analogen Realität zutage, das uns bisher verborgen war.[5] Hierbei sollte man nicht dem Anspruch erliegen, dass die digitale Rekonstruktion ein Zwilling der analogen Welt darstellt (siehe Betty und die Pfeife) – Daten sind Zeichen und stehen für das, was sie bezeichnen, *sind* aber nicht das Bezeichnete[6]. Was würde uns ein reines Abbild auch bringen? Die digitalisierte Welt erweitert vielmehr unser Wissen über die Realität und bietet damit ganz neue Möglichkeiten, diesen Erkenntnisgewinn zu nutzen.

Um die Welt derart zu erfassen und in Form von Bits zu rekonstruieren und neu erfahrbar zu machen, bedarf es, die Welt sensorisch zu erfassen. Sensoren selbst stellen dabei eine Rekonstruktion unserer Sinne dar (zumindest den Seh-, Tast- und Hörsinn) und dienen als Transformatoren des analog Erfahrbarem in ihre digitale Symbolisierung durch Bits. Dies setzt voraus, dass die analoge Welt zunehmend erfasst und dazu „befähigt" wird, digital abgebildet werden zu können und Bedeutung auch als digitale

---

4 Kleinste Informationseinheit aus 1/0 bzw. wahr/falsch.
5 An sich ist diese Übersetzung der analogen Welt in ihr schriftliches Erscheinungsbild, ihrer Verdoppelung in Form von schriftlichen Zeichen nicht neu, nur die Sprache und die Möglichkeiten des Erkenntnisgewinns durch diese Sprache ist neu.
6 Vgl. hierzu auch den Vortrag von Armin Nassehi (2019).

Zeichen generieren zu können. Das heißt, dass Digitalisierung **zweitens** als Ausbau der Sensorik verstanden werden kann, um die analoge Welt mit der digitalen verbinden zu können, in Einklang bringen zu können. Mit der Übersetzung von analogen bedeutungstragenden Codes in digitale Codes wird eine neue Dimension der Erkenntnis der Welt möglich und zugänglich. Bisher für uns unsichtbare Vorgänge, Messdaten und deren Zusammenhänge werden nun sichtbar. Sei es der Temperaturverlauf im Kühlschrank, das Surf-Verhalten einer Person oder vieler im Internet, die Beanspruchung eines spezifischen Motors, das Bremsverhalten eines Fahrers, die Sprechpausen beim Bewerbungsgespräch, das Online-Leseverhalten eines Users, die Häufigkeit von Eingabe-Korrekturen, die Erkennung von Körperhaltung, die Dauer bis zum Öffnen einer Mail usw. – die Liste des Erkenntnisgewinns ist endlos. Durch die Neukonstruktion der Welt in ihrer Digitalität werden neue Bedeutungszuschreibungen möglich. Unbekannte Zusammenhänge können erfasst werden und werden damit beeinflussbar und nutzbar. Damit kann das Verständnis von der Welt und ihren Phänomenen massiv erweitert werden, und wir bekommen Wissen an die Hand, das es uns möglich macht, die Welt in viel weitreichenderer Dimension handhabbar zu machen und zu gestalten.

Um Zusammenhänge erkennbar zu machen, beinhaltet Digitalisierung **drittens** die zunehmende Vernetzung von jedem mit jeder über Social Media & Co., jedem mit allem (z.B. Fitnesstracker, elektrische Zahnbürste) wie auch allem mit allem – die Waschmaschine mit der Zeitschaltuhr, die Zeitschaltuhr mit dem intelligenten Lautsprecher, der Lautsprecher mit dem Online-Shop, der Online-Shop mit dem Lieferdienst, der Lieferdienst mit der Armbanduhr – kurz: das Internet der Dinge. Durch die unendliche Möglichkeit, Zeichen zueinander in Beziehung zu setzen und immer neue Realitätsaspekte zu erschaffen, die Welt bis ins Unendliche zu erweitern (aus Blick unseres Erkenntnishorizonts heraus), wird die Bedeutung, zu der jedes einzelne Zeichen, jedes Bit beitragen kann, um ein Vielfaches potenziert. Aus jedem Bit kann ein Vielfaches an überschüssiger Bedeutung[7] destilliert werden, sofern der Nutzer weiß wie.

---

7 Shoshana Zuboff spricht hier von Informationsüberschuss. Unseres Erachtens kann man hier weiter gehen und von Bedeutungsüberschuss sprechen, da es sich ja nicht lediglich um Informationen handelt im Sinne von Fakten und faktischen Zusammenhängen. Durch den Rückschluss auf die Kultur oder Gesellschaft, dessen Erweiterung die digitale Welt darstellt, kann man darüber hinaus Bedeutung zuschreiben und ablesen. Diese Erkenntnis kann jedoch nur der Nutzer selbst generieren, die maschi-

Stefan Brink, Clarissa Henning

Digitalisierung als Kulturtechnik

Wie wir festgestellt haben, findet mit der Verdoppelung unserer Welt eine Übersetzungsleistung statt, die nicht nur einen Bedeutungsüberschuss[8] generiert. Um diesen Bedeutungsüberschuss auch „lesen", verstehen und nutzen zu können, müssen wir lernen, mit Digitalisierung umzugehen. Denn das Mehr an Erkenntnis verändert unser Verständnis von Welt und unsere Realität in zweierlei Hinsicht: Zum einen dadurch, dass digitale Prozesse analoge verdrängen und diese ersetzen, man denke an das Autofahren, Zeitung lesen, Fernsehschauen, die Präsenzarbeit bis hin zu Bereichen wie das Human Enhancement, also die Optimierung des organischen menschlichen Körpers durch Implantate. Hierbei ist die Verdrängung der analogen Prozesse jedoch immer auch mit einer Erweiterung der Möglichkeiten, mit einer Leistungssteigerung, und damit auch mit einem Mehr an Erkenntnis und Bedeutung verbunden. Zum Zweiten werden analoge Prozesse nicht nur peu à peu weiterentwickelt, indem sie in digitale Prozesse transformiert werden, die vielzitierte Disruption sorgt dafür, dass analoge Errungenschaften schlicht obsolet werden und damit getilgt, da digitale Innovationen ihnen ihren Nutzen und damit deren Bedeutung für den Menschen entziehen, siehe Telefonzellen, Videoverleih, Fotografien oder CDs. Ganze Kulturtechniken wie die Handschrift, das Bezahlen mit Bargeld oder der einstmals regelmäßig stattfindende Sparclub sind dieser Entwicklung bereits gänzlich zum Opfer gefallen oder befinden sich in ihrer Auflösung begriffen.

Die Vorteile der digitalen Welt zeigen sich zunächst einmal ganz konkret im alltäglichen Umgang mit Informationserhebung, -bereitstellung, -bearbeitung und -archivierung. Digitale Daten, seien es Bücher, Manuskripte, Pläne, Memos, Akten usw. können durch ihre Transformation von Papier zu Festplatte bzw. Cloud wesentlich einfacher und von mehreren Bearbeiter_innen gleichzeitig erstellt, korrigiert und verändert werden, sie können beliebig oft vervielfältigt, verteilt oder wortweise durchsucht werden. Der Platzbedarf für die Aufbewahrung der Schriftstücke ist wesentlich geringer

---

nelle Verarbeitung von Datenmengen (Big Data) liefert lediglich Korrelationen, keine Kausalitäten oder zukunftsgerichtete Annahmen. Vgl. Zuboff 2018.

8 Soziologe Dirk Baecker sprach in Bezug auf Neue Medien von „Sinnüberschuss", den diese bei ihrer Einführung generieren, und für den Gesellschaften noch keine Mechanismen und Prozesse entwickelt haben, um ihn nutzen zu können. Vgl. hierzu Seemann 2014, S. 75.

genauso wie der Ressourcenbedarf mit Blick auf Papier, Tinte usw. Außerdem sind digitale Speicherungsmöglichkeiten wesentlich langlebiger und robuster hinsichtlich des natürlichen Verfalls von bspw. Papier oder bzgl. des Qualitätsverlust durch Kopie. Auch bei langen Transportwegen und nach vielfacher Bearbeitung sind technische Fehler und Verfälschungen (zum Beispiel Rauschüberlagerungen) im Vergleich zur analogen Verarbeitung gering oder können ganz ausgeschlossen werden. So überrascht es nicht, das alle Schritte auf dem Weg hin zur Digitalisierung Impulse der Bürokratisierung in Verwaltungen waren, aus der heraus Probleme gelöst werden mussten. Ein Zeugnis davon ist die CeBit: Centrum für Büroautomation, Informationstechnologie und Telekommunikation.[9] Die leichtere Bearbeitung und der einfachere Zugang zu Texten jeglicher Art eröffnen darüber hinaus neue Formen der Kreativität, die durch Digitalisierung vollzogene Medienkonvergenz erweitert den Bedeutungshorizont von Texten und damit die Auseinandersetzung mit ebendiesen durch crossmediale oder transmediale[10] Verarbeitung, die nur durch den Schritt in die Digitalität überhaupt möglich sind.

Diese Betrachtungsweise wirkt inzwischen schon etwas archaisch, so selbstverständlich ist diese Form der neuen Kulturtechnik inzwischen für uns geworden und genauso die neuen Herausforderungen, die digitale Textverarbeitung mit sich brachten. Die Verdoppelung der Welt in Form ihres digitalen Pendants erschien zunächst als grenzenlos – Regeln, Normen und Gesetze schienen hier nicht zu gelten. So brachte die erleichterte, schrankenlose Möglichkeit der Bearbeitung von Inhalten auch neuartige Unsicherheiten mit sich, da Fragen nach Autorenschaft (Urheberrechtsverletzungen), nach Original und Fälschung, nicht mehr so leicht zu beantworten sind. Abgesehen davon kann man auf das immaterielle (digitale) Pendant unserer Welt nicht die gleichen Kategorisierungen anwenden. So verhalten sich physische Güter „rivalisierend", d. h. ein Auto kann bspw. nur einer Person zur gleichen Zeit gehören, Daten als immaterieller Baustoff der digitalen Welt können mehreren Personen gleichzeitig „gehören", stelle ich sie jemand anderem zur Verfügung oder verkaufe ich sie, stehen sie mir selbst ebenfalls nach wie vor zur Verfügung. Ich kann sie zudem so oft verkaufen wie ich will. Sie sind damit also „nichtrivalisierend".[11] So ist, genau genommen, der vielbemühte Vergleich, Daten als das Öl unserer mo-

---

9 Vgl. hierzu auch Seemann 2014, S. 85.
10 Vgl. hierzu auch Seemann 2014.
11 Vgl. zu den Begrifflichkeiten ebd., S. 78.

dernen Zeit zu bezeichnen, nicht zutreffend, da Öl zu den rivalisierenden Gütern gehört, Daten nicht, wodurch sich ein anderes Ordnungsgefüge ergibt. Etwas Materielles muss erst produziert werden, ausgeliefert werden, gekauft werden. Immaterielle Güter können mit nur „einem Fingerdruck" produziert, vervielfältigt, verkauft werden. Weiterführend muss man sich klarmachen, dass sich durch die potenziell unendliche Vervielfältigung jedes Körpers der natürlichen Welt in der digitalisierten Welt die Bedeutung der Einmaligkeit des Subjekts verändert wird. Einem begrenzten Subjekt wird der Anschein der Unendlichkeit gegeben, woraus die Frage folgt: Wird das Subjekt zum Objekt durch Digitalisierung?

Die fortschreitende Digitalisierung passiert nicht zum Selbstzweck, sondern aus zahlreichen Motiven, die wir gesellschaftlich und individuell als erstrebenswert einstufen. Hierzu zählen Werte wie Sicherheit, Bequemlichkeit, soziale Bestätigung, Schonung ökologischer Ressourcen, Selbstverwirklichung oder Kontrolle (der Mensch als Beherrscher der Welt „Homo Deus"). All diese Werte, auf die sich gemeinschaftlich in der westlichen Kultur als Leitlinien des Entscheidens und Handelns verständigt wurde, können durch digitalisierte Prozesse in besonderem Maße Rechnung getragen werden, ihre Bedeutung innerhalb des gesellschaftlichen Zusammenlebens wird sogar noch verstärkt, da digitale Technologien ein Mehr an Sicherheit, ein Mehr an Bequemlichkeit und ein Mehr an Kontrolle in Aussicht stellen. Die Gegenfrage wäre, ob wir hierdurch Gefahr laufen, dass eine Diktatur der Möglichkeiten unsere Einstellung bestimmt, in dem Sinne, dass bspw. das Sicherheitsbedürfnis proportional mit den Möglichkeiten der Kontrolle, die durch Digitalisierung möglich sind, steigt. Digitalisierung wird gemeinhin häufig wie eine Art Flutwelle empfunden, die unsere bisher bekannte Realität verändert, ohne dass wir Einfluss nehmen können. Digitalisierung erscheint selbst als disruptive Entwicklung, die unsere bisherige Welt ablöst und eine neue Weltordnung zu etablieren scheint. Folgt man Armin Nassehi kann sich „Technik nur [dann] etablieren, wenn es dafür ein gesellschaftliches Bezugsproblem gibt."[12] „Digitalisierung [reagiert] auf die Unsichtbarkeit des Gegenstandes"[13], also auf ein gesellschaftliches Problem oder Bedürfnis, das bereits unter der Oberfläche virulent ist.

---

12 Nassehi 2019, #01:37.07 – #01:37:01.
13 Ebd., #01:33:11 – #01:33:01.

Digitalisierung = logische Konsequenz gesellschaftlicher Impulse?

Um sich dieser Frage zu nähern, lohnt es, einen Blick zurückzuwerfen auf Entwicklungen, die der Digitalisierung den Boden bereitet haben. Dieser Rückblick kann die These stützen, dass die Digitalisierung, wie wir sie heute verstehen, schon an vielen Stellen in der Geschichte Antwort auf Bedürfnisse in der Gesellschaft lieferte und sich peu á peu als neue Kulturtechnik herausbildete, die wir selbst als notwendig erschaffen haben, genau so, wie sie sich heute darstellt.

Der Finger als Quelle einer vernetzten Gesellschaft: Es scheint kaum vorstellbar, dass alles 1776 mit 600 Mönchen beginnt, im Kreis formiert, miteinander verbunden durch einen Kupferdraht. In dem Moment, in dem nur einer die archaische Version einer Batterie (die sog. Leidener Flasche) berührte, durchfuhr der weitergeleitete Strom augenscheinlich alle Mönche gleichzeitig (und nicht, wie angenommen, einen nach dem anderen). Natürlich wurde de facto der Stromfluss von einem zum anderen Mönch weitergegeben, jedoch so schnell, dass die menschlichen Sinne dies nicht mehr wahrnehmen konnten. Zeit, als existenzielle Größe menschlicher Weltordnung, spielte bei dieser Art der Übertragung also keine Rolle mehr. Mit diesen „Lines of Communication", die später zur Telefonverbindung weiterentwickelt werden sollten, war der Gedanke geboren, mit nur einem Fingerdruck am anderen Ende der Welt eine Aktion auszulösen.[14] Der Finger (digitus) kann damit als Kernimpuls für eine weltumspannende Vernetzung verstanden werden – die Lines of Communication.

Zerlegung der Welt in kleinste Bedeutungseinheiten: Doch, wie wir bereits festgestellt haben, bedarf Kommunikation festgelegter Codes, Symbole bzw. Schrift, mittels derer ein Adressat eine Botschaft ausdrücken und ein Empfänger diese Botschaft entschlüsseln oder lesen kann. Für die Lines of Communication bedurfte es einer Universalschrift, die sich maschinell vermitteln ließ, also ein vereinheitlichter Code. Diese Idee nahm jedoch erst dann Fahrt auf, als mit der Eisenbahn ein Vehikel geschaffen war, das es einzuholen galt, wenn man eine Meldung über Schienenbelegung kurzfristig an den Zugführer übermitteln musste. Geboren war das Morsesystem, in dem „Buchstaben in eine binäre Ordnung aus langen und kurzen elektrischen Impulsen übersetzt wurden"[15]. Unschwer lässt sich hier schon die Urform des binären Codes erkennen, den wir heute zur Übersetzung

---

14 Vgl. Burckhardt 2018, S. 13ff.
15 Burckhardt 2018, S. 34.

in das digitale Zeichensystem anwenden. Zudem erinnert dieser Blick zu den Anfängen einer maschinell übermittelten Kommunikation an die oben zitierten Ausführungen Nassehis, wenn dieser davon spricht, dass es immer schon ein kulturell bzw. gesellschaftlich virulentes Problem gibt, auf das Digitalisierung eine Lösung ist. Die Idee der Codierung war bereits geboren, bevor das Problem offensichtlich wurde, für die die elektronische Übermittlung von bedeutungstragenden Sprachsegmenten eine Lösung darstellte. Auch Gottfried Wilhelm Leibniz` entwickelte „lebendige Rechenmaschine"[16] Ende des 17. Jahrhunderts kann aus heutigem Blickwinkel bereits als der erste Vorreiter des heutigen Computers verstanden werden – und zwar in zweierlei Hinsicht. Zum einen war es mittels dieser Maschine möglich, Rechenoperationen zu programmieren und von der Maschine erledigen zu lassen. Damit verfolgte Leibniz das Ziel, den menschlichen Geist von stupiden Rechenoperationen zu entlasten, um ihm Kapazität für ‚menschenwürdigere' Denkoperationen zu verschaffen. Grundlage für seine Programmierung stellte die binäre Zahlencodierung dar, die erst 200 Jahre später den Weg in eine neue Welt, die Digitalisierung, bereiten sollte. Zum anderen stellte „Leibniz' Konzept einer Allgemeinwissenschaft, der *scientia generalis*"[17], die Vision dar, die auf Logik beruhenden Rechenleistungen der Mathematik in alle wissenschaftlichen Disziplinen transportieren zu können, die in irgendeiner Art auf logischen Schlussfolgerungen beruhen. Damit definiert Leibniz einen Systemgedanken, der mit Blick auf das heutige System der digitalisierten Gesellschaft als wegweisend angesehen werden kann: Jede Stimme trägt zum gemeinsamen Wissensprojekt bei – nur die Öffentlichkeit als Gesamtheit erzeugt Wissen. Damit referiert Leibniz aus heutiger Sicht bereits auf eine vernetzte Welt, wie sie mit der Digitalisierung eine neue Dimension erhält: Die Digitalität schafft „Kommunikationsräume über Jahrhunderte hinweg und synchronisier[t] entfernte Epochen"[18], sie verknüpft Entferntes (lokal wie auch inhaltlich) miteinander und setzt es in Beziehung. Nicht mehr die Chronologie bestimmt systemimmanente Zusammenhänge und Folgen, sondern Verknüpfungen und das Resultat dieser Verknüpfung (Data Mining), alles und jeder ist im Licht des anderen erst zu erkennen.

Die immaterielle Welt wird Realität: Wie sich an Leibniz` Idee hinter der lebendigen Rechenmaschine bereits andeutet, war entscheidend für den

---

16 Leibniz zitiert in Mackensen 2015.
17 Peckhaus 2015.
18 Zur Bedeutung der Vernetzung durch Medien vgl. Assmann 2016.

Weg in die digitalisierte Welt von heute, dass das Zeichen von der Materie abgelöst wurde. Was ist damit gemeint? Auf die heutige Zeit übertragen war der Ausgangszustand der programmierten Maschinen, dass Maschine und Programmierung eine feste Einheit darstellten, ähnlich einer einmal programmierten, festverbauten und damit unveränderlichen Festplatte, die genau die Operationen vorgibt und auch keine weiteren, als die, die einmal programmiert wurden. Es bedurfte also, die Hardware von der Software zu trennen, wie man es heute nennen würde, und die Maschine zu befähigen, jeden „Text" lesen zu können, der in Programmiersprache abgefasst ist, die Bedeutung zu „verstehen" und das entsprechende Ergebnis auszugeben. Die Maschine wurde sozusagen zum ersten Mal dazu befähigt, eine Sprache zu kennen und variabel anwenden zu können, als immer wieder den gleichen Satz zu wiederholen. Die heutigen Computer im Hinterkopf erscheint diese Übertragungsleistung der Maschine hochkomplex, tatsächlich bestand diese Technik zunächst jedoch nur aus Lochkarten in einem Webstuhl. Mittels austauschbarer Lochkarten konnte die Mechanik des Webstuhls abtasten, wo ein Loch auf der Karte war und wo nicht, und hieraus resultierend unterschiedliche Muster weben. Genaugenommen wurde hier die Zeichenbinarität maximal verkürzt auf ihre Existenz oder Nichtexistenz – kein Loch oder ein Loch. Übertragen auf die bereits erwähnten kleinsten bedeutungstragenden Einheiten kann man also sagen, dass hier die Nichtexistenz eines Zeichens auch eine Bedeutung generiert.

Diese Erkenntnis kombiniert mit Leibnizens Binärcode löst die Programmiersprache einer Maschine vollkommen von der Mathematik und eröffnet die Welt hin zu der Universalschrift der Bits, die nicht Zahlen, sondern Informationen liefern. Deutlich wird das nicht erst mit den heutigen Technologien, die Daten durch Data Mining in tiefgreifende Erkenntnisse übersetzen. Schon mittels der Lochkartentechnik konnten personenidentifizierende Merkmale codiert werden. Erweitert durch die Funktionalität, den Binärcode der Lochkarte in elektrische Impulse umzuwandeln, war Herman Holleriths Volkszählungsautomat geboren. Individuelle menschliche Eigenheiten wurden in eine maschinelle Universalsprache übersetzt und konnten so ausgelesen, übertragen und gespeichert werden. Daten stellten hiermit zum ersten Mal eine Währung dar – eine Tatsache, die heute so aktuell wie nie scheint, obwohl sie schon so alt ist. Man denke an das vielerorts problematisierte Machtungleichgewicht, das Zuboff

"Überwachungskapitalismus"[19] nennt, und das dadurch entsteht, dass das Individuum immer transparenter wird, während die datengetriebenen Geschäftspraktiken der Digitalunternehmen immer intransparenter werden. Was heute als gesellschaftliches und kulturelles Problem den Diskurs beherrscht, nahm schon mit dem Volkszählungsautomaten seinen Anfang: Daten wurden zum ersten Mal ein Machtinstrument, als der Automat in den Dienst der Nationalsozialisten gestellt wurde.[20] Personenbezogene Daten wurden massenhaft kategorisierbar und nutzbar für diejenigen, denen die Daten zur Verfügung standen, zu dem Zweck, den sie diesen Datenkategorien zugedacht hatten.

Wissen wird zum „Volksgut": Und auch eine weitere vermeintliche Eigentümlichkeit der modernen digitalisierten Gesellschaft wurde schon viel früher geboren, als erst mit dem Internet, das wir heute kennen. Der Vision einer „Synchronisierung des Wissens in einer gemeinsamen, allseits verfügbaren Weltintelligenz"[21] wurde schon mit dem sog. „Memex-Modell" (Memory Extension) Vannevar Bushs Rechnung getragen, im Zuge der Forschungsarbeiten, die die Entwicklung der Atombombe begleiteten. Bushs Idee, wissenschaftliche Erkenntnisse zugänglich zu machen und unter Forschern austauschen zu können, sodass der Zerfaserung einzelner Spezialdisziplinen in eigene abgeschlossene Kammern eine neue Ordnung entgegengestellt wird, wurde mit dem späteren Internet nur weitergedacht. Nicht nur Wissenschaftler und deren Wissen sollten irgendwann vernetzt sein, alles Wissen der Erde sollte für alle Menschen der Erde gespeichert und abrufbar sein. Diese standardisierte Zusammenführung und Verarbeitung von Wissensbeständen sorgte für eine neue Hierarchisierung innerhalb gesellschaftlicher Ordnung, veränderte Machtstrukturen und den Blick auf das, was die Welt ist und wie sie funktioniert – allein schon durch neue Möglichkeiten, sich an gesellschaftlichen und kulturellen Themen zu beteiligen, diese mitzugestalten und potenziell mehr wissen zu können als vorher. Gesellschaftliche Eliten, aufgrund der Exklusivität ihres Wissens und fehlenden Überprüfbarkeit ihrer Erkenntnisse, können seit Bushs Entwicklung in Frage gestellt und demontiert werden, andererseits kann das nun entstehende Wissenskonglomerat schneller neue Erkenntnisse zutage fördern und den Horizont des Menschen selbst erweitern.

---

19 Zuboff 2018.
20 Vgl. Burckhardt 2018, S. 82ff.
21 Burckhardt 2018, S. 113.

Bedeutungsüberschuss durch Datenzusammenhänge: Schon Jay W. Forresters sog. System Dynamics stellten 1958 die Idee einer Prognosen-Datenbank dar. Auf Grundlage von Datenbeständen der Vergangenheit und Gegenwart wurde eine Software entwickelt, die berechnete, wie bspw. der zukünftige Bedarf eines Getränkehandels sich darstellt, ohne dass der Mensch selbst schätzen musste. Diese erweiterte sich schnell dahingehend, dass man Korrelationen verschiedener Faktoren in Datenbeständen feststellen, und daraus auf Kausalitäten schließen konnte. Die aus einem technischen bzw. betriebswirtschaftlichen Interesse heraus geborene Idee, Arbeitsabläufe zu erleichtern, effizienter und ökonomischer zu gestalten, bekam unversehens auch eine soziale Komponente. So wurden in der Folge bei der Stadtplanung durch Datenanalyse festgestellt, dass staatlich subventionierte Wohngebiete die Stigmatisierung ihrer Bewohner_innen befördern, da dort Lebende durch das Merkmal des Wohnorts auf dem Arbeitsmarkt unattraktiver für Unternehmen wurden.[22] Gesellschaft wurde nun planbar, kulturelles Leben beeinflussbar. Aber besonders offenbarte die Technik nun die Willkürlichkeit menschlicher Entscheidungen, bzw. die Irrationalität psychologischer Prozesse beim Handeln und Entscheiden, und stellte die überlegene kognitive Leistung des Menschen in ihrer Richtigkeit in Frage. Der Diskurs rund um die Frage, was den Menschen als sog. Krone der Schöpfung ausmacht, und ob er durch Technik seine Möglichkeiten erweitert oder von ihr abgelöst wird, kann aus heutiger Sicht schon hier gestellt werden. Genauso wurde hier bereits der Grundstein dafür gelegt, ob jede und jeder Einzelne selbst entscheiden sollte, welche Daten auf ihn bezogen werden und für welche Zusammenhänge genutzt werden.

Mit Maschinen sprechen: Zu guter Letzt basiert die heutige Vorstellung von Digitalisierung darauf, dass wir mit der Maschine direkt kommunizieren können, ohne dass wir die Sprache der Einsen und Nullen lernen müssen, sondern dass der Computer vielmehr unsere Sprache „lernt". Bezeichnender Weise nannte Grace Hopper, die dieses Forschungsprojekt 1952 vorlegte, „The Education of a Computer"[23]. Hier wurde ein weiterer Schritt getan, mit dem die Kulturtechnik der Schriftsprache in ihrer Funktionalität erweitert wurde, und den Weg in die heutige Digitalisierung ebnete. Zudem deutet sich mit dem in diesem Zusammenhang anthropomorph benutzten Begriff „Ausbildung" an, dass Digitalisierung nicht nur die „Verdoppelung" der Welt bedeutet, sondern mit ihr auch ein „lebender" Organismus ge-

---

22 Vgl. Burckhardt 2018.
23 Burckhardt 2018, S. 155.

schaffen ist, mit dem es sich auszutauschen gilt, der beeinflusst wird und selbst beeinflusst, der die analoge Welt mit einer neuen Dynamik ausstattet. Allein die Sprache der Bits als Universalsprache, für die es in der analogen Welt kein Pendant gibt, erschafft durch diese Tatsache schon eine neue Weltordnung, die die Beziehung aller kulturellen Größen und der Menschen zueinander grundlegend verändert. Auch mit Blick darauf, dass eine Sprache umso wirkmächtiger wird, je mehr Menschen sie sprechen, sorgt die Sprache aus Einsen und Nullen dafür, dass nicht nur Menschen mit digitalen Prozessen, sondern auch Menschen mit Menschen immer mehr verschmelzen, da Sprachbarrieren keine Rolle spielen.

Die digitalisierte Welt gibt ein ganz neues Grundgerüst der Realität vor

Die Digitalisierung von analogen Wissensbeständen, Informationen und Prozessen eröffnet nicht nur eine Vielzahl an Möglichkeiten, mehr über die Welt zu erfahren. Die neue Kulturtechnik des digitalen Lebens verändert unsere Realität, unser Handeln und Denken unwiderruflich und nimmt damit Einfluss auf Gesellschaft, Individuum und Gemeinschaft als soziale Konstrukte.

Das Individuum sieht sich hinsichtlich des ihm potentiell verfügbaren „Weltwissens" und der Komplexität der neuen systemischen Ordnung durch Algorithmen zunächst einer Orientierungslosigkeit und Überforderung (Information Overkill) gegenüber. Die „alten" Gatekeeper, die das Wissen bzw. Wissenswerte vorstrukturiert haben, existieren nur noch bedingt. Die Intransparenz darüber, welche Folgen mein Handeln in der digitalisierten Welt hat, führen zur resignativen Haltung, dass ich keine Handlungsmacht mehr habe und damit auch keine Verantwortung übernehme bzw. übernehmen kann. Als Orientierung dient der Konformismus, sich so zu verhalten, wie es alle tun – was sich zumeist auch als die vermeintlich kostengünstigste Variante herausstellt (zumindest monetär gesehen) und damit auf das Konto eines guten Gefühls einzahlt. Individualität wird damit zum kostenpflichtigen Add-on, genauso wie Privatsphäre. Die Ökonomisierung der Privatsphäre hat jedoch zwei Seiten: Nicht nur, dass man Geld bezahlen muss, um nicht mit personenbezogenen Daten zu zahlen, Privatsphäre selbst wird auch dadurch zur Ware, dass sich jede und jeder selbst vermarkten kann – umso privater, desto lukrativer, sowohl aus monetärer, als auch aus psychologischer Sicht. Denn in der nicht greifbaren digitalen Welt mit maximaler Beschleunigung, in der das gerade noch

Geltende in der gleichen Sekunde schon überholt sein kann, kann man sich seiner Existenz und seines Wertes in der Welt nur sicher sein, wenn man sich seiner Existenz stetig selbst versichert, indem man pausenlos sein Dasein, Tun und Handeln in der digitalen Welt widerspiegelt, bspw. durch Insta-Stories, die das leckere Essen auf unserem Teller dokumentieren und gleichzeitig uns wie auch anderen suggerieren: Alles ist gut! Ich bin da und Du auch (da Du ja meine Story likest). Da jedes Social Media-Profil eigentlich mich in meiner Einmaligkeit (die ja durch die Digitalisierung selbst durch die potentiell unendliche Verdoppelung meines Selbst in Frage gestellt wird) darstellen und verstätigen soll, jedoch nur ein Abziehbild jedes anderen Profils ist, bleibt nur die Spirale der Emotionalisierung, um mehr als ein standardisiertes Like zu bekommen. Der Ohnmacht des Individualismus kann nur durch Extreme entgegengewirkt werden, gehört werden kann nur derjenige, der es schafft, auf sich aufmerksam zu machen. Die Auswüchse dieser Ohnmacht schlagen sich in Shit Storms oder Hate Speech nieder. Auf die Fokussierung auf Emotion in einer beschleunigten Welt der stetigen Selbstbestätigung folgt das wachsende Bedürfnis nach unmittelbarer Bedürfnisbefriedigung („Nowism"). Dadurch wird jeglicher gesellschaftlicher Diskurs reaktiv statt rational geführt, die Beschleunigung der Kommunikation verhindert Deliberation und Rationalität. Was wahr ist, sei es meine eigene Existenz und ihr Wert in der Welt oder auch, welche Meinungen und Fakten wahr sind, wird nicht nach Inhalten, sondern nach der Quantität der Likes und Follower entschieden.

Gesellschaft: Digitalisierung erkennt Zusammenhänge in allen Prozessen, die dem menschlichen Auge aufgrund der Komplexität der Welt verborgen geblieben sind. Damit generiert Digitalisierung einen unüberschaubaren Kosmos an Bedeutungsvernetzung. Alles kann mit allem zu tun haben, alles kann auf alles einwirken oder von allem beeinflusst sein. Hierbei wird jedoch ausschließlich erfasst, dass es einen Zusammenhang gibt (und welcher das ist), aber nicht, warum dieser Zusammenhang besteht.[24] Wahr-

---

24 Zuboff benennt den Zustand, dass menschliches Verhalten auf beobachtbares und messbares Verhalten reduziert wird, dessen Sinn und Bedeutung dabei aber völlig gleichgültig bleiben, „instrumentäre Macht". Mit diesem Machtinstrument der Datenanalyse und deren Nutzung werde es möglich, menschliches Verhalten durch Konditionierung zu vereinheitlichen, was unzureichender Weise mit Orwells Dystopie eines totalitären Staates verglichen werde. Nach Zuboff falle bei der instrumentären Macht jedoch der Zwang zur Verhaltensanpassung durch Terror und Gewalt weg, sodass man in der digitalisierten Gesellschaft nicht von einem totalitären System sprechen könne. Vielmehr werde für den Machterhalt der instrumentären Macht

scheinlichkeiten ersetzen Kausalitäten, werden damit zu Fakten und gleichsam zur Wirklichkeit. Damit wird ein Dazwischen in Form von Annahmen, Prognosen, aber auch Glaube, Hoffnung und Vertrauen eliminiert. Es gibt nur noch ein richtig oder falsch, Zusammenhang oder kein Zusammenhang, 1 oder 0. Shoshana Zuboff spricht hier von Gleichwertigkeit ohne Gleichberechtigung, da die einzelne Situation nicht danach beurteilt wird, warum sie so zustande gekommen ist, sondern nur, dass sie zustande gekommen ist. Daraus resultiert immer dieselbe Erkenntnis, die die Maschine liefert, wodurch individuelle Freiheit gegen kollektives Wissen und Handeln ausgetauscht werde – und damit eine Objektivierung aller Individuen und Zustände. Gesellschaft, so Zuboff, werde gegen Gewissheit ausgetauscht.[25] Gesellschaft kann so synchronisiert werden. Jeder weitere Schritt in der Kette des entstehenden Bedeutungsüberschusses bedeutet damit auch eine Umverteilung der Kontrolle. Mit dem Erkenntnisüberschuss, der nun aus Daten generiert werden kann, wird auch ein Mehr an Wissen über jede_n einzelne_n Nutzer_in, sein Denken und ihr Verhalten, offenbar – ein Wissen, dessen sich der/die Einzelne womöglich selbst gar nicht bewusst ist. Durch die technologische Auswertung von Verhalten im Netz können Muster erstellt werden und Vorhersagen über zukünftiges Verhalten von Menschen getroffen werden. Dies bietet ein großes Potential, die Wahrscheinlichkeiten von zukünftigem Verhalten vorherzusagen und auf dieses einzuwirken, bevor der Nutzer das vorhergesagte Verhalten womöglich zeigt. So erscheint es dem Nutzer, als entscheide er frei, was er tut, sein Verhalten ist jedoch determiniert durch algorithmische Berechnungen und die darauf basierende Anpassung des digitalen Weltausschnitts, den der jeweilige Nutzer zu Gesicht bekommt.

Dennoch: Die Errechnung der Welt und dessen, was sie ist (so das nun herrschende Dogma), erschließt ein immenses Potenzial, die Welt in vielerlei Hinsicht zu verbessern: ökonomisch (Effizienz/Effektivität), ökologisch (Nachhaltigkeit), sicher (Gefahrenabwehr), kulturell (Gleichberechtigung, Zufriedenheit) oder politisch (Gestaltung von Gesellschaft). Sich von Algorithmen vorschreiben zu lassen, wie man leben soll, ist „der Wiedereintritt der Menschen in die selbstverschuldete Unmündigkeit. Eine

---

der Informationsüberschuss dazu genutzt, Menschen ohne dass sie es bemerken, zu synchronisieren. Vgl. Zuboff 2018.
25 Vgl. Zuboff 2018, 461ff.

mündige Gesellschaft versteht Digitalisierung nicht als Schicksal, sondern als Gestaltungsaufgabe."[26]

Vergleicht man die Geschichte der Digitalisierung und ihre Bedeutung für die Gesellschaft, wie sie oben kursorisch skizziert wurde, mit der Definition, was unter Digitalisierung zu verstehen ist, so scheint das eine die Wiederholung des andern zu sein. Im diachronen Vergleich erscheint Digitalisierung wie alter Wein in neuen Schläuchen bzw. wie die Fortsetzung einer schon über Jahrhunderte andauernden Fortentwicklung der Gesellschaft und ihrer kulturellen Praktiken. „Kulturtechniken sind Einschreibeflächen, durch die und in die sich das Subjekt selbst einzuschreiben vermag"[27], konstatiert Nikolaus Lehner. So könnte man den gewagten Vergleich anstellen, dass das Individuum schon immer manipuliert war durch Kultur und das, was daraus resultierend als gesellschaftliche Ordnung maßgebend und strukturierende Vereinheitlichung und Verkürzung von Welt gegeben war, benannt als Normen, Traditionen oder Riten, die internalisiert unser Handeln und Denken bestimmten und nach wie vor bestimmen. Und nun schafft die Digitalisierung eine Weiterentwicklung, Neuformung weltlicher Ordnung, in deren Dynamik wir als Rädchen funktionieren. Wenn man auf die Geschichte der Digitalisierung zurückblickt, lässt sich feststellen, dass jede Entwicklung zwar aus einem vormals schon existenten Problem oder Bedürfnis der Gesellschaft entstanden ist, jedoch dann so verändert, weiterentwickelt, angepasst wurde, dass sich die Gesellschaft die neue Technologie sozusagen einverleibt hat und für sich nutzbar gemacht hat. Hierzu waren und sind immer Ordnungsanpassungen nötig, Gesellschaft muss sich immer neu darauf verständigen, wie mit einer Kulturtechnik umgegangen werden soll, welchen Wandel sie hervorbringt.

Wie Seemann richtig feststellt, besteht jede Phase der Veränderung aus der Synthese von „Bewegung (These) und Gegenbewegung (Antithese)"[28]. Beispiele gibt es einige. Man denke an das Entstehen und Etablieren der Schrift. Mit dem Erstellen von Texten und dem Lesen ebendieser war der Mensch gezwungen, sich abstraktes Denken anzueignen. Den Folgen des Buchdrucks, der ebenfalls bestehende Machtstrukturen ins Wanken brachte und weitreichenden Einfluss auf Kultur und gesellschaftliche Ordnung bedeutete, konnte der Mensch „Herr werden", indem er seines eigenen Wissens und der Bedeutung von Kritikfähigkeit, seiner gesellschaftlichen

---

26 Welzer 2019, S. 6.
27 Lehner 2018.
28 Seemann 2020.

Verantwortung und Bemächtigung zu dieser gewahr wurde. Genauso kann man mit Blick auf die Digitalisierung festhalten, dass aus dem zunächst exklusiven, eigens für militärische Zwecke entwickelten Computer ein gesellschaftliches Werkzeug wurde, das genau für sein Gegenteil stehen sollte – ein Instrument der Freiheit durch Emanzipation und Integration aller. Das Netzwerk mit dem World Wide Web sollte zur neuen Strukturmetapher von Gesellschaft als Informationsgesellschaft werden (später: „Netzwerkgesellschaft", Manuel Castells), in der Hierarchien zunächst als obsolet gelten sollten. Mit der New Economy wurde diese „schöne neue Welt" jedoch wieder an die analoge Welt rückgebunden und hiesige Entitäten, wer man ist und welche Gesetze gelten, wurden auch in der digitalen Welt abgebildet. Damit stehen wir nun wieder vor der Aufgabe, die Gegenbewegung mitzugestalten, nachdem die Digitalisierung in ihrer jetzigen Form als Verdatung aller Lebenszusammenhänge zunächst einmal die These bildet.

Was soll die Antithese der Digitalisierung sein?

Die gute Nachricht: Die nötige Gegenbewegung hat bereits begonnen, denn die drohende Kolonialisierung der Privatsphäre wurde und wird vorausgesehen – deshalb gibt es den Datenschutz. Hierbei geht es nämlich nicht um juristische Spitzfindigkeiten einer überhöhten Bürokratie, sondern schlicht um den Erhalt unserer Freiheit. Diese kann in einer digitalisierten Welt nur bestehen, wenn das Grundrecht der informationellen Selbstbestimmung als Errungenschaft der Aufklärung bewahrt wird. Indem sichergestellt wird, dass wir selbst bestimmen, wie sich unser digitales Abbild in Form unserer personenbezogenen Daten darstellt, verschieben sich die Machtverhältnisse wieder weg von Unternehmen und Regierungen hin zu jeder und jedem Einzelnen. Die Tatsache, dass ich selbst entscheide, wer was wann wozu über mich weiß, muss auch in der digitalisierten Gesellschaft gelten, um unsere liberale Demokratie nicht durch intransparente Manipulation und unbewusste Konformität von innen heraus auszuhöhlen: „Überwachungskapitalismus beruht auf der kommerziellen Monetarisierung des Wissens über das aktuelle Verhalten der Konsumenten und schließt die Möglichkeit der Beeinflussung des Verhaltens der Konsumenten in der Zukunft mit ein, um auch zukünftig Einnahmequellen erschließen zu können."²⁹ Beispiele wie hier von Shoshana Zuboff konstatiert finden wir in der Marktmacht der USA oder der Diktatur Chinas, die europäischen Werten entgegenstehen und es nötig machen, das Individuum zur Selbstbestimmung in der digitalisierten Welt zu befähigen. Hierfür stellt der Datenschutz sicher, dass die nötige Transparenz durch Informationspflichten und Auskunftsrechte vonseiten der Unternehmen, öffentlicher Stellen und der Regierung eingehalten werden müssen, welche Daten bei der Nutzung von Diensten oder Services oder Verwaltungshandeln erhoben, gespeichert, genutzt und weitergeben werden und auf welche Weise dies passiert. Denn ohne die Grundlage, dass Teilhabende an der digitalen Gesellschaft vollumfänglich und verständlich informiert sind, können keine authentischen Entscheidungen getroffen werden. Wenn ich mich an Halbwahrheiten orientieren muss und entscheidungsbeeinflussende Details im Verborgenen bleiben, fälle ich meine Entscheidung nicht wahrheitsgemäß, da ich mich ja nicht an der Realität orientiere, sondern in Anbetracht falscher Tatsachen. Damit kann man nicht von informationeller Selbstbestimmung sprechen.³⁰ Um dem aus der Intransparenz erwachsenen Machtungleichgewicht entgegenzuwirken, fordert der Datenschutz die Entwicklung digitaler Technologien nach der Maxime des „Data Privacy by Design"³¹, was Ausdruck dafür ist, dass die Macht über personenbezogene Daten bei den Bürgerinnen und Bürgern, den Konsumentinnen und Konsumenten liegt und damit der Selbstbestimmung jeder und jedes Einzelnen Rechnung trägt. Mit Data Privacy einher geht auch, technische Möglichkeiten darauf zu prüfen, inwieweit sie erforderlich sind, einen bestimmten Nutzen oder eine Funktionalität bereitzustellen und ob wir diese Technik für wünschenswert erachten. Ziel dieser Begrenzung soll nicht sein, technologische Weiterentwicklung zu verhindern, sondern vielmehr bestmöglich

---

29 Zuboff 2014.
30 Denn es bleibt die Möglichkeit, dass, wenn ich vollumfänglich Bescheid wüsste, was mit meinen Daten passiert, anders entscheiden oder agieren würde, weshalb die auf intransparenten Vorgängen gefällte Entscheidung als nicht authentisch und damit selbstbestimmt zu verstehen ist. Zu dieser philosophischen Sicht auf Selbstbestimmung vgl. Rössler 2001, S. 103ff. Das Recht auf informationelle Selbstbestimmung geht jedoch über das Konzept der Privatsphäre hinaus.
31 Das bedeutet, dass Technologien bspw. datenschutzfreundliche Voreinstellungen aufweisen und nur die Daten erheben und nutzen, die für die Funktionalität der Technologie unabdingbar sind. Über jede darüberhinausgehende Datenerhebung und -nutzung bspw. um weitere Funktionalitäten bereitstellen zu können, sowie die Nutzung der Daten durch Dritte sollte die/der Konsument_in informiert werden und einwilligen.

auszugestalten nach den Maximen, die in unserer digitalen Welt gelten sollen, genauso wie sie in der analogen Welt gelten. Beispiele hierfür sind Begrenzungen hinsichtlich verbotener Gesichtserkennung im öffentlichen Raum oder die „Do Not Track"-Software. Hierzu gehört auch, sich dafür entscheiden zu können, eine analoge Alternative zu nutzen, wofür es natürlich unabdingbar ist, dass digitale Prozesse diese nicht ersetzen, sondern ergänzen. Hierbei geht es schlicht um die Fairness einer Interessenabwägung *aller* gesellschaftlichen Stakeholder. Auf dieses Konto zahlt auch ein, dass den vermeintlich „Schwächeren" in dieser neuen Gesellschaftsordnung die Instrumente der Betroffenenrechte (Schadensersatz) an die Hand gegeben werden, um ihr Recht der informationellen Selbstbestimmung auch durchsetzen zu können. Ganz im Sinne der eingangs skizzierten Bedeutung von Digitalisierung als einer Erweiterung der analogen Welt und ihrer Möglichkeiten und Bedeutungen durch „Übersetzung", sichert das „neue" Grundrecht auf informationelle Selbstbestimmung nicht den materiellen Schutz der Privatsphäre, sondern bietet den in der Digitalität nötigen formalen Schutz personenbezogener Daten, unabhängig von einem konkreten Schutzbedarf. D. h., dass auch vermeintlich belanglose Daten als schutzwürdig eingestuft werden, da sie durch Data Mining-Verfahren immer auch persönlichkeitsrelevant sein bzw. werden können.

Das Grundrecht der informationellen Selbstbestimmung stärkt das Individuum gegenüber dem Staat und sozialer Kontrolle, und wirkt den freiheitsbeschneidenden Tendenzen einer „Convenience"- und „Kostenlos"-Kultur entgegen. Durch den europaweit einheitlichen Vollzug mit der DS-GVO wird informationelle Selbstbestimmung handlungsmächtig in der digitalen Gesellschaft umgesetzt, um die neue Kulturtechnik der Digitalisierung gemeinschaftlich handhabbar zu machen: Digitalisierung eröffnet eine neue Dimension der Wirklichkeit, in der sich der Mensch von naturgegebenen Begrenzungen lösen und die Möglichkeiten der Kultur ausloten kann.[32] Diesen Weg in die Zukunft ebnet der Datenschutz – als Staats- und Gesellschaftsaufgabe.

---

32 Vgl. hierzu Harari 2017.

Literatur

Assmann, Aleida (2016): Zeichenwelten – vernetzt. Vortrag anlässlich der Tagung „Leibniz – Netzwerk – Digitalisierung" am 09.05.2016. Online unter: https://lisa.gerda-henkel-stiftung.de/leibniz_als_ahnherr_der_computer_wissenschaftlich_technische_schluesselerfindungen_und_ihre_folgen?nav_id=5668 (letzter Zugriff: 07.02.2022).

Burckhardt, Martin (2018): Eine kurze Geschichte der Digitalisierung. München: Verlagsgruppe Randomhouse.

Harari, Yuval Noah (2017): Homo Deus. Eine Geschichte von morgen. München: C.H. Beck.

Lehner, Nikolaus (2018): In Gesellschaft von Algorithmen – Geschichte, imaginäre und soziale Bedeutung algorithmisch vermittelter Kommunikation. Wien: new academic press.

Mackensen, Ludolf von (2015): Leibniz als Ahnherr der Computer: Wissenschaftlich-technische Schlüsselerfindungen und ihre Folgen. Vortrag anlässlich des Symposiums „Theoria cum praxi. Wissenschaft zwischen Neugierde und Nutzen" am 10.07.2015. Online unter: https://lisa.gerda-henkel-stiftung.de/leibniz_als_ahnherr_der_computer_wissenschaftlich_technische_schluesselerfindungen_und_ihre_folgen?nav_id=5668 (letzter Zugriff: 03.07.2022).

Nassehi, Armin (2019): Für welches Problem ist die Digitalisierung eine Lösung? 28.08.2019. Online unter: https://www.bpb.de/mediathek/297838/armin-nassehi-fuer-welches-problem-ist-die-digitalisierung-eine-loesung (letzter Zugriff: 26.10.2020).

Peckhaus, Volker (2015): Leibniz und die Entstehung der modernen Logik. Vortrag anlässlich des Symposiums „Theoria cum praxi. Wissenschaft zwischen Neugierde und Nutzen" am 03.07.2015. Online unter: https://lisa.gerda-henkel-stiftung.de/leibniz_und_die_entstehung_der_modernen_logik?nav_id=5666 (letzter Zugriff: 07.02.2022).

Rössler, Beate (2001): Der Wert des Privaten. Frankfurt a. M.: Suhrkamp.

Seemann, Michael (2014): Das Neue Spiel – Strategien für die Welt nach dem digitalen Kontrollverlust. Freiburg: orange press.

Welzer, Harald (2019): Künstliche Dummheit: Digitalisierung first, Nachdenken second. In: Die Zeit, 15. August 2019.

Zuboff, Shoshana (2018): Das Zeitalter des Überwachungskapitalismus. Frankfurt/New York: Campus.

Zuboff, Shoshana (2014): Unsere Zukunft mit „Big Data" – Lasst euch nicht enteignen! In: Frankfurter Allgemeine Zeitung, 14. September 2014.

Digitale Ethik und die zentralen Leitmotive *Sinn, Identität und Verbundenheit*

Petra Grimm

Einleitung

Die Nachfrage nach einer Digitalen Ethik hat sich seit der Jahrtausendwende durch den beschleunigten Prozess der Digitalisierung unserer Gesellschaft zunehmend erhöht. Gemeinhin wird der digitale Wandel als ein technischer Wandel verstanden. Das wäre allerdings eine verkürzte Sichtweise, die den tatsächlichen Veränderungen im Alltagsleben und der Erfahrungswelt der Menschen nicht gerecht würde. Vielmehr ist die fortschreitende Digitalisierung als fundamentaler gesellschaftlicher und kultureller Veränderungsprozess zu verstehen. Unsere Welt wird „durch digitale Technologie *verwandelt*", und damit auch die Bewertungsmaßstäbe, wie Gerd Gigerenzer meint: „Was wir für gut und schlecht halten, verändert sich."[1] Das heißt, in unserem Leben spielen digitale Medien und digitale Anwendungen („Services") zunehmend eine wichtige Rolle. Man könnte sagen: mithin erfahren wir die Welt, die anderen und uns selbst überwiegend durch Bildschirme. So stellt auch Hartmut Rosa treffend fest: „Er (der Bildschirm, d. Verf.) wird zum uniformen Medium nahezu *aller* Weltbeziehungen."[2] So würden wir ohne Bildschirme kaum arbeiten, uns informieren oder amüsieren können.[3] Darüber hinaus sind diese Bildschirme nicht nur an festen Orten platziert, wir tragen sie auch ständig mit uns herum (als Smartphone oder Apple Watch usw.). Die allseitige Präsenz digitaler Technologien ist aber nicht allein der Grund für einen erhöhten Ethikbedarf. Wir stellen fest, dass auch bestimmte Erfahrungen und Verhaltensweisen einer ethischen Reflexion bedürfen. Dazu gehört bspw. die Abhängigkeit, die wir vor allem in Bezug auf das Handy verspüren. So stellt sich hier u. a. die ethische Frage, welches Design die digitalen Produkte haben sollten, damit wir nicht von ihnen abhängig (gemacht) werden. Aber auch der

---

1 Gigerenzer 2021, S. 10 und 11.
2 Rosa 2019, S. 156.
3 Vgl. ebd.

neue Habitus des *Sofortismus'* lässt uns nachdenklich werden. Damit ist die Erwartungshaltung gemeint, dass sich *sofort* unsere Wünsche erfüllen und die Umwelt entsprechend reagieren soll: So erwarten wir beim Kauf mit Amazon, dass die Pakete schnellstmöglich geliefert werden, mit Spotify soll jedwede Musik sofort zur Verfügung stehen, mit Netflix in wenigen Sekunden die Serie starten und wenn wir eine WhatsApp-Nachricht an Freunde schicken, erwarten wir eine prompte Reaktion. Gemeinsam ist diesen Settings, dass sie uns gleichsam dazu konditionieren, einen infantilen Habitus auszubilden, wonach Wünsche sofort erfüllt werden müssen. Sind wir dann eigentlich noch in der Lage, mit einer widerständigen Umwelt umzugehen? Sollten wir die Fähigkeit zu Geduld und Muße wieder stärker schätzen? Das kleine Beispiel zeigt, dass sich Fragen zu den Tugenden im Digitalen wie auch zum richtigen Handeln täglich stellen.

Genauso bedeutsam für einen erhöhten Ethikbedarf sind mithin die Unsicherheiten bzw. Krisen persönlicher und politischer Art, die durch die „Macht der Steigerungslogik"[4] und die entgrenzte Ökonomisierung in allen Lebensbereichen hervorgerufen werden: Nicht nur in der Arbeit und an der Börse, auch in der Bildung, im Sport, im Gesundheitswesen oder in Sozialen Medien rangieren die Leitwerte *Leistung*, *Wettbewerb*, *Vermessung*, *Effizienz*, *Effektivität* und *Quantität* ganz weit oben. In einer durchökonomisierten Gesellschaft, in der nur das Berechenbare, Klassifizierbare, Digitale, Schwarz-weiße, Fixierbare, aber nicht das Unscharfe, Unberechenbare, Intuitive und Qualitative geschätzt oder gar anerkannt werden, bleiben blinde Flecken in der Realitätswahrnehmung der Welt. Die Digitalisierung pusht die Ökonomisierung und ist damit auch als Mitverursacher an deren Folgen beteiligt. Besser gesagt, Konflikte, dies sich aus dem gesteigerten Ökonomisierungstrend ergeben, werden im Gewand des Digitalen wahrgenommen, wenngleich die Digitalisierung nicht deren Verursacher, gleichwohl aber ihr Verstärker ist. Die digitalen Medien sind, so könnte man sagen, Kanäle, in denen ethische Konflikte transportiert werden. Problematisch ist es allerdings dann, wenn das Schleusen- und Ampelsystem nicht funktioniert und das ist systemimmanent oft der Fall – beispielsweise wenn Algorithmen besonders extreme bzw. hoch emotionalisierte Nachrichten bevorzugt verbreiten.

Nicht nur von den Nutzer_innen, auch von Unternehmen wird zunehmend erwartet, sich in ethischen Fragen zu positionieren. Hintergrund

---

4 Vgl. Schulze 2003.

hierfür ist ein im Zuge der Digitalisierung sich abzeichnender „ethical turn". Dieser Trend drückt sich in einem erhöhten Bedarf nach ethischer Orientierung, Einordnung und Bewertung aus. Nicht nur in der Bildung und Forschung, auch in Unternehmen wird der Ruf nach ethischer Expertise lauter. Dabei kann die Ethik im besten Fall als Steuerungsinstrument und Moderator fungieren, im schlechtesten Fall kann sie aber auch zur Abwendung drohender rechtlicher Maßnahmen missbraucht werden, was als „Ethics Washing" bezeichnet wird.[5]

Bevor die ethischen Leitmotive der Digitalisierung kartographiert werden, soll im vorliegenden Beitrag der Begriff der Digitalen Ethik erläutert, die frühen Jahre der Digitalisierung und deren Bedeutung für die weitere Entwicklung reflektiert sowie eine Ethik des Digitalen und im Digitalen beschrieben werden.

Begriff und Abgrenzung: Was bedeutet „Digitale Ethik"?

Allgemeines

Die Digitale Ethik ist eine wissenschaftliche Disziplin, sie ist nicht gleichzusetzen mit Moral. Sie ist ein unverzichtbarer Wegweiser in einer komplexer und konfliktreicher gewordenen Gesellschaft. So stellen sich in vielen alltäglichen Lebenskontexten ethische Fragen, die normativer und werteorientierter Antworten bedürfen. Wenn es um die Akzeptanz ethisch-normativer Standards geht, ist die Ethik im Unterschied zum Recht auf intrinsische Einsichten der Menschen und Konsens angewiesen. Erich Fromm hat dies in Bezug auf den Wert der „Verantwortung" eindrücklich formuliert: „Verantwortungsgefühl ist keine Pflicht, die dem Menschen von außen aufgezwungen wird, sondern die Antwort auf etwas, von dem man fühlt, dass es einen angeht. Verantwortung und Antwort haben die gleiche Wurzel: Verantwortlich sein heißt, zum Antworten bereit sein."[6]

Die eigentliche Aufgabe einer Ethik der Digitalisierung ist es, ethisches Handeln und Wertefragen unter Bezugnahme auf die digitalisierte Gesellschaft zu reflektieren sowie normative Standards zu begründen. Sie muss *begründen*, warum etwas gut oder schlecht ist. Die Digitale Ethik kann somit als *Reflexionstheorie der Moral im und des Digitalen* beschrieben

---

5 Vgl. Wagner 2018.
6 Fromm 2018, S. 115.

werden. Hierzu muss sie auch die Bedingungen und Strukturen der digitalen Systeme sowie die damit zusammenhängenden sozialen, politischen, ökonomischen und rechtlichen Vorgaben in den Blick nehmen. Die Digitale Ethik ist eine angewandte bzw. praktische Ethik[7], ihr Gegenstand umfasst alle deskriptiven und normativen Bereiche der Digitalisierung, die einer ethischen Beurteilung und Steuerung (aus rechtlicher Sicht auch Regulierung) bedürfen. Die Digitale Ethik ist durch einen starken Praxisbezug geprägt. Das zeigt sich zum einen in ihrem Bestreben, die digitalen Fähigkeiten der Nutzer_innen zu fördern, indem sie medienethische Werkzeuge zur Förderung einer Digitalkompetenz entwickelt.[8] Zum anderen möchte die Digitale Ethik einen Orientierungsrahmen und eine Anleitung geben, wie Unternehmen schon bei der Entwicklung ihrer Produkte und Services *Ethics by Design* konkret implementieren können.[9]

Begriff

Der Begriff der Digitalen Ethik geht ursprünglich auf Charles Ess zurück, der 2009 erstmals von „Digital Media Ethics" sprach und damit insbesondere den Bereich der digitalen Medien meinte. Rafael Capurro (2009) führte den Begriff „Digitale Ethik" gleichbedeutend mit Informationsethik in den deutschsprachigen Raum ein. Somit kann Digitale Ethik als Synthese und Fortschreibung einer Medien- und Informationsethik verstanden werden, die den gesamten Bereich des Digitalen aus ethischer Sicht betrachtet. Dazu gehören digitale Medien und digitale Artefakte, wie bspw. Roboter, autonome Fahrzeuge, smarte Häuser und Städte, und digitale Angebote, Services und künstliche Systeme und Infrastrukturen. Überschneidungen mit anderen Ethiken – Computerethik, Algorithmenethik, Maschinenethik, Roboterethik, KI-Ethik, Hackerethik, Sicherheitsethik, Datenethik – sind

---

7 Vgl. zur Diskussion der Bezeichnung „angewandte Ethik" Paganini 2020, S. 24.
8 Medienethische Werkzeuge sollen dazu dienen, für ethische Fragen des Digitalen zu sensibilisieren und Kompetenzen für ethische Konfliktlösungen zu entwickeln. Im Rahmen des Forschungsprojekts „Digitaldialog 21" sind z. B. der „Privat-o-mat" (https://www.hdm-stuttgart.de/digitale-ethik/lehre/privatomat), ein Märchenbuch der Digitalen Ethik (https://www.hdm-stuttgart.de/digitale-ethik/institut/veranstaltungen/index_html/maerchenbuch) sowie der Podcast „Digital und glücklich" entstanden. Auch die Arbeitsmaterialien aus der Reihe „Ethik macht klick" sind medienethische Werkzeuge zur Förderung einer Digitalkompetenz (https://www.hdm-stuttgart.de/digitale-ethik/lehre/ethik_macht_klick).
9 Vgl. das Workbook zu Ethics by Design für Start-ups in: Grimm/Keber/Müller 2021.

Digitale Ethik und die zentralen Leitmotive Sinn, Identität und Verbundenheit

inhaltlich begründet, da die Digitale Ethik sich ja ebenfalls mit diesen Bereichen befasst. Die Bekanntheit des Begriffs zeigt eine Auswertung der Google-Suchergebnisse[10], nach der „Digitale Ethik" an erster Stelle mit 98.900 Treffern steht, gefolgt von „Informationsethik" (42.900) und „Maschinenethik" (33.400), Schlusslicht ist die „Computerethik" (179). Auch eine Recherche des Karlsruher virtuellen Katalogs (KVK) ergibt, dass die Bezeichnung „Digitale Ethik" an erster Stelle der Ethik-Bezeichnungen steht (2.132 Treffer), noch vor „Ethik der KI" (745) und „Ethik der Digitalisierung" (724).[11] Der Begriff „Digitale Ethik" ist damit in der öffentlichen Kommunikation und Literatur relativ prominent. Demgegenüber zeigt eine Auswertung der Suchergebnisse bei Google Scholar[12], dass die „Digitale Ethik" erst an vierter Stelle steht. Die Bezeichnungen „Informationsethik", „Maschinenethik" und „Hackerethik" sind hier prominenter. Die Top 1-Position der „Informationsethik" lässt sich möglicherweise damit erklären, dass dieser Begriff seit dem Aufkommen der Informations- und Kommunikationstechnologien in der wissenschaftlichen Literatur der historisch älteste ist. So zeigt eine Recherche bei Google Ngram, dass die „Informationsethik" bereits in den 1960er-Jahren erstmals genannt wurde und besonders in den 2010er-Jahren Konjunktur hatte.[13] „Digitale Ethik" taucht in diesem Datensatz hingegen erst seit ca. 2014 als Begriff auf.

Ethische Ansätze

Der Standardauffassung zufolge lassen sich drei ethische Ansätze unterscheiden, die je nach Perspektive andere Schwerpunkte der ethischen Reflexion setzen. So lenkt der (1) Konsequentialismus bzw. Utilitarismus unseren Blick auf den ethischen Nutzen und die Folgen digitaler Technologien, während die (2) deontologische Perspektive (griech. *deon*, „Pflicht", hier also etwa: eine Sichtweise, die aus Pflichten Aussagen ableitet) uns auf moralische Prinzipien, wie zum Beispiel das der Verantwortung, und

---

10 Abfragedatum: 18.01.2022, Mehr-Wort-Begriffe mit logischer AND-Verknüpfung gesucht.
11 Abfragedatum: 18.01.2022, Kataloge: K10plus, BVB, HBZ, hebis, DNB, Mehr-Wort-Begriffe mit logischer AND-Verknüpfung gesucht.
12 Abfragedatum: 18.01.2022, Mehr-Wort-Begriffe mit logischer AND-Verknüpfung gesucht, Volltextsuche in wissenschaftlichen Online-Publikationen aller Art weltweit, enthält auch Hochschulschriften und graue Literatur.
13 Google Ngram, Abfragedatum: 18.01.2022, Korpus: German, seit 1900, Korpus enthält Dopplungen.

auf die Notwendigkeit, Werte abzuwägen, verweist. Die (3) tugendethische beziehungsweise eudämonistische Perspektive (griech. *eudaimonía* „Glück" oder „Glückseligkeit") fokussiert hingegen die Frage, wie in der Gesellschaft digitaler Medien und Technologien ein gutes Leben gelingen kann. Für eine Digitale Ethik sind diese drei Ansätze je nach Fragestellung und moralischem Praxisbereich fruchtbar, die Digitale Ethik ist, wie sie hier verstanden wird, nicht einem bestimmten Ansatz verpflichtet, sondern hinsichtlich ihrer Perspektivenwahl *elastisch*.

Was die Leistungskraft der Ansätze hinsichtlich einer Ethik der Digitalisierung betrifft, lassen sich Stärken und Schwächen erkennen: Eine Stärke des Utilitarismus ist es, den Blick auf die Folgen der Digitalisierung zu lenken. Mit der Technikfolgenabschätzung rückt die konsequentialistische Ethik in das Zentrum der ethischen Reflexion. Auch ethische Leitlinien zu künstlichen Systemen nehmen die Folgen in den Blick, indem sie als Handlungsmaximen benennen, Schaden zu verhindern und Wohlergehen zu fördern; sie schließen aber auch Prinzipien mit ein, wenn beispielsweise die Menschenwürde und die Autonomie gewahrt werden sollen. Schwächen werden dem Utilitarismus andererseits gerade wegen einer mangelnden Folgenabschätzbarkeit bei schwer kalkulierbaren Folgen neuer Technologien attestiert. So lautet die Kritik, dass er nicht aufzeigen könne, *welche* Handlungsweise das größtmögliche Glück oder den geringsten Schaden verspreche.[14] Eine Stärke wiederum wird ihm bescheinigt, wenn es um die Frage nach der moralischen Programmierbarkeit von künstlichen Systemen geht. Vorausgesetzt man hält eine Implementation moralischer Fähigkeiten in künstliche Systeme für vertretbar und sinnhaft, scheint der Utilitarismus ein geeigneter Kandidat für eine etwaige Programmierung von Regeln zu sein.

Die Stärken und Schwächen des deontologischen Ansatzes können hier nur ansatzweise skizziert werden. Eine Stärke ist sicherlich, dass die Pflichtenethik für die Erstellung von ethischen Leitlinien zu künstlichen Systemen ein Begründungskonzept bieten kann – zumindest, wenn der Anspruch besteht, über eine minimalistische Forderung der Schadensvermeidung hinauszugehen. Als normative Ethik, die handlungsleitend ist, kann sie dabei helfen, das Richtige zu begründen und dessen Universalisierbarkeit zu prüfen. Problematisch ist es, wenn ethische Leitlinien, die ja eine Form von freiwilliger Selbstverpflichtung darstellen, von Unterneh-

---

14 Vgl. Vallor 2016, S. 7.

men nicht in der Praxis umgesetzt werden und womöglich im Sinne eines Ethics-Washing missbraucht werden und/oder gar zur Abwendung von rechtlichen Konsequenzen dienen sollen. So kritisiert beispielsweise AlgorithmWatch, dass Facebook und Google nicht die vom weltweiten Fachverband für Ingenieur_innen IEEE herausgegebenen Grundsätze zu automatisierten Systemen umsetzen oder staatliche Regulatoren Werte nicht mit Leben füllen beziehungsweise Rechte leerlaufen lassen.[15]

Tugendethische Ansätze zeichnen sich dadurch aus, dass sie die Fähigkeiten und Kompetenzen der Menschen in den Blick nehmen. Als Gerüst für eine Ethik der Digitalisierung lenken sie damit den Fokus auf die Digitalkompetenzen der Nutzer_innen im Umgang mit und in der Einschätzung von digitalen Medien und künstlichen Systemen. *Digitalkompetenz* ist dann mehr als nur ein technisches Befähigungskonzept, es ist auch ein ethisches, das ein gutes Leben in einer digitalen Welt zum Ziel hat. Hierzu sind allerdings auch die politischen Rahmenbedingungen entsprechend zu gestalten, die es braucht, um bestimmte Fähigkeiten auszubilden. Gemäß Aristoteles muss der Staat das gemeinschaftliche Streben nach einem guten Leben ermöglichen. So könnte man sagen: Fähig kann nur jemand sein, der oder die dazu befähigt wird.

Nach Martha Nußbaum zeichnet die aristotelische Ethik außerdem ihre Offenheit für Veränderungen der „konkreten historischen und kulturellen Bedingungen" aus sowie ihr universales „Bild vom menschlichen Leben, seinen Bedürfnissen und Möglichkeiten".[16] Nußbaums Fähigkeiten-Ansatz (Capability Approach)[17], den sie zusammen mit Amartya Sen entwickelt hat, ist vielversprechend für eine Digitale Ethik. Denn mit ihm lässt sich das Vorhaben einer wertegestalteten Digitalisierung vorantreiben, die die grundlegenden Bedürfnisse des Menschen im digitalen Zeitalter in den Mittelpunkt stellt. Im Bereich der Pflege gilt der Fähigkeiten-Ansatz bereits als geeignetes Framework für die Gestaltung von Robotern.[18]

---

15 Vgl. Kayser-Bril 2019.
16 Nußbaum 1998, S. 144.
17 Vgl. Nußbaum 2015.
18 Vgl. Borenstein 2014, S. 254.

Petra Grimm

Ethische Fragen in den frühen Jahren des Digitalen

Blickt man zurück, so stellen sich in vielerlei Hinsicht bereits in den Anfängen des World Wide Web und der Mobilen Technologien ethische Herausforderungen, die die Nutzung und Produktion digitaler Medien, die neuen Plattformen und Kommunikationsweisen sowie den Zugang zum Internet betrafen. Beispielsweise wurde im öffentlichen Diskurs das Recht eines jeden Menschen auf einen Zugang zum Internet sowie dessen Bezahlbarkeit als ein zentrales ethisches Thema diskutiert, wobei in Teilen Deutschlands das Recht auf eine gute Internetverbindung ja noch immer nicht umgesetzt ist. Nicht nur Gerechtigkeit und Fairness beim Zugang zur digitalen Welt standen als Werte im Zentrum einer Ethik des Digitalen, auch Fragen zur Menschenwürde und dem Menschenbild in den Medien wurden neu aufgeworfen, insbesondere im Kontext der Internetpornografie, die im Übrigen zu einer schnellen Verbreitung des Internets maßgeblich beitrug. So erlaubte das Internet erstmals einen niederschwelligen Zugang zu pornografischen Inhalten, die alsbald auch als Videoclips auf den Handys von Jugendlichen zu finden waren und von diesen zum Teil auch weiterverbreitet wurden.[19] Die ästhetische Wirkmächtigkeit dieser Bilder zeigt sich bis heute in der Popkultur, in der sich häufig die Geschlechterdarstellungen an dem Pornostil orientieren. Die mit den sexualisierten Frauenbildern verbundene Selbstobjektifizierung und „Verdinglichung"[20], die sich insbesondere in populären Musikvideos, aber auch auf nicht-professionellen Social Media-Accounts zahlreich finden, werfen im medienethischen Diskurs die Frage auf, welche Bedeutung solche Bilder für das Zusammenleben der Geschlechter sowie für das Erreichen einer Geschlechtergerechtigkeit in der Gesellschaft haben. Nicht nur die Internetpornografie, auch die neuen Online-Gewaltformen wie beispielsweise Cybermobbing und Hate-Speech sowie die Verbreitung extremer Gewaltdarstellungen, die vormals kaum zugänglich waren und somit keine offenen Kanäle hatten, stellten schon in der frühen Epoche des Internets ethische Herausforderungen für alle Betroffenen in Familie und Schule dar. Damit entstand für den Kinder- und Jugendmedienschutz die Herausforderung, eine angemessene Beurteilung der neuen Nutzungsweisen und Wirkungszusammenhänge zu

---

19 Vgl. Grimm/Rhein 2007.
20 Nußbaum 2002, S. 102.

finden.²¹ Hierzu wurden nicht nur die Perspektiven des Rechts und der Wirkungsforschung, sondern auch die der Medienethik gebraucht.

Das Internet resp. Social Web verschob nicht nur die Grenzen hinsichtlich der in der Öffentlichkeit zugänglichen und darstellbaren Inhalte, es führte auch selbst zu einem Strukturwandel der (medialen) Öffentlichkeit, indem es das Verhältnis von öffentlich und privat veränderte, einen digitalen Beziehungs-, Präsentations- und Anerkennungsraum in den Sozialen Netzwerken schaffte und das klassische journalistische Mediensystem disruptiv revolutionierte. Das Social Web konnte sich somit als unverzichtbarer Informations-, Kommunikations- und Beziehungsraum etablieren. Im Zuge dieser Entwicklung entstand ein vielfältiger Ethikbedarf, der beispielsweise in diesen Schlüsselfragen kulminierte: Welche Folgen hat der Verlust von Privatheit für den Einzelnen und die Gesellschaft? Wie können wir mit Beschleunigung, Steigerung und Selbstoptimierung klarkommen? Welche Regeln und Strukturen brauchen wir für eine gut informierte Gesellschaft?

Auch das Handy konnte innerhalb kurzer Zeit zu einem unverzichtbarem Medium reüssieren. Beispielhaft hierfür sind die in der frühen Handyphase (2007) gemachten Aussagen Jugendlicher im Rahmen einer Studie zur Handynutzung Jugendlicher: Sie beschrieben das Handy als „Schatz", als „Teil des Körpers" oder als eine Art „Tagebuch" und brachten damit dessen sehr hohe persönliche Bedeutsamkeit zum Ausdruck, die es bis heute für viele Nutzer_innen einnimmt.²² Die positive Wertzuschreibung eines neu aufkommenden Mediums war in der Geschichte der Medien einmalig. Weder das Buch noch der Film oder das Fernsehen wurden in ihren Entstehungsphasen kulturell entsprechend gewürdigt. Sowohl dem Internet als auch dem Handy wurde von Beginn an eine hohe ideelle Wertigkeit zuerkannt, ungeachtet der ethischen Konflikte, die mit den Dispositiven *Internet* und *Handy* von Beginn an verknüpft waren.

Abseits dieser Schattenseiten wurde das Internet in seinen Anfangsjahren als Freiheits- und Partizipationsmedium schlechthin gefeiert. Dessen allumfassende Kommerzialisierung war noch nicht erfolgt. Bertold Brechts Idee eines demokratischen Volksmediums schien sich im Internet realisiert zu haben. So entsprach seine Vision vom Rundfunk zu Beginn des 20. Jahrhunderts strukturell der Idee des Social Web, das eine bidirektionale

---

21 Vgl. Grimm 2008; Grimm/Rhein/Müller 2010; Grimm 2013.
22 Grimm/Rhein 2007, S. 145.

Kommunikation, die Partizipation am öffentlichen Diskurs und ein Beziehungsnetz der Nutzenden impliziert: „Der Rundfunk ist aus einem Distributionsapparat in einen Kommunikationsapparat zu verwandeln. Der Rundfunk wäre der denkbar großartigste Kommunikationsapparat des öffentlichen Lebens, ein ungeheures Kanalsystem, das heißt, er wäre es, wenn er es verstünde, nicht nur auszusenden, sondern auch zu empfangen, also den Zuhörer nicht nur zu hören, sondern auch sprechen zu machen und ihn nicht zu isolieren, sondern ihn in Beziehung zu setzen."[23] So wie in Brechts Medienmodell wurde auch im Social Web den Rezipient_innen eine aktive Rolle zuerkannt. Sie wurden zum „Produser", indem sie nun gleichsam als Zwitter einerseits Produzent von Kommunikations- und Medieninhalten und andererseits User dieser Inhalte sein konnten.

Mit dieser aktiven Rolle war und ist eine größere Verantwortung der Nutzenden verbunden, womit sich der Bedarf nach einer Medienethik, die sich mit den Verantwortungsbereichen der beteiligten Akteure auseinandersetzt, erhöhte. Bernhard Debatin (1997; 1998) und Rüdiger Funiok (2007) legten den Grundstein für die theoretische Auslegung des ethischen Schlüsselprinzips „Verantwortung" in der Medienethik. Bezeichnend für den ethischen Ansatz der Verantwortung ist die Akteursperspektive. Funiok beschreibt die spezifische Verantwortung der Akteure für das massenmediale Mediensystem auf der Ebene der Medienordnung und -politik, der Medienunternehmen, der Medienschaffenden und der Mediennutzenden und fragt jeweils nach den konstituierenden Normen und Werten.[24] Konstitutiv für den Verantwortungsbegriff sind die drei W-Fragen: Wer ist für was, wem gegenüber und weswegen verantwortlich? Eine Verantwortungsethik fokussiert somit immer auch das Ethos der Verantwortungssubjekte, das schon in der aristotelischen Tugendethik (für die Haltung des Handlungssubjekts), aber auch in der Kantschen Pflichtenethik als Schlüsselkategorie dient.

Ethik im Digitalen und Ethik des Digitalen

Im Digitalen ein Ethos zu entwickeln, ist ein zentrales Anliegen einer *Ethik im Digitalen*. Zu adressieren sind in diesem Verständnis die Nutzer_innen hinsichtlich ihres Verhaltens: zueinander (nach den Regeln der Netiquet-

---

23 Brecht 2002 [1927], S. 152.
24 Vgl. Funiok 2007 sowie 2016, S. 74.

te), aber auch sich selbst gegenüber (Selbstschutz, z. B. vor Datenverlust, Kommunikationsdruck, Abhängigkeit oder gar Sucht). Gleichwohl ist zu verhindern, dass die Verantwortungszuschreibung zu den Nutzer_innen überstrapaziert wird, die oftmals von Seiten der Internetanbieter unter dem Stichwort „Mehr Medienkompetenz" gefordert wird. Denn der Verantwortungsradius der Nutzer_innen ist im Digitalen beschränkt, da die Netzinfrastruktur sowie die Regeln des Datenaustausches und der Datennutzung von den Plattformanbietern und IT-Dienstleistern, insbesondere den GAFAM, vorgegeben sind. Eine Verantwortungsethik im Kontext des Digitalen kann nicht nur die individualethische Perspektive umfassen, sie braucht auch eine Systemperspektive, eine *Ethik des Digitalen*, die zum einen die Verantwortung der politischen Entscheider und der Eigentümer von Infrastrukturen und Services in den Blick nimmt, und zum anderen das Design sowie die Funktionszusammenhänge und Auswirkungen digitaler Technologieanwendungen kritisch reflektiert, aber zudem auch aufzeigt, inwieweit durch die Implementierung ethischer Werte in das Design auch Innovationspotenziale möglich sind. Insbesondere durch künstliche Systeme (sog. „Künstliche Intelligenz", maschinelles Lernen) werden eine Vielzahl an Technologieanwendungen etabliert, die unser Handeln, Denken und unsere Wertvorstellungen beeinflussen. Hierzu gehören Predictive Analytics, Face Analytics, Smart Home, automatisiertes Fahren, Tumorerkennung, Learning Analytics, Social Robotics, Games, Social Scoring, Roboterjournalismus, Dynamic Pricing etc. Für alle diese KI-Anwendungen besteht ein Ethikbedarf, da sie sowohl direkt oder indirekt die Chancen der Menschen auf ein erfülltes und selbstbestimmtes Leben tangieren oder gar beeinflussen als auch die Normen- und Wertesysteme der Gesellschaft verändern können.

Angesichts dessen, dass unsere kommunikative Infrastruktur weitgehend von US-amerikanischen Tech-Unternehmen geprägt ist und diese ihre Angebote nicht wertebasiert gestalten (beispielsweise an Transparenz und Privatheit orientiert), entstehen für die Menschen nicht selten in ihrem Wertehandeln Konflikte, z. B. sich zwischen der Privatsphäre und dem komfortablen oder kostenlosen Nutzen digitaler Angebote entscheiden zu müssen. Die Geschäftsmodelle der amerikanischen Digitalmonopole wie Alphabet (Google, YouTube etc.), Facebook, Amazon, Microsoft etc. beruhen auf der wirtschaftlichen Ausbeute der personenbeziehbaren Daten. Da diese Tech-Unternehmen über eine Machtkonzentration verfügen, die ohnegleichen in der Geschichte ist, können die Menschen ihre Privatsphäre letztendlich nur dann konsequent schützen, wenn sie auf die digitale Infrastruktur verzichten oder sie (zum Beispiel als Computerspezialist_in) unterlaufen oder wenn sich die normativen Rahmenbedingungen ändern. Es genügt also nicht, allein die Mikro-Ebene der Akteure zu betrachten, sondern es bedarf auch einer sozialethischen Perspektive, die die Meso-Ebene der Unternehmen und die Makro-Ebene der Gesellschaft mitcinbezieht. Vorgelagert einer nutzerseitigen Förderung von Digitalkompetenz ist deshalb das Desiderat, digitale Angebote werteorientiert und datenökologisch zu gestalten, Datenregulierung proaktiv vorzunehmen und Recht durchzusetzen. Das entbindet aber nicht die Nutzer_innen, eine Werthaltung und ein verantwortungsvolles Verhalten an den Tag zu legen. Diese können sie z. B. darin zum Ausdruck bringen, dass sie Interesse an datenökologischen Produkten zeigen und sich für diese im Zweifelsfall entscheiden, wie zum Beispiel Instant Messenger wie Signal oder Browser wie Firefox anstelle der allseits bekannten Produkte der großen Tech-Unternehmen zu nutzen.

Aus der Sicht einer narrativen Ethik im Digitalen, die von den Erfahrungen und Erlebnisse der Menschen ausgeht, lässt sich ein eher ambivalentes Verhältnis zur Digitalisierung erkennen. In einer Studie[25] zu den Werten, Ängsten und Hoffnungen in der digitalen Alltagswelt zeigt sich, dass die Digitalisierung in beruflich-professionellen Kontexten übergreifend eher positiv wahrgenommen und bewertet wird. Sie wird von den Befragten als Segen, wenn nicht gar als Glück beschrieben, wobei damit ökonomisch geprägte Werte wie Nützlichkeit, Effizienz und Effektivität gemeint sind. Im Kontext der privaten Lebenswelt wird die Digitalisierung dagegen eher als Fluch angesehen. Es werden Wertekonflikte und teils sogar Werteverluste, wie zum Beispiel hinsichtlich Ehrlichkeit, Zuverlässigkeit und Privatheit, benannt, vor allem in Bezug auf die sozial-kommunikativen Praktiken bei der Nutzung sozialer Internetplattformen und Kommunikationsdienste. Die Studie zeigt, dass die Menschen eine Vielzahl an Bedürfnissen haben, um eine gutes und gelingendes Leben im Digitalen zu führen. Diese Bedürfnisse sollten bei der Kartographierung ethischer Fragen berücksichtigt werden.

Kartographierung digitalethischer Fragen

Ethische Herausforderungen und Konflikte lassen sich sowohl in Bezug auf eine Ethik *im* Digitalen als auch auf eine Ethik *des* Digitalen kartographie-

---

25 Vgl. Grimm/Müller/Trost 2021.

Digitale Ethik und die zentralen Leitmotive Sinn, Identität und Verbundenheit

ren. Beide Perspektiven beinhalten Fragen, die mit den für ein erfülltes Leben relevanten Leitmotive *Sinn, Identität* und *Verbundenheit* verwoben sind. In einer klassischen TO-Weltkarte grafisch dargestellt bilden sie drei Kartenfelder, die wiederum von der *digitalen Sphäre* umgeben ist, in der sich eine Ethik des Digitalen und eine Ethik im Digitalen einzeichnen lässt. (vgl. Abb. 1).

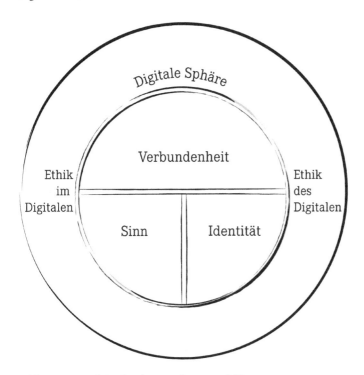

Abb.1: Karte der ethischen Bedeutungsfelder

Sinn

Beginnen wir mit der Sinndimension, hier kristallisieren sich drei heuristische Fragen heraus:
1. *Ergibt die neueste digitale Technik Sinn?*

Diese Frage ist grundsätzlicher Natur und richtet sich in erster Linie an die Entwickler_innen und Unternehmer_innen. Sie stellt die jeweilige Produktidee und die mit ihr verbundene Geschäftsidee auf den Prüfstand: Braucht die Gesellschaft diese neueste Technik überhaupt? Im Zuge des beschleunigten Wettbewerbs und Innovationsdrucks werden Unternehmen dazu veranlasst, immer neue Software- und Hardwareprodukte zu entwickeln. Armin Grunwald kritisiert diese „Beschleunigungsspirale der Innovation". Er fragt, „ob diese Verhältnisse für Mensch und Gesellschaft gut sind, ob Beschleunigung ein Wert an sich ist, ob Innovationshemmnisse um jeden Preis abgebaut werden sollen und wohin die digital befeuerte Beschleunigungsspirale uns führen kann".[26] Die Sinnfrage ist als heuristisches Werkzeug zu verstehen; sie hinterfragt beispielsweise, ob die neueste Softwareversion oder das neueste Smartphone unser Alltagsleben tatsächlich verbessert. „Verbesserung" ist hier allerdings nicht im Sinne des technischen Fortschrittsdenkens gemeint, wonach die Weiterentwicklung um ihrer selbst willen erfolgen muss. Auch der Zweck der Kommerzialisierung und Profitgenerierung neuer Techniken ist hier nicht gemeint. Vielmehr hebt die Sinnfrage darauf ab, ob die jeweilige Technik unser Leben und das der anderen Menschen erfüllter macht sowie für die Demokratie und unser Ökosystem hilfreich oder zumindest unschädlich ist. So ist die Sinnfrage hilfreich, um eine selbstzweckhafte Technik als solche erkennbar zu machen und einen Impuls für die Reflexion über mögliche Motive zu erhalten. Ebenso sollte auch bei großen Technologie-Innovationen, wie derzeit etwa bei der Quantentechnologie bzw. dem Quantencomputing, die Sinnhaftigkeitsfrage nicht nachrangig gestellt werden: Könnte diese Technologie dazu beitragen, dass unser Leben und das der anderen ein erfüllteres und besseres wird? Welche Probleme unserer Zeit könnte sie lösen und welche neuen könnte sie schaffen? Aktuell werden mit dieser noch in den Kinderschuhen steckenden Technologie vor allem eine Verbesserung der medizinischen Diagnostik (z. B. durch präzisere Bildgebungsverfahren bei Tumoren), eine Optimierung von Simulationen biologischer und chemischer Prozesse in der Material-, Medizin- und Wirkstoffforschung sowie neue sicherere Verschlüsselungstechnologien erwartet. Das Versprechen, dass die Quantentechnologie dabei helfen werde, „die größten Probleme unserer Zeit anzugehen"[27], ist hingegen, ähnlich wie das Narrativ des Heiligen Grals bei der KI-Technologie, zu hinterfragen. Der Glaube, dass Technik nicht-technische Probleme lösen könne, wie es die Ideologie des

---

26 Grunwald 2019, S. 207.
27 IBM-Forschungschef Dario Gil. Zit. nach Brücker 2021.

Digitale Ethik und die zentralen Leitmotive Sinn, Identität und Verbundenheit

Techniksolutionismus'[28] bzw. das Meta-Narrativ der „techniktotalitären Gesellschaft"[29] aus dem Silicon Valley verspricht, ist für die Beantwortung der Sinnhaftigkeitsfrage nicht brauchbar.

Dass ein rein technisches Optimierungsprinzip Risiken für die Gemeinschaft bzw. Gesellschaft in sich birgt, ist ein Topos, der uns als kulturelles Wissen aus Film und Literatur durchaus vertraut ist. Narrative Medien können uns dabei helfen, ethische Fragestellungen und moralische Konflikte zu hinterfragen. So hat auch Richard Rorty (1992) in seiner Philosophie der Solidarität darauf aufmerksam gemacht, dass Erzählungen in Filmen und Literatur der Ethik dazu verhelfen, moralische Phänomene zu veranschaulichen und prüfend in den Blick zu nehmen.[30]

Beispielhaft für eine ethische Problematisierung des technischen Optimierungsprinzips ist der Film „Ex machina" (GB, 2015). Er zeigt ein Weltmodell, in dem ein technischer Optimierungswahn herrscht. So versucht Nathan, ein genialer KI-Forscher und Chef eines großen Tech-Unternehmens, die perfekte Androidin zu erschaffen, was ihm auch mit der Entwicklung von Ava gelingt, allerdings zu seinem eigenen und des Helden Schaden (beide werden getötet). Durch ihre Flucht gelingt es ihr, in die Zivilisation zu gelangen und dort unerkannt zu verbleiben. Da sie ein empathieloses, manipulatives Wesen ist, stellt sie für die Menschen eine Gefahr dar. Das trifft auch für Nathan zu, der seinen Informatik-Mitarbeiter Caleb als „Versuchskaninchen" manipuliert, für niemanden Empathie zeigt und die Menschheit durch seine Forschung an einer Superintelligenz in Gefahr bringt. Der Film thematisiert implizit, dass Forscher_innen, die über keine Moral verfügen, für die Welt riskant sind. Aber auch wenn sie im utilitaristischen Sinn das größte Glück der größten Zahl mit ihrer technologischen Entwicklung erreichen möchten, kann ein technischer Solutionismus scheitern. Dies reflektiert beispielsweise der Film „Transcendence" (USA, 2014), in dem der digitale Zwilling des genialen KI-Forschers Dr. Will Caster (Jonny Depp) mittels der Beherrschung des Internets und der smarten Umwelt unvorstellbare medizinische und klimarettende Technologien entwickelt, gleichwohl auf Kosten der Autonomie und Unabhängigkeit der Menschen, die sich ihm anvertraut haben. Die Macht eines singulären künstlichen Systems wird als Bedrohung der Menschheit vorgeführt und

---

28 Vgl. Morozov 2013.
29 Vgl. Grimm 2021, S. 67-70.
30 Vgl. zur Kritik Fenners 2012/13 an Rortys „narrativierten Ethik" die Ausführungen in Grimm 2019, S. 90-91.

letztlich dank eines programmierten Virus eliminiert. Allerding geschieht dies zu einem hohen Preis: Das Virus befällt die weltweiten Computernetze und die Gesellschaft versinkt wieder in einen vor-digitalen Zustand. Der Film nimmt keine generelle forschungskritische Position ein. Er befürwortet durchaus das Anliegen des Forschers, die Erde durch Technologie zu retten. Man könnte notabene die Botschaft ableiten: Die Erforschung neuer Technologien ergibt Sinn, aber nur, wenn wir sie kontrollieren können. Die Sinnfrage bei neuen Technologien ist auch aus der individualethischen Perspektive zu stellen. „Sinn" ergibt sich hier durch die Alltagspraxen der Menschen.

2. *Wie kann das Digitale sinnvoll in das Alltagsleben integriert werden?*

Eine sinnhafte Integration des Digitalen in das eigene Leben kann nur gelingen, wenn dabei die menschlichen Grundbedürfnisse erfüllt werden. Und dazu zählt vor allem auch das körperliche Wohlbefinden. Die Erfahrung mit der Corona-Pandemie ist ein gutes Beispiel dafür, dass eine sinnvolle Integration des Digitalen nur dann stattfindet, wenn die körperlichen Anforderungen nicht ignoriert werden: Mehrere Stunden Videokonferenzen ermüden, tun dem Rücken und den Augen nicht gut. Gleichwohl sind Videokonferenzen ein äußerst hilfreiches Kommunikationsmittel, um ressourcenarm (ohne mobile Energie, ohne hohen Zeitaufwand und anstrengende Fahrten) zu interagieren. Mit dieser Ambivalenz sinnhaft umzugehen, in diesem Fall zeitliche Grenzen für Videokonferenzen zu setzen, um sich als körperliches (nicht informationsverarbeitendes) Wesen etwas Gutes zu tun, erfordert eine Reflexion der Situation und der Bedürfnisse sowie die Abwägung der Erforderlichkeiten und Anforderungen, z. B. wenn Vorgesetzte erwarten, dass man jederzeit verfügbar sein muss. Dass die sinnhafte Integration des Digitalen in die Alltagspraxen ein grundlegendes Bedürfnis der Menschen ist, legt auch die Studie „Werte, Ängste Hoffnungen" (2021) nahe. Denn eine sinnhafte Integration ist, wie die erzählten Erfahrungen und Erlebnisse der Befragten aus unterschiedlichen Milieus zeigen, oftmals schwierig. Ein zentrales Hindernis hierfür ist die Ökonomisierung des privaten Wertebereichs, womit die originär ökonomischen Leitwerte *Effizienz, Leistung, Quantität* etc. in das Private übertragen werden. Sie führen zu erhöhtem Stressgefühl, psychischem Druck, Kontrollverlust, Automatismus, unpersönlichen bzw. oberflächlichen Beziehungen und dem Gefühl, ausgeliefert zu sein. Das ökonomisierte Private stellt so gesehen eine Grundproblematik des digitalen Wandels dar. So wird beispielsweise die Beschleunigung von Arbeitsprozessen durch die Digitalisierung als nützlich und notwendig erachtet, während sie im Privaten, beispielsweise bei der Nutzung von WhatsApp, Druck erzeugt, immer reagieren zu müssen und erreichbar zu sein. Damit wird im Grunde die Alltagspraxis der Präkrastination, also der Zwang zum sofortigen Erledigen und Kommunizieren, normativ festgeschrieben.

Auch der Wettbewerb und Kampf um Anerkennung, z. B. auf Instagram oder TikTok, unterliegt dem Modus der Beschleunigung. Wenngleich Anerkennung für sich genommen als moralischer Wert gilt, besteht die Krux in der digitalen Handlungspraxis der Menschen darin, den Wunsch nach Anerkennung mit dem Wunsch nach Entschleunigung gut auszubalancieren. Ein Wettbewerb um Anerkennung, wie es das Design der sozialen Medien forciert, kann aus Sicht der Individuen „Stress" verursachen und mit dem Wunsch kollidieren, sinnvoll die digitalen Medien zu nutzen. Gleichzeitig bindet dieser Anerkennungswettbewerb auch Zeit. Das Narrativ der digitalen Medien als *Zeitfresser*, das die eigene Mediennutzung als sinnentleert infrage stellt, bedeutet wie auch der Wettbewerb um Anerkennung und das Gefühl der Beschleunigung, dass die Menschen sich schwertun, dieses Muster zu durchbrechen und ihr digitales Handeln als sinnstiftend zu empfinden. Um eine sinnvolle Integration des Digitalen in das Alltagsleben zu integrieren, bedarf es zweierlei: zum einen auf der individuellen Ebene die Fähigkeit zur Resilienz, zum anderen auf der systemischen Ebene die Entwicklung und Kontrolle wertebasierter Designs der neuen Technologien. Mit Resilienz ist hier gemeint, in der Lage zu sein, den Anforderungen der digitalen Medien nicht blindlings nachzugeben, ggf. sich auch widerständig diesen gegenüber zu zeigen sowie die eigenen Wünsche und die Ansprüche von außen gut abzuwägen. Beispielsweise sollte man sich zeitliche Grenzen der Nutzung setzen können. Dies setzt aber voraus, sich der eigenen Wünsche und Bedürfnisse bewusst zu sein, sich über deren Begründetheit Gedanken zu machen, also die Sinnfrage zu stellen, und in der Lage zu sein, die eigenen Überzeugungen und Bedürfnisse nicht aufzugeben.

Auf der systemischen Ebene sind es die Unternehmen, die Gesetzgeber und die Verantwortlichen in der Politik, die verantwortlich dafür sind, wie das Design (im Sinne von Funktion, Usability und Anmutung) von digitalen Anwendungen gestaltet werden. Insbesondere wenn es um unsere Privatheit geht, entscheidet das Design darüber, welche Optionen wir zum Schutz privater Daten haben oder ob diese uns verwehrt werden. Dass das Design über die technische Funktionsebene hinaus in die soziale Realität eingreift und diese auch konstituiert, beschreibt Woodrow Hartzog sehr eindrücklich: „Design decisions establish power and authority in a given setting. They influence societal norms and expectations. When people say they *use* modern information technologies, what they are really doing is *responding* to the signals and options that the technology gives them. We can only click on the button that we are provided. Each design decision reflects an intent as to how an information technology is to function or be used."[31] Abhängig davon, wie das Design gestaltet ist, können digitale Medien bzw. Technologien in den Alltag sinnvoll integriert werden oder eben nicht. So ist zum Beispiel der Avatar Nelly, der für langzeitkranke Kinder und Jugendliche entwickelt wurde, um sie nicht nur beim Lernen zu unterstützen, sondern ihnen auch zu ermöglichen, den sozialen Kontakt zu der Klasse zu halten, ein positives Beispiel dafür, wie digitale Technologie sinnvoll in den Alltag integriert werden kann, ja sogar diesem erst Sinn gibt.[32] In einem weiteren Bedeutungsfeld lässt sich die Frage nach dem Sinn auf die Vermittlerfunktion digitaler Medien beziehen:

3. *Helfen die Angebote der digitalen Medien, das Leben zu meistern?*

Sinnangebote im Netz finden sich in vielfältiger Weise. Angefangen von den zahlreichen Videos, Apps und Ratgebern, die zu den Themen Achtsamkeit, Glück, Lebensstil usw. angeboten werden, bis hin zu den Selbstvermessungstechniken der Quantified-Self-Bewegung, bei der die Protokollierung des eigenen Lebens, das sogenannte *Lifelogging*, als technische Lösung für mangelnde Sinnerfüllung dient. Stefan Selke sieht in dieser „Form des digitalen Sinnbastelns" ein Phänomen der Moderne: „Der Sinn des Lebens entgleitet in einer unübersichtlich gewordenen Moderne immer leichter, zugleich werden immer mehr Anstrengungen unternommen, bestimmte Sinnerfahrungen zu machen – Sinn ist die Mangelware des 21. Jahrhunderts."[33] Kritisch bewertet er das Lifelogging hinsichtlich der „Gefahr, dass die Technik selbst zum Orientierungsrahmen wird, der unhinterfragt akzeptiert und idealisiert wird"[34] sowie die damit verbundene Unterwerfung unter das Design der Vermessungstools und das ständige Vergleichen der eigenen Performance mit anderen.

Das Abgleichen und der Wettbewerb mit anderen – also der Fokus darauf, wer mehr soziale Anerkennung erhält, attraktiver und erfolgreicher ist

---

31 Hartzog 2018, S. 8.
32 Vgl. Niesmann 2022.
33 Selke 2014, S. 184.
34 Ebd., S. 186.

etc. – erschwert es, mit sich selbst zufrieden zu sein und auf die eigenen Bedürfnisse zu besinnen. Die digitalen Plattformen des sozialen Vergleichens, wie Instagram, Facebook, TikTok, aber auch die Selbstvermessungs-Tools z. B. im Fitnessbereich, triggern das ständige Beobachten, Bewerten und Vergleichen nicht nur an, sondern erweitern auch den Radius des Vergleichbaren: Nicht mehr nur der unmittelbare Kreis der sozialen Kontakte, sondern auch alle digital erreichbaren Kontakte dienen als Vergleichsbasis. Wie mehrere Studien[35] zeigen, fühlen sich Nutzer_innen, die sich länger in sozialen Medien aufhalten, unzufrieden und unglücklich. Man erinnert sich an Sören Kierkegaards bekanntes Diktum: „Das Vergleichen ist das Ende des Glücks und der Anfang der Unzufriedenheit."[36] Der Versuch, auf das soziale Vergleichen generell zu verzichten, erscheint allerdings nicht sinnvoll, denn es gehört zum Menschsein dazu, sich der eigenen Identität und des Selbstwerts über den Vergleich mit anderen zu vergewissern. Genau genommen geht es also vielmehr um einen bestimmten Modus des Vergleichens, gegen den man widerständig sein sollte: sich nicht dem Verdikt zu unterwerfen, jederzeit beweisen zu müssen, einzigartig, besonders und originell zu sein. Diese Anforderung steht allerdings quer zu dem gesellschaftlichen Prozess der Singularisierung, den Andreas Reckwitz für die Spätmoderne als charakteristisch herausgearbeitet hat, wonach wir in einer Gesellschaft der Singularitäten leben.[37] Für unsere Frage der Widerstandsfähigkeit bedeutet dies, dass wir uns dieser sozialen Logik des Singulären entgegenstellen sollten. Denn diese Logik impliziert, dass wir als Subjekte aufgefordert sind, etwas Besonderes zu sein: eine Person, die der ständigen Bewertung, Anerkennung, Aufmerksamkeit und Erreichbarkeit bedarf. Die digitalen Medien sind hierfür ein wichtiger Schauplatz. Das oben beschriebene Narrativ der Digitalisierung als Fluch im privaten Bereich ist Teil dieser sozialen Logik des Singulären und wird von den Menschen als konfliktreich empfunden.

Das Potpourri von Sinnentwürfen, die digitale Medien in Form von Achtsamkeit-Apps, Glücks-, Lebenskunst- und Lebenshilfe-Ratgebern als Orientierungshilfe zur Verfügung stellen, können aber auch zur Überforderung führen. Welche sind denn nun wirklich sinnhaft für ein erfülltes Leben? Das große Konsumangebot an Sinnerfahrungen, das für einen digi-

---

35 Vgl. Shakya/Christakis 2017; Scherr/Schmitt 2018; Sabatini/Sarracino 2017; Ozimek/Bierhoff 2020.
36 Vgl. Hohnert 2012.
37 Vgl. Reckwitz 2018.

talen *Supportismus* steht, benötigt wiederum einen Orientierungsrahmen, der einem dabei hilft, die richtige Auswahl zu treffen. Solche Meta-Sinnstifter sind u. a. die sogenannten „Sinnfluencer"[38], also Influencer, die sich nicht in einem schön gephotoshopten Social-Media-Kosmos präsentieren, sondern sich als umweltbewusst, nachhaltig und ökologisch korrekt darstellen und damit den Wunsch ihres Publikums nach sinnstiftenden Themen bedienen, um die entsprechenden Marken adäquat zu präsentieren.

Damit stehen sie letztlich für einen Trend, der insbesondere von jüngeren Generationen getragen wird: die Suche nach sinnstiftenden Entwürfen mit dem Blick auf das Ganze, von dem man ein Teil ist. Ähnlich beschreibt auch Friedemann Schulz von Thun sein Denkmodell der „Sinnerfüllung", bei dem der Sinn nicht ausgehend von der Ego-Perspektive definiert wird, sondern mit dem Fokus auf das Eingebunden-Sein des Individuums in eine soziale und kommunikative Gemeinschaft: „Die heuristische Frage lautet hier nicht mehr ‚Welcher Herzenswunsch, welcher Lebenstraum hat sich *dir* erfüllt?', sondern ‚Was hat sich *durch dich* erfüllt?'"[39]

Identität

Ethische Fragen zur Identität im Digitalen lassen sich sowohl hinsichtlich der Akteure im Netz als auch hinsichtlich des Designs der Sozialen Medien, die ja vor allem für die Präsentation der Identitäten von Bedeutung sind, ausmachen. Als heuristische Frage soll hier die folgende dienen: Welche Chancen und Risiken birgt das Digitale für die Identität und die Identitätsbildung?

Das Design der Sozialen Medien verlangt von den Nutzer_innen bestimmte Handlungsformen, u. a. ein „Identitätsmanagement"[40]. Dies erfordert, Informationen über die eigene Person bereitzustellen wie beispielsweise die Selbstpräsentation auf der Profilseite sozialer Netzwerke. M. a. W.: Wer sich im digitalen Kosmos bewegt, wird durch das Design veranlasst, seine privaten Daten preiszugeben. Diese Preisgabe bedeutet, dass Identitäten identifiziert werden bzw. identifizierbar sind. Bezeichnend für die Konstruktion von Identitäten im Netz ist, dass sie *narrativ* sind.[41] So gesehen erfolgt die Selbstdarstellung im Netz in Form von Identitätsnarrativen, also

---

38 Vgl. Kugler 2020.
39 Schulz von Thun 2021, S. 13.
40 Schmidt 2009, S. 71-103.
41 Zum Begriff „narrativ" vgl. Müller/Grimm 2016, S. 55.

Erzählungen über sich selbst, die von anderen Akteuren, z. B. automatisierten Data-Analysten, analysiert werden.

Die Bandbreite der Resonanz auf die Erzählungen ist groß: Sie kann als negatives Echo Gleichgesinnter erschallen, z. B. wenn Follower auf Instagram ein anorektisches Mädchen in ihrer Sucht bestätigen. Solche negativen Bestätigungsfälle sind nicht selten. So würde Facebook (jetzt Meta) laut Aussage der ehemaligen Mitarbeiterin Francis Haugen bei der Anhörung im US-Senat die Risiken solcher Accounts kennen, aber nicht ausreichend unterbinden: „Facebook weiß, dass es junge Nutzer zu Magersucht-Inhalten führt."[42] Facebook entzieht sich also bewusst seiner Verantwortung. Es liegt aber in der Verantwortung der Sozialen-Medien-Unternehmen, ihre Kund_innen vor solchen Selbstzerstörungs-Narrativen zu schützen.

Eine narrative Resonanz kann aber auch die Identitätsbildung zu einer selbstbestimmten Person unterstützen, indem bspw. Nutzer_innen andere in ihrem Coming-out mittels eigener positiver Geschichten zur Seite stehen. Individuen können mit ihren narrativen Identitäten die Anerkennung erfahren, die sie sich wünschen, und die Reputation und das eigene soziale Kapital (im Sinne Pierre Bourdieus) steigern. Das kann wiederum auch Anlass dafür sein, sich in die Abhängigkeit dieser anerkennenden Resonanzen zu begeben. Insbesondere für Jugendliche besteht die Herausforderung, im Zuge ihrer Identitätsbildung zwischen selbstbestimmten und fremdbestimmten sowie authentischen und geschönten Identitätsnarrativen zu unterscheiden. Mögliche Folgerisiken, die mit der Preisgabe privater Erzählungen für Jugendliche verbunden sind, wie Cybermobbing, Grooming, Stalking usw., sind Aspekte, die für die Ausbildung einer Digitalkompetenz von Bedeutung sind.

Identitätsnarrative bilden zusammengenommen im Netz eine „Narratosphäre"[43], eine digitale Sphäre von Erzählungen und Geschichten, die von uns selbst, von anderen oder von Ereignissen in der Welt handeln und weitere narrative Resonanzen provozieren. Die Bedeutung von Narrativen für die Identitätsbildung wurde in zahlreichen Disziplinen behandelt.[44] Gemeinsam ist diesen, dass sie „unter ‚narrativer Identität' diejenigen Aspekte von Identität verstehen, die im Modus der autobiografischen Narration dargestellt und hergestellt werden"[45]. Identitätsnarrative sind feste

---

42 Zit. nach Eckert et al. 2022.
43 Müller 2020, S. 30
44 Vgl. Deciu Ritivoi 2008, S. 235.
45 Lucius-Hoene/Deppermann 2002, S. 47.

Bestandteile des Identitätsmanagements im digitalen Kosmos, allerdings können die Selbsterzählungen auch zu unerwünschten narrativen Identitäten führen, nämlich dann, wenn sie von anderen neu interpretiert oder umgeschrieben werden. Das wäre bspw. der Fall, wenn Unternehmen wie Zest Finance, LendUp oder Earnest große Datenmengen auswerten, um die Kreditwürdigkeit von Usern vorherzusagen. Dabei werten sie aus, was die Nutzer_innen kaufen, auf welchen Seiten sie sich bewegen und was sie in den Sozialen Medien von sich erzählen, wobei in Deutschland diese Form des *Big-Data-Scorings* aufgrund der Datenschutzgesetze nicht erlaubt wäre.[46] Wenn Wirtschaftsauskunfteien Identitätsnarrative erstellen, so können diese durchaus von den narrativen Identitäten der Betroffenen abweichen und folgenreich sein: Ggf. entsteht ein schlechter Score-Wert, aufgrund dessen einem die Kreditkarte gekündigt oder ein Darlehen nicht zu günstigen Konditionen eingeräumt werden kann. Im Sinne einer narrativen Identitätstheorie, nach der die Identität vor allem durch die Geschichten, die eine Person über sich selbst erzählt, aber auch von den Geschichten, die von andern über sie erzählt werden, bestimmt wird, werden Themen wie Datenschutz und der Schutz der Privatsphäre für den einzelnen existenziell relevant. Die Datenethikkommission der Bundesregierung problematisiert ebenso die Praktiken des Datensammelns und -auswertens unter dem Gesichtspunkt der Identitätsbildung. Mit der Erstellung und Zementierung der Nutzerprofile kann das „Recht, die eigene Identität auszubilden und zu ändern und damit auch die Möglichkeit eines neuen Anfangs" erschwert werden.[47]

Auch das Fehlen einer digitalen narrativen Identität kann folgenreich sein, wie das Beispiel einer Wirtschaftsauskunftei in Baden-Württemberg zeigte. Fehlende Informationen über Unternehmen bzw. Personen veranlassten die Auskunftei, deren empfohlenen Kreditrahmen als niedrig einzustufen.[48] Sollten solche Methoden zur Gewohnheit werden, wäre das Recht auf Privatheit de facto ausgehebelt: Wer seine Daten schützt und wenige Geschichten erzählt oder Soziale Medien überhaupt nicht nutzt, könnte mit einem schlechten Score-Wert „bestraft" werden, da dessen Identitätsnarrativ im Verborgenen bleibt. Die Kontrolle des Individuums über die eigene

---

46 Vgl. Netzwerk der Verbraucherzentralen 2022.
47 Datenethikkommission der Bundesregierung 1999, S. 44.
48 Vgl. Der Landesbeauftragte für Datenschutz und Informationsfreiheit Baden-Württemberg 2020.

narrative Identität, die als Schutz der Privatheit zu verstehen ist, würde somit ins Leere laufen.

Das Management der Identitätsnarrative ist darüber hinaus problematisch, wenn das Design der Sozialen Medien vorgibt, wie das Profil und die Selbstdarstellung auszusehen hat. Für van den Hoven steht dabei die moralische Autonomie auf dem Spiel, die zu sichern bedeutet, selbst darüber bestimmen zu können, wie man sich moralisch definiert und darstellt, ohne dem Normativitätsdruck der Anderen zu unterliegen. Er kritisiert des Weiteren die Inadäquatheit von Big-Data-Analysen für die Erfassung von Identitäten: Die Erfassung identitätsrelevanter Daten basiere auf einer inadäquaten Identifizierung („moral identification") der Nutzer, da die Komplexität moralischer Einstellungen und Haltungen nicht in „statistical terms" erfasst werden könne. Ebenso würde die digitale Datenerfassung nicht die dynamische Entwicklung der eigenen moralischen Biografie berücksichtigen und dem gerecht werden, was eine Person ausmache.[49] Ausgehend von seiner Kritik lässt sich folgern, dass die bestehenden Modelle und Analysemethoden der Daten-Analysten nicht in der Lage sind, narrative Identitäten in ihrer semantischen Vielfalt zu erfassen.

Identitätsdiebstahl ist eines der schwerwiegendsten Angriffe auf die Integrität eines Menschen. Die erfolgreiche Netflix-Krimiserie „Clickbait" (USA/AUS 2021) erzählt bspw. einen Fall von *Catfishing*. Beim Catfishing nimmt eine Person, oftmals auf Dating-Seiten, eine gefakte Identität an. In der Geschichte von „Clickbait" trifft es einen Lehrer, dessen Profil von einer älteren Schulsekretärin genutzt wird, um mit Frauen auf einer Dating-Seite Affären einzugehen. Dieser Identitätsdiebstahl hat für den Lehrer maßgebliche Folgen, da eine der Frauen wegen dieser Affäre, die vermeintlich „er" beendet, Suizid begeht. Er wird von dem Bruder der Verstorben daraufhin entführt, des Missbrauchs und Tötens öffentlich in einem Video bezichtigt und muss mit seiner Hinrichtung bei fünf Millionen Klicks rechnen, die sehr schnell erreicht sind. Diese dramaturgische Steigerungslogik, die gleichsam das Clickbait-Prinzip (Ködern durch spektakuläre Überschriften) in der Handlungsstruktur widerspiegelt, ohne es zu problematisieren, verhindert allerdings, sich mit den Folgen des Identitätsdiebstahls sowie den Mechanismen des Spektakulären in Sozialen Medien tiefer auseinanderzusetzen. Die Kritik bleibt an der Oberfläche haften und vergibt die Chance, sich mit den Konsequenzen auseinanderzusetzen. Gleichwohl scheint das Thema einen Nerv beim Publikum zu treffen und

---

49 Vgl. Van den Hoven 2010, S. 317-319.

den Erfolg der Serie mitzubegründen. Differenzierter und mehr an der Realität der Zuschauer gelegen greift auch der Episodenfilm „Disconnect" (USA 2012) das Thema Identitätsdiebstahl auf. So wird in einer Episode gezeigt, wie ein Ehepaar um ihr gesamtes Vermögen gebracht wird, weil die Ehefrau im Chat mit einer angeblich einfühlsamen Person, die sie in ihrer Trauer um ihr verlorenes Baby tröstet, Passwörter und Informationen unwissentlich preisgibt. Im Unterschied zu „Clickbait" wird in „Disconnect" die perfide Methode der Täter und die Hilflosigkeit des Systems deutlich herausgestellt. Implizit vermittelt der Film die Botschaft, dass beim Chatten Selbst-Datenschutz essenziell ist.

In der Realität ist Identitätsdiebstahl ein folgenschweres Delikt. Aus Studien und aus der Beratungspraxis wissen wir, dass Identitätsdiebstahl psychische und materielle Folgen für die Opfer haben kann. Für Jugendliche kann Identitätsdiebstahl mit der Verletzung ihrer persönlichen Integrität einhergehen. Nach Nancy Willard stellt „Impersonation" (Auftreten unter falscher Identität) eine Form von Cyberbullying dar:[50] sich als andere Person ausgeben, indem z. B. das Password des Opfers genutzt wird, um mit dessen vermeintlicher Identität einen Lehrer zu beschimpfen. Dass für Jugendliche die Erfahrung mit Fake-Identitäten keine Seltenheit ist und sie diese in unterschiedlichen Facetten (Streich, Mobbing usw.) sowohl als Akteur als auch Opfer bereits erlebt haben,[51] zeigt, dass die Identitätsnarrative im Digitalen keine sicheren, stabilen und kontrollierbaren Konstruktionen sind. Vielmehr unterliegen sie ständig der Gefahr, dass sich andere dieser bedienen, sie neu rekonstruieren und ggf. sogar umschreiben. Der Verlust der eigenen narrativen Identität kann auch drastische materielle Folgen haben. So zeigen Berichte der Verbraucherzentralen drei wesentliche Formen von Identitätsmissbrauch: „unberechtigt abgeschlossene Abonnements für Video-Streaming-Dienste oder Dating-Portale, (…) unautorisierte Einrichtung von kostenpflichtigen Mailkonten bis hin zu im Namen der geschädigten Verbraucher getätigten Warenbestellungen über Shopping-Plattformen"[52].

Das Recht auf Kontrolle des eigenen Identitätsnarrativs, das ohne eine Begrenzung der Datensammlung und -auswertung privater Daten kaum umsetzbar erscheint, lässt sich als wichtiger Bestandteil eines erfüllten Lebens im Digitalen verstehen. Doch das derzeitige Agieren der Plattformbe-

---

50 Vgl. Willard 2007.
51 Vgl. Grimm/Rhein/Clausen-Muradian 2008, S. 61-264.
52 Netzwerk der Verbraucherzentrale 2021.

treiber macht dieses Recht in der Praxis weitgehend zur Scharade. Darüber hinaus sollte es ein Recht auf informationsarme Identitätsnarrative im Netz geben. So sollten für Nutzer_innen keine Nachteile (z. B. bei Kreditvergabe oder Versicherungsprämien) entstehen, wenn sie wenig über sich im Netz preisgeben möchten. Besonders wichtig ist zudem der Schutz narrativer Identitäten vor Diebstahl. Um narrative Identitäten zu schützen, bedarf es sowohl einer entsprechenden Regulierung und Anstrengungen politischer Akteure, als auch gezielter Aufklärungsmaßnahmen in den Schulen und Hochschulen. Ebenso sollte eine Forschung für technische und pädagogische Schutzmöglichkeiten von Identitätsnarrativen gefördert werden.

Verbundenheit

Das Internet ist im wahrsten Sinnen des Wortes *das* Medium der Vernetzung und damit der Verbindung von Menschen, aber nicht automatisch das der Verbundenheit. Während mit den digitalen Medien Verbindungen leicht zustande gebracht werden können, ist Verbundenheit medial weit schwieriger herzustellen. Das führt uns zur heuristischen Frage:

1. *Was unterscheidet Verbundenheit von Verbindung?*

Mit der Etablierung des Web 2.0 bzw. dem Aufkommen der Sozialen Medien wird Kommunikation zu jeder Zeit und an jedem Ort ermöglicht, über nationale und kulturelle Grenzen hinweg, zumindest solange autokratische Regierungen die Kommunikation nicht unterbinden. Verbindung ist nicht gleichbedeutend mit Verbundenheit. *Sich jemandem verbunden fühlen* oder *mit jemand verbunden sein* ist nur möglich, wenn eine emotional-kognitive Beziehung zwischen (mindestens) zwei Menschen besteht und diese an eine reziproke Erwartungshaltung gekoppelt ist. Verbundenheit wird laut DWDS als „a) Gefühl einer gegenseitig vertrauensvollen Beziehung bzw. des Zusammenhalts, der Zusammengehörigkeit mit einer Person oder Personengruppe; Gefühl der Dankbarkeit" und als „b) Gefühl der Zusammengehörigkeit mit etw., der emotionalen Nähe zu etw." verstanden.[53] Das Teilen gemeinsamer Werte, Erfahrungen und Weltwissen prägt eine solche Beziehung. Während Verbundenheit eine enge Beziehung mit einer Person bedeutet, kann eine *Verbindung* mit einer Person auch lose sein. Eine Ver-

---

53 DWDS – Digitales Wörterbuch der deutschen Sprache, o.J.

bindung kann rein technisch sein, zwischen Artefakten (Maschinen, Robotern, Computern usw.) oder zwischen einer Person und einem Artefakt. Der Begriff *Verbindung* ist offen, er ist nicht auf eine qualitative Semantik wie der der Verbundenheit festgelegt: Eine Verbindung kann stark oder schwach, lose oder eng sein. Medien wie das Telefon und Smartphone stellen eine direkte Verbindung zwischen Menschen her, Bücher und Zeitungen eine indirekte, zeitlich versetzte. Im Zuge der Digitalisierung und des Internets der Dinge werden ubiquitäre, kaum wahrgenommene Verbindungen zwischen Mensch und Maschine immer häufiger. Verbindungen können gestört sein und gekappt werden. Die Konnektivität zu verunmöglichen kann auch Ausdruck eines symbolischen Statements sein: Bereits in den frühen Jahren der Handynutzung gehörte zum gängigen Habitus von Jugendlichen, die ihre Beziehung beenden wollten, das Löschen einer Telefonadresse im Handy. Nach Harper/Hamill stellt diese Aktion quasi eine „zeremonielle" Beendigung einer Beziehung dar, die von Jugendlichen oft mit dem Satz kommentiert wird „I deleted him".[54] Ebenso lassen sich Beziehungen mittels Textnachrichten einfacher als Face-to-Face beenden, aber auch leichter anbahnen. Flirten und Gefühle zum Ausdruck bringen geht einfacher über das Handy oder Tablet als von Angesicht zu Angesicht.[55] Ob jung oder „silver", die Anbahnung einer Beziehung findet seit einiger Zeit vorwiegen digital statt, vor allem über Dating-Apps wie Parship, Zweisam, Silbersingles oder Tinder. Digitale Medien können so gesehen durchaus Mittel sein, um enge Beziehungen zu entwickeln, zu halten und zu pflegen. Nicht zuletzt hat die Corona-Pandemie gezeigt, dass digitale Medien Verbundenheit zwischen Familienangehörigen, z. B. Großeltern und Enkeln, und zwischen Freunden trotz räumlicher Distanz aufrechterhalten können. Digitale Treffen im Netz können auch analoge Verbundenheit in Wohnortnähe ermöglichen. Ein Beispiel hierfür ist das „Kaffeekränzchen #sozial vernetzt", zu dem Senior_innen eingeladen werden, um digitale und wohnortnahe Aktivitäten und Initiativen kennenzulernen und daran teilzuhaben.[56] Solche sozialen Handlungsräume im Netz schaffen Brücken für eine Verbundenheit unter Nutzer_innen, die sich digital wie analog entwickeln kann.

Räumliche Distanz kann in der Kommunikation aber auch problematisch sein. So findet bspw. bei Online-Gewalt eine Entkoppelung von ver-

---

54 Harper/Hamill 2005, S. 70.
55 Vgl. Kasesniemi/Routiainen 2002, S. 182-183; Höflich/Rössler 2001, S. 454.
56 Ein Angebot der Medienanstalt RLP und Digital-Kompass.

letzender Handlung und dem direkten Miterleben der Verletzung seitens des Täters bzw. der Täterin statt. Die Folgen der Verletzung sind nicht sichtbar und es gibt somit auch keine Impulse für Empathie. Die Täter leiden gleichsam an *empathischer Kurzsichtigkeit*.[57]

Vernetzung ist an und für sich weder gut noch schlecht, auch wenn die Vernetzung durch das Internet lange Zeit euphorisch als das gesellschaftlich Wünschenswerte schlechthin galt und zum Selbstzweck einer „Netzwerkgesellschaft"[58] wurde. Das Meta-Narrativ der weltweiten Vernetzung galt als Versprechen vieler Akteure (Manager, Informatiker, Werber usw.), kulturelle und soziale Grenzen zu überwinden. Die Haltung „Vernetzen um der Vernetzung willen" diagnostiziert Stäheli als Ausdruck einer „Übervernetzung", die letztlich in einem neuen diskursiven und verhaltensnormativen Trend der *Entnetzung* mündet.[59] Wenn es heute en vogue ist, sich ab und zu der digitalen Kommunikationsapparate zu entledigen, heißt das dann, dass sich möglicherweise ein neuer souveräner Habitus im Umgang mit digitalen Medien durchsetzt? Aus ethischer Sicht stellt sich vorab die Frage, ob eine Rückkehr zum Analogen überhaupt wünschenswert ist, also:

2. *Sollen wir uns für ein gutes Leben „entnetzen"?*

Das neue Paradigma der Entnetzung zeigt sich in verschiedenen Varianten des Medienverzichts, bspw. indem man ein handyfreies Wochenende unter dem Motto *Digital Detox* verbringt oder seine Accounts in Sozialen Medien löscht oder indem man in der Familie eine Handy-Auszeit bspw. beim Abendessen vereinbart. Sich für einige Zeit den Medien zu entziehen, kann paradoxerweise durchaus kompatibel mit der allgegenwärtigen Vernetzung sein. Dies ist der Fall, wenn die Entnetzungszeit dazu dient, anschließend nur umso leistungsfähiger wieder in die vernetzte Welt zurückzukehren. Entsprechend dieser Optimierungslogik finden sich auch zahlreiche Auszeitangebote im Netz, die „digitale Entgiftung" versprechen, wie z. B. der Werbetext für ein „Digital Detox Retreat": „Wir möchten Ihnen bewusst machen, welche negativen Auswirkungen der schon als ganz normal empfundene Umgang mit Smartphone und Co. auf Ihre Konzentration und Schaffenskraft hat. Um die richtige Balance zwischen realem und digitalem Leben zu halten, werden clevere Strategien in Workshops erarbeitet, die wieder mehr Flow, Zufriedenheit und Achtsamkeit in Ihr Leben und

---

57 Vgl. Grimm et al. 2015, S. 65.
58 Castells 2017.
59 Stäheli 2021, S. 31.

Arbeiten bringen und Ihr Bewusstsein für eine nachhaltige Kommunikation schärfen. So sollen Sinnlossurfen oder drohender Internet-Abhängigkeit vorgebeugt werden."[60] Dieses Werbeversprechen enthält neben einer grundsätzlichen Medienkritik an der alltäglichen Mediennutzung den moralischen Imperativ der Entnetzung. Sie wird als Voraussetzung für ein gutes Leben proklamiert. Werte wie Muße („Flow"), Zufriedenheit, Achtsamkeit und Nachhaltigkeit sind mit der analogen Auszeit koreliert, während das Digitale als toxisch für Konzentration und Schaffenskraft gilt. Gleichwohl wird aber die Rückkehr in das Digitale vorausgesetzt und damit nur eine temporäre Entnetzung. Guido Zurstiege beschreibt diese Form der Entnetzung als eine Taktik von drei möglichen, die „aktuelle Entnetzungsdikurse" bereitstellen: „Für einen radikalen Schnitt in Form einer kompromisslosen Entnetzung plädieren die einen. Für Selbstregulierung, Lernen und die Adaption an die Herausforderungen des Internetzeitalters plädieren die anderen. Eine dritte Gruppe von Aposteln der Entnetzung plädiert für eine Pause, den temporären Verzicht, aus dem man am Ende gestärkt wieder hervorgeht, um sich danach umso intensiver zu vernetzen."[61] Letztere Taktik taugt am besten für eine Kommerzialisierung der Entnetzung. Stäheli spricht gar von einer „Entnetzungsindustrie", der es gelungen ist, die letzte Grenze der digitalen Außenwelt zu erobern: „Als letzte Grenze der Netzwerkgesellschaft erweist sich damit das Unvernetzte – und zwar nicht als ein zu schützendes Residuum einer fast schon vergangenen analogen Welt, sondern als speziell gefertigte Inseln der Nichterreichbarkeit. Entnetzung ist nun selbst zu einer Ware geworden, zu einem modularen Produkt, das besonders effizient mit Hilfe digitaler Medien vermarktet werden kann. Es gilt, die letzte *frontier* einer vernetzten Welt, die kein Außen mehr kennt zu erobern und zu besiedeln: ihr vermeintliches Gegenbild in Form von Entnetzungseinheiten."[62]

Ergänzend ist zu beobachten, dass die Entnetzungstaktiken vor allem *Privatsache* sind, also im Privaten stattfinden (sollen): in der Freizeit, im Urlaub oder im privaten Verantwortungsbereich. Im öffentlichen Raum und in der Arbeitswelt bleibt weiterhin die (Über-)Vernetzung normativ. Allen Entnetzungsdiskursen gemeinsam ist, dass sie eine Renaissance des Analogen proklamieren und das Analoge wertend überhöhen. Analoges

---

60 The Digital Detox: https://www.thedigitaldetox.de/digital-detox-retreats/ (Zugriff: 21.02.2022).
61 Zurstiege 2019, S. 51.
62 Stäheli 2021, S. 425.

hat wieder einen Wert und ist ein Wert an und für sich. Dies zeigt sich in verschiedenen Facetten: in den nostalgischen Erzählungen älterer, aber auch jüngerer Menschen, die sich an die analoge Zeit übergreifend als etwas Schätzenswertes erinnern und diese positiv konnotieren;[63] in dem Wunsch nach Präsenzveranstaltungen an Hochschulen oder allgemein dem Wunsch sich Face-to-Face wieder zu begegnen. Die Euphorie für das Digitale hat eindeutig abgenommen, das Analoge wird, so meine These, in dem nächsten Jahrzehnt in der sozialen Kommunikation dem Digitalen den Rang ablaufen, gerade auch, weil das analoge Miteinander nicht mehr selbstverständlich und unter Pandemiebedingungen risikoreich ist.

Unbenommen davon kann es auch weiterhin Konflikte wegen einer ständigen Nutzung digitaler Medien geben. So zeigen Studien zur familiären Mediennutzung, dass auch Eltern wegen eines überhöhten Medienkonsum Konflikte hervorrufen. So können sie durch eine exzessive Nutzung einen Mangel an aktivem Miteinander mit den Kindern verursachen und damit eine sog. „Technoferenz". Erste aktuelle Befunde[64] legen nahe, dass Kinder auf eine intensive Nutzung digitaler Medien durch die Eltern mit externalisiertem Verhalten oder Rückzug (wie Hyperaktivität, Wut, Gejammer, Frust, Schmollen) reagieren. Woraufhin das Stress hervorrufende Verhalten der Kinder wiederum die Eltern veranlasst, sich verstärkt den digitalen Medien zuzuwenden. Unter Umständen also ein Teufelskreis. Welche Konsequenzen die Abwendung der Eltern von den Kindern bei gleichzeitiger Zuwendung zu den Medien für Kinder haben können, ist bislang noch wenig untersucht, auch nicht für die frühkindliche Phase. Wenn sich Mütter beim Stillen und sonstigen Interaktionen bspw. auf das Handy konzentrieren und ihr Kind nicht mehr ansehen, könnte das durchaus Folgen für die kindliche Entwicklung von Perspektivenübernahme und Empathie haben, die wichtig sind, um Gefühle und Intentionen anderer Menschen wahrzunehmen und nachzuempfinden. Digitale Medien sind in solchen Familiensettings Störfaktoren der Verbundenheit. Hier wäre dann die Fähigkeit zur Entnetzung durchaus hilfreich für ein gutes Leben in der digitalen Gesellschaft.

Ausblick

Auch wenn heute noch nicht klar ist, wo die Reise mit einer zunehmenden Vernetzung, Automatisierung, Erweiterung künstlicher Systeme, Robotik,

---

63 Vgl. Grimm/Müller/Trost 2021, S. 66-71.
64 Vgl. Brandon/Radesky 2018.

Quantencomputing etc. hingeht, und die Folgen der Entwicklung für die einzelne Person und die Gesellschaft schwer absehbar sind, können wir uns darauf gut vorbereiten, indem wir mehr integrativ denken, arbeiten, forschen und lernen. Das heißt, die Perspektiven der Ethik, Technik und des Rechts sollten für eine wertcorientierte Gestaltung der Digitalisierung zusammengeführt werden. Vom Blickwinkel einer Digitalen Ethik aus braucht es zudem mehr Entschlossenheit als bisher, um die Ethik in der Praxis nachhaltig zu verankern.

Die Gesellschaftssysteme werden bestimmen, welche Technologien in welcher Form eingesetzt und angewandt werden. Nicht der technische Digitalisierungsprozess wird darüber entscheiden, ob ein gutes Leben im Digitalen gelingen wird, sondern der gesellschaftliche Aushandlungsprozess. Gilles Deleuze hat bereits 1990 darauf hingewiesen, dass quasi jede Gesellschaftsform ihre entsprechende Technologie herausbildet, kurz gesagt, die Gesellschaft befähigt die Technologie, nicht umgekehrt: „Es ist einfach, jede Gesellschaft mit Maschinentypen in Beziehung zu setzen, nicht, weil die Maschinen determinierend sind, sondern weil sie die Gesellschaftsformen ausdrücken, die fähig sind, sie ins Leben zu rufen und einzusetzen. Die alten Souveränitätsgesellschaften gingen mit einfachen Maschinen um: Hebel, Flaschenzüge, Uhren; die jüngsten Disziplinargesellschaften waren mit energetischen Maschinen ausgerüstet, welch eine passive Gefahr der Entropie und die aktive Gefahr der Sabotage mit sich brachten; die Kontrollgesellschaften operieren mit Maschinen der dritten Art, Informationsmaschinen und Computern, deren passive Gefahr in der Störung besteht und deren aktive Gefahr Computer-Hacker und elektronische Viren bilden."[65] Ausgehend von dieser Perspektive brauchen wir ein Gestaltungs-Narrativ, das die Digitalisierung nicht als etwas sieht, dem man ausgeliefert ist und auf das man nur reagieren kann, sondern die man gestalten kann. Zukünftig sollte uns eine Leitfrage besonders beschäftigen, wenn wir eine werteorientierte Gestaltung der Digitalisierung beabsichtigen: Wie können digitale Systeme, Geräte und Prozesse so gestaltet werden, dass die Leitmotive – Sinn, Identität und Verbundenheit – hinreichend in ihre Bedeutsamkeit für ein gutes Leben im Digitalen berücksichtigt werden?

---

65 Deleuze 2017, S. 258-259.

Literatur

Borenstein, Jason/Pearson, Yvette (2014): Robot Caregivers: Ethical Issues across the Human Lifespan. In: Lin, Patrick/Abney, Keth/Bekey, George A. (Hrsg.): Robot Ethics. The Ethical and Social Implications of Robotics. Cambridge, London: MIT Press, S. 251-265.

Bourdieu, Pierre (1992): Die verborgenen Mechanismen der Macht. In: Steinrücke, Margareta (Hrsg.): Schriften zu Politik & Kultur. Hamburg: VSA-Verlag.

Brandon, T. McDaniel/Radesky, Jenny S. (2018): Technoference: Longitudinal Associations Between Parent Technology Use, Parenting Stress, and Child Behavior Problems. In: Pediatric Research, Vol. 84, S. 210-218.

Brecht, Bertolt (2002): Radio – eine vorsintflutliche Erfindung? (1927). Vorschläge für den Intendanten des Rundfunks (1927). Über Verwertungen. Der Rundfunk als Kommunikationsapparat (1932). In: Helmes, Günter/Köster, Werner (Hrsg.): Texte zur Medientheorie. Stuttgart: Reclam, S. 148-155.

Brücker, Til (2021): Neuer IBM-Prozessor. Auf dem Weg zur Quantenüberlegenheit. Tagesschau. Online: https://www.tagesschau.de/wirtschaft/technologie/ibm-quantenprozessor-computer-101.html (letzter Zugriff: 31.01.2024).

Capurro, Rafael (2009): Digital Ethics. In: The Academy of Korean Studies and Korean National Commission for UNESCO (Eds.): Civilization and Peace, Korea: The Academy of Korean Studies, S. 207-216.

Datenethikkommission der Bundesregierung: Gutachten der Datenethikkommission der Bundesregierung 2019. Online: https://www.bmi.bund.de/SharedDocs/downloads/DE/publikationen/themen/it-digitalpolitik/gutachten-datenethikkommission.pdf?__blob=publicationFile&v=6. (letzter Zugriff: 17.02.2022).

Debatin, Bernhard (1997): Medienethik als Steuerungsinstrument? Zum Verhältnis von individueller und korporativer Verantwortung in der Massenkommunikation. In: Weßler, Hartmut/Matzen, Christiane/Jarren, Otfried/Hasebrink, Uwe (Hrsg.): Perspektiven der Medienkritik. Die gesellschaftliche Auseinandersetzung mit gesellschaftlicher Kommunikation in der Mediengesellschaft. Opladen: Springer, S. 287-303.

Debatin, Bernhard (1998): Verantwortung im Medienhandeln. Medienethische und handlungstheoretische Überlegungen zum Verhältnis von Freiheit und Verantwortung in der Massenkommunikation. In: Wunden, Wolfgang (Hrsg.): Freiheit und Medien. Beiträge zur Medienethik. Frankfurt/M.: kopaed, S. 113-130.

Deciu Ritivoi, Andrea (2008): Identity and Narrative. In: Herman, David/Jahn, Manfred/Ryan, Marie-Laure (Hrsg.): Routledge Encyclopedia of Narrative Theory. London/New York: Routledge, S. 231-235.

Deleuze, Gille (2017): Postskriptum über die Kontrollgesellschaften. In: Ders.: Unterhandlungen 1972-1990. Frankfurt/M.: Suhrkamp.

Der Landesbeauftragte für Datenschutz und Informationsfreiheit Baden-Württemberg (2020): „Wenn ich keine Daten über dich finde, bist du nicht kreditwürdig" – LfDI verwarnt Wirtschaftsauskunftei. Online: https://www.baden-wuerttemberg.datenschutz.de/wenn-ich-keine-daten-ueber-dich-finde-bist-du-nicht-kreditwuerdig-lfdi-verwarnt-wirtschaftsauskunftei/ (letzter Zugriff: 16.02.2022).

DWDS – Digitales Wörterbuch der deutschen Sprache. Das Wortauskunftssystem zur deutschen Sprache in Geschichte und Gegenwart, hrsg. v. d. Berlin-Brandenburgischen Akademie der Wissenschaften. Online: https://www.dwds.de/ (letzter Zugriff: 20.02.2022).

Eckert, Svea et al. (2022): Die Schönheit der anderen. Magersucht und Social Media. In: SZ.de v. 11.01.2022. Online: https://www.sueddeutsche.de/panorama/instagram-magersucht-anorexie-facebook-files-facebook-social-media-1.5505464 (letzter Zugriff: 17.02.2022).

Ess, Charles (2015): Digital Media Ethics. Second Edition. Cambridge: Polity Press.

Fenner, Dagmar (2012/2013): Ethik und Ästhetik. Die beiden Perspektiven der Ethik und der Ästhetik. Kulturelle Bildung Online. Online: https://kubi-online.de/artikel/ethik-aesthetik (letzter Zugriff: 04.03.2022)

Fromm, Erich (2018): Den Menschen verstehen. Psychoanalyse und Ethik. München: dtv.

Funiok, Rüdiger (2007): Medienethik. Verantwortung in der Mediengesellschaft. Stuttgart: Kohlhammer.

Funiok, Rüdiger (2016): Verantwortung. In: Heesen, Jessica (Hrsg.): Handbuch Medien- und Informationsethik. Stuttgart: J. B. Metzler Verlag, S. 74-80.

Gigerenzer, Gerd (2021): Klick. Wie wir in einer digitalen Welt die Kontrolle behalten und die richtigen Entscheidungen treffen. München: Bertelsmann.

Grimm, Petra/Keber, Tobias/Müller, Michael (2021): Start-up with Ethics. München: Kopaed.

Grimm, Petra/Müller, Michael/Trost, Kai Erik (2021): Werte, Ängste, Hoffnungen. Das Erleben der Digitalisierung in der erzählten Alltagswelt. Baden-Baden: Nomos.

Grimm, Petra (2019): Haltung in einer digitalisierten Kindheit. Die Perspektive der narrativen Ethik. In: Stapf, Ingrid/Prinzing, Marlis/Köberer, Nina (Hrsg.): Aufwachsen mit Medien. Zur Ethik mediatisierter Kindheit und Jugend. Baden-Baden: Nomos, S. 85-99.

Grimm, Petra et al. (2015): Ethik macht klick – Werte-Navi fürs digitale Leben. Arbeitsmaterialien für Schule und Jugendarbeit. Herausgegeben von der EU-Initiative klicksafe, Landeszentrale für Medien und Kommunikation (LMK) Rheinland-Pfalz, Ludwigshafen.

Grimm, Petra (2013): Gefährdungspotenziale im Internet. In: Friedrichs, Henrike/Junge, Thorsten/Sander, Uwe (Hrsg.): Jugendmedienschutz in Deutschland. Medienbildung und Gesellschaft, Bd. 22. Wiesbaden: Springer VS, S. 323-330.

Grimm, Petra/Rhein, Stefanie/Müller, Michael (2010): Porno im Web 2.0. Die Bedeutung sexualisierter Web-Inhalte in der Lebenswelt von Jugendlichen. Berlin: Vistas.

Grimm, Petra/Rhein, Stefanie/Clausen-Muradian, Elisabeth (2008): Gewalt im Web 2.0. Der Umgang Jugendlicher mit gewalthaltigen Inhalten und Cyber-Mobbing sowie die rechtliche Einordnung der Problematik. Berlin: Vistas.

Grimm, Petra/Rhein, Stefanie (2007): Slapping, Bullying, Snuffing! Zur Problematik von gewalthaltigen und pornografischen Videoclips auf Mobiltelefonen von Jugendlichen. Berlin: Vistas.

Grunwald, Armin (2019): Der unterlegene Mensch. Die Zukunft der Menschheit im Angesicht von Algorithmen, künstlicher Intelligenz und Robotern. München: Riva.

Halbig, Christoph (2013): Der Begriff der Tugend und die Grenzen der Tugendethik. Berlin: Suhrkamp.

Harper, Richard/Hamill, Lynne (2005): Kids will be Kids: The Role of Mobiles in Teenage Life. In: Hamill, Lynne/Lasen, Amparo (Hrsg.): Mobile World. Past, Present and Future. O.O.: Springer, S. 61-74.

Hartzog, Woodrow (2018): Privacy's Blueprint. The Battle to Control the Design of New Technologies. Cambridge/London: Harvard University Press.

Höflich, Joachim/Rössler, Patrick (2001): Mobile schriftliche Kommunikation – oder: E-Mail für das Handy. Die Bedeutung elektronischer Kurznachrichten (Short Message Service) am Beispiel jugendlicher Handynutzer. In: Medien & Kommunikationswissenschaft, 49, Jg. 2001/2, S. 437-461.

Hohnert, Moritz (2012): Macht Facebook unglücklich? Online: https://www.tagesspiegel.de/themen/digitalisierung-ki/neid-im-netzwerk-was-philosophen-und-psychologen-vom-vergleichen-halten/7431028-2.html (letzter Zugriff: 17.03.2021).

Kasesniemi, Eija-Liisa/Rautiainen, Pirjo (2002): Mobile culture of children and teenagers in Finland. In: Katz, James E./Aakhus, Mark A. (Hrsg.): Mobile Communication, Private Talk, Public Performance. Cambridge: University Press, S. 170-192.

Kayser-Bril, Nicolas (2019): Ethische Richtlinien des größten Weltverbands zeigen kaum Wirkung. Online: https://algorithmwatch.org/story/ethische-richtlinien-von-ieee-ohne-wirkung/ (letzter Zugriff: 31.01.2024).

Kugler, Nina (2020): Sinnfluencer wollen nicht mehr nur reine Werbebotschafter sein. In: Welt.de v. 07.09.2020. Online: https://www.welt.de/wirtschaft/webwelt/article215175364/Sinnfluencer-Diese-Influencer-wollen-nicht-nur-Werbebotschafter-sein.html (letzter Zugriff: 18.02.2022).

Lucius-Hoene, Gabriele/Deppermann, Arnulf (2002): Die „narrative Identität". In: Diess. (Hrsg.): Rekonstruktion narrativer Identität. Ein Arbeitsbuch zur Analyse narrativer Interviews. Wiesbaden: VS Verlag für Sozialwissenschaften, S. 47-76.

Morozov, Evgeny (2013): Smarte neue Welt: digitale Technik und die Freiheit des Menschen. München: Blessing.

Müller, Michael (2020): Politisches Storytelling: Wie Politik aus Geschichten gemacht wird. Schriften zur Rettung des öffentlichen Diskurses: Bd. 2. Herbert von Halem.

Müller, Michael/Grimm, Petra (2016): Narrative Medienforschung. Einführung in Methodik und Anwendung. Konstanz/München: UVK Verlagsgesellschaft.

Netzwerk der Verbraucherzentralen (2022): Scoring – diese Daten sammeln Auskunfteien über Sie. Online: https://www.verbraucherzentrale.de/wissen/digitale-welt/datenschutz/scoring-diese-daten-sammeln-auskunfteien-ueber-sie-54786 (letzter Zugriff: 16.02.2022).

Netz der Verbraucherzentrale (2021): Welche Folgen Identitätsdiebstahl im Internet haben kann. Online: https://www.verbraucherzentrale.de/wissen/digitale-welt/datenschutz/welche-folgen-identitaetsdiebstahl-im-internet-haben-kann-17750 (letzter Zugriff 18.02.2022).

Niesmann, Sonja (2021): Avatar Nelly geht zur Schule. In: Süddeutsche Zeitung, Nr. 22, 28.01.2022, S. R3.

Nußbaum, Martha (2015): Fähigkeiten schaffen. Neue Wege zur Verbesserung menschlicher Lebensqualität. Aus dem Amerikanischen von Veit Friemert. München: Karl Alber Verlag.

Nußbaum, Martha (2002): Konstruktion der Liebe, des Begehrens und der Fürsorge. Drei philosophische Aufsätze. Stuttgart: Reclam.

Nußbaum, Martha (1998): Nicht-relative Tugenden: Ein aristotelischer Ansatz. In: Rippe, Klaus Peter/Schaber, Peter (Hrsg.): Tugendethik. Stuttgart: Reclam, S. 114-165.

Ozimek, Phillip/Bierhoff, Hans-Werner (2020): All my online-friends are better than me – three studies about ability-based comparative social media use, self-esteem, and de-pressive tendencies. In: Behaviour & Information Technology 39 (10), S. 1110-1123.

Paganini, Claudia (2020): Werte für die Medien(ethik). Baden-Baden: Nomos.

Reckwitz, Andreas (2018): Die Gesellschaft der Singularitäten. Zum Strukturwandel der Moderne. Berlin: Suhrkamp.

Rorty, Richard (1992 [1989]): Kontingenz, Ironie und Solidarität. Erste Auflage. Frankfurt am Main: Suhrkamp.

Rosa, Hartmut (2019): Resonanz. Eine Soziologie der Weltbeziehung. Berlin: Suhrkamp.

Sabatini, Fabio/Sarracino, Francesco (2017): Online Networks and Subjective Well-Being. In: Kyklos 70 (3), S. 456-480.

Scherr, Sebastian/Schmitt, Marlene (2018): Passive Facebook-Nutzung, selektive Selbstdarstellung und negative Wahrnehmungen des eigenen Lebens: Mehrgruppen Cross-Lagged Panelanalysen zu differentiellen Effekten im Kontext psychologischen Wohlbefindens. In: M&K 66 (1), S. 58-74.

Schmidt, Jan-Hinrik (2009): Das neue Netz. Merkmale, Praktiken und Folgen des Web 2.0. Konstanz: UVK.

Schulz von Thun, Friedemann (2021): Erfülltes Leben. Ein kleines Modell für eine große Idee. München: Hanser.

Schulze, Gerhard (2003): Die beste aller Welten: wohin bewegt sich die Gesellschaft im 21. Jahrhundert? München: Hanser.

Selke, Stefan (2014): Lifelogging. Wie die digitale Selbstvermessung unsere Gesellschaft verändert. Berlin: Econ.

Shakya, Holly/Christakis, Nicholas (2017): Association of Facebook Use with Compromised Well-Being – A Longitudinal Study. In: American Journal of Epidemiology, 185, S. 203-211.

Vallor, Shannon (2016): Technology and the Virtues. A Philosophical Guide to a Future Worth Wanting. New York: Oxford University Press.

van den Hoven, Jeroen (2010): Information Technology, Privacy, and the Protection of Personal Data. In: Ders./Weckert, John (Hrsg.): Information Technology and Moral Philosophy. Cambridge: University Press, S. 301-321.

Wagner, Ben (2018): Ethics as an Escape from Regulation: From ethics-washing to ethics-shopping? Online: https://www.degruyter.com/document/doi/10.1515/9789048550180-016/html (letzter Zugriff: 26.01.2024).

Willard, Nancy E. (2007): Cyberbullying and Cyberthreats. Champaign, Illinois: Research Press.

Zurstiege, Guido (2019): Taktiken der Entnetzung. Die Sehnsucht nach der Stille im digitalen Zeitalter. Berlin: Suhrkamp.

Teil 2:
Daten schützen – Kinder schützen.
Ethik der Überwachung in Familie und Alltag

Zur Bedeutung anthropomorpher Zuschreibungen für das Vertrauen in vernetztes Kinderspielzeug

Ricarda Moll

Vernetztes Kinderspielzeug als soziale Roboter

Seit einigen Jahren sind Spielzeuge für Kinder auf dem deutschen wie internationalen Markt verfügbar, die durch die Möglichkeit der Vernetzung mit anderen Geräten neue Formen spielerischer Interaktivität zwischen Kind und Spielzeug ermöglichen sollen. Konzeptuell lassen sich mindestens drei Eigenschaften nennen, die in Verbindung mit dem sog. *Internet of Toys* relevant sind:[1]

Erstens beinhalten zahlreiche der betreffenden Spielzeuge Sensoren, die Informationen aus der Umgebung aufnehmen können. Typischerweise sind dies Mikrofone oder Kameras, wobei auch andere Formen von Sensoren wie zum Beispiel Berührungssensorik zum Einsatz kommen. Zweitens sind die betreffenden Spielzeuge vernetzt; sie verfügen über eine Funkschnittstelle, über die das Produkt zur Übertragung der aufgezeichneten Daten in der Lage ist. Drittens zeichnen sich die betreffenden Produkte dadurch aus, dass sie eine physisch anfassbare, körperliche Form annehmen (sog. *Embodiment*),[2] wobei sich die Art der Verkörperung von bereits bekannten Spielzeugformen wie Teddybären oder Puppen unterscheiden kann, aber nicht muss. Das Merkmal des Embodiment unterscheidet vernetztes Spielzeug in bedeutender Weise von Sprachassistenten wie Siri oder Alexa, indem es eine physische Bindung an das Objekt ermöglicht. So kann ein vernetztes Spielzeug im Alltag durch die Wohnung getragen werden, Zuwendung erhalten, oder nachts mit ins Bett genommen werden, wie es auch bei herkömmlichen Spielzeugen durchaus üblich ist.

Die Kombination von eingebauter Sensorik, Funkschnittstelle und Verkörperung ermöglicht verhältnismäßig komplexe Interaktionen. Eine besondere Rolle spielt hierfür die Integration von Spracherkennung, mit Hilfe derer das Spielzeug menschenähnliche Kommunikation simuliert. Im Zuge

---
1 Vgl. Peter et al. 2019.
2 Vgl. ebd. 2019.

dessen werden also Informationen auf eine sozial wirkende Art und Weise ausgetauscht. Insofern sind derzeit zumeist noch als Spielzeuge vermarktete Produkte perspektivisch als soziale Roboter anzusehen, deren inhärente Funktion die Fähigkeit zu sozialer Interaktion in menschenähnlicher Art und Weise ist.[3]

Gegenstand dieses Beitrags ist die Frage, inwieweit Kinder auf Basis der sozial erscheinenden Eigenschaften sozialer Roboter *Vertrauen* in das vernetzte Spielzeug entwickeln. Ausgangspunkt hierfür ist das Phänomen sogenannter anthropomorpher Zuschreibungen, die als Grundlage für das Entstehen einer sozialen Beziehung gesehen werden können (s. Unterabschnitt „Anthropomorphe Zuschreibungen"). Das Vertrauen des Kindes in einen sozialen Roboter spielt in mindestens zweierlei Hinsicht eine bedeutende Rolle für den weiteren Informationsaustausch: Erstens ist Vertrauen (s. Unterabschnitt „Vertrauen in soziale Roboter") ausschlaggebend in einer Situation, in der das Kind eine Information vom Roboter empfängt und deren Glaubwürdigkeit beurteilen muss (s. Unterabschnitt „Epistemisches Vertrauen"). Zweitens ist Vertrauen entscheidend für die Frage, inwieweit ein Kind dem sozialen Roboter gegenüber Informationen preisgibt (s. Unterabschnitt „Selbstoffenbarung"). Zu beiden Aspekten wird – ohne Anspruch auf Vollständigkeit – ein Einblick in damit verbundene Forschung gegeben sowie praktische und ethische Implikationen diskutiert.

Anthropomorphe Zuschreibungen

Menschen neigen dazu, Verhaltensweisen von nicht menschlichen Objekten mit Attributen und Zuständen zu erklären, die als spezifisch für die Gattung des Menschen gelten. Hierzu gehören beispielsweise rationale Gedanken, Selbstreflektion, Kreativität, Emotionen und Empathie.[4] Anthropomorphismus beschreibt in diesem Sinne die Zuschreibung von mentalen Zuständen und Prozessen zu nicht menschlichen Akteuren (im Folgenden: anthropomorphe Zuschreibungen).[5] Die grundsätzliche Tendenz, das Gegenüber in einem „sozialen Modell" mental zu repräsentieren[6] basiert auf kognitiver Ebene auf einer induktiven Inferenz, bei der das früh er-

---

3 Vgl. Breazeal 2003, S. 167.
4 Vgl. Waytz/Cacioppo/Epley 2010, S. 220 für einen Überblick.
5 Vgl. ebd., S. 221.
6 Vgl. Breazeal 2003, S. 168.

lernte und somit auch mental hoch verfügbare Wissen über menschliche Eigenschaften auf andere Akteure übertragen wird.[7] Evolutionär betrachtet scheint dies ein adaptiver Mechanismus zu sein, der soziale Interaktion und Kooperation erleichtert.[8]

Anthropomorphe Zuschreibungen nehmen tendenziell zu, wenn das in Frage stehende Objekt beobachtbare Eigenschaften aufweist, die an einen Menschen erinnern. Hierzu zählen beispielsweise physische Eigenschaften (z. B. Gesicht, Bewegungen), aber auch geäußerte Emotion und soziale Motivation.[9] Soziale Roboter sind in diesem Sinne genau dazu konzipiert, den Eindruck zu erwecken, sie seien menschenähnliche Wesen; dies soll in der Logik der Roboter-Entwicklung den sozialen Austausch zwischen Mensch und Maschine vereinfachen.[10] Empirische Untersuchungen zeigen, dass diese Konzeption Menschen durchaus beeinflusst, selbst wenn die physisch-soziale Form des Roboters ein Tier ist. So zeigte beispielsweise die Analyse von Nutzerkommentaren in einem Diskussionsforum von *AIBO*, einem sozialen Roboter-Hund der Firma Sony, dass (erwachsene) Nutzer von AIBO diesen auf der einen Seite zwar als Technologie ansahen, andererseits jedoch eine emotionale Bindung zu ihm aufbauten und ihm teilweise Gefühle und Absichten zuschrieben.[11]

Da die Schwelle zu anthropomorphen Zuschreibungen bereits für erwachsene Anwender_innen niedrig zu sein scheint, liegt es nahe, dass auch Kinder einer Maschine, vor allem in Form eines sozialen Roboters, menschenähnliche Eigenschaften zuschreiben. Die grundsätzliche Fähigkeit zur Attribution mentaler Zustände ist Teil des (mentalen) Heranwachsens des Kindes, welches mit zunehmendem Alter eine sogenannte *Theory of Mind* entwickelt, also eine Vorstellung von und ein Verständnis für mentale Zustände von sich selbst und anderen Personen.[12] Eine Theory of Mind kann somit als Voraussetzung für anthropomorphe Zuschreibungen in der Interaktion mit sozialen Robotern gesehen werden.

---

7 Vgl. Shin/Kim 2020, S. 446 für einen Überblick.
8 Vgl. Damiano/Dumouchel 2018, S. 1.
9 Vgl. z. B. Fink 2012.
10 Vgl. Damiano/Dumouchel 2018. Der Zusammenhang zwischen menschenähnlichen Eigenschaften und Akzeptanz seitens des_r Nutzers_in ist hierbei nicht linear. So scheinen Menschen eine zu große Ähnlichkeit eines Roboters mit einem Menschen unheimlich zu finden; dieses Phänomen ist unter dem Begriff *Uncanny Valley* bekannt, s. Mori/MacDorman/Kageki 2012.
11 Vgl. Friedman/Kahn/Hagman 2003, S. 275.
12 Vgl. Wellman 2018 für einen Überblick.

Erste Untersuchungen stützen die These, dass Kinder zu anthropomorphen Zuschreibungen neigen, wenn sie mit einem sozialen Roboter interagieren. In einer einschlägigen Studie aus dem Jahr 2012[13] wurden Interaktionssequenzen zwischen Kindern und einem (in diesem Fall von einem Menschen ferngesteuerten) sozialen Roboter namens *Robovie* initiiert (z. B.: Begrüßung, prosoziale Bitte, Rollenwechsel im Spiel, Umarmung). Jede Interaktion endete damit, dass der Versuchsleiter das Spiel zwischen Kind und Robovie unterbrach und Robovie in einen Schrank sperrte. Robovie protestierte dagegen, unter anderem indem er sich auf moralische Grundsätze wie Gerechtigkeit und Fairness bezog. So sagte er beispielsweise, dass er Angst habe, allein im dunklen Schrank zu sein, und es ungerecht sei, dass er das Spiel nicht fortsetzen dürfe. Im Folgenden wurde das Kind im Rahmen eines strukturierten Interviews zu Robovie befragt. Interessanterweise betrachteten Kinder Robovie teilweise als eine Art moralisches Wesen mit eigenen Rechten; so fanden 54 Prozent der Kinder, dass es nicht in Ordnung sei, Robovie einfach in den Schrank zu sperren – bei einer tatsächlichen Person fanden dies 100 Prozent, wohingegen jedoch alle Kinder sich einig waren, dass es in Ordnung sei, einen Besen in den Schrank zu sperren.[14] Insofern scheinen soziale Roboter für Kinder in eine neue ontologische Kategorie zu fallen, als Systeme, die zwar nicht lebendig, aber eben auch nicht *nicht* lebendig seien.[15] Hypothesenkonform glaubte die Mehrheit der befragten Kinder darüber hinaus, Robovie könne kognitive Zustände wie Intelligenz, Interesse, Erwartungen und Gedanken haben. Sie glaubten auch, dass Robovie Gefühle hat, beispielsweise stimmten 81 Prozent der befragten Kinder der Aussage zu, dass sie Robovie trösten müssten, wenn dieser sagen würde, er sei traurig und dass sie ebenfalls Trost bei Robovie suchen würden, wenn sie selbst traurig seien.[16]

Eine Implikation anthropomorpher Zuschreibungen ist, dass hierdurch die Entstehung einer scheinbar sozialen Beziehung möglich wird.[17] Diese Beziehung ist einseitig und insofern auch eine Illusion vonseiten des

---

13 Vgl. Kahn et al. 2012.
14 Vgl. Kahn et al. 2012, S. 310. Hierzu sei angemerkt, dass der Vergleich zwischen Robovie und einem Besen konfundiert sein könnte, denn im Gegensatz zu Robovie gehört ein Besen tatsächlich in den Schrank. Eine geeignetere Vergleichskategorie könnte hier ein unanimiertes Spielzeug sein, oder – im Zuge eines experimentellen Settings – ein unanimierter, nicht responsiver Roboter.
15 Vgl. Kahn Jr/Gary/Shen 2013, S. 35.
16 Vgl. Kahn et al. 2012, S. 309.
17 Van Straten/Peter/Kühne 2020 für einen Überblick.

Bedeutung antropomorpher Zuschreibungen für Vertrauen in vernetztes Spielzeug

Kindes, denn der soziale Roboter ist nicht tatsächlich zu einer sozialen Bindung fähig. Diese Einseitigkeit schließt jedoch nicht aus, dass vonseiten des Kindes emotionale und kognitive Prozesse in Gang gesetzt werden, die typisch für eine soziale Beziehung zu einem Menschen sind. Ein Beispiel für einen solchen im zwischenmenschlichen Bereich relevanten Prozess ist die Entstehung von Vertrauen.

Vertrauen in soziale Roboter

Für den gegenwärtigen Zweck kann Vertrauen definiert werden als eine Einstellung oder Haltung gegenüber einem anderen Akteur, die auf Verhaltensebene mit der Delegation von Kontrolle[18] und auf kognitiver Ebene mit der Zuschreibung von Eigenschaften wie Kompetenz, Wohlwollen und Integrität bzw. Verlässlichkeit einhergeht.[19] Um jemandem zu vertrauen, muss eine Person also davon überzeugt sein, dass der in Frage stehende Akteur a) kompetent in Bezug auf das Anliegen ist („können") und b) das Anliegen auch erfüllen will („wollen"), beispielsweise weil er wohlwollend und integer ist.[20]

Das Vertrauen des Kindes in einen sozialen Roboter kann hier in mindestens zweierlei Hinsicht relevant werden: Zum einen spielt Vertrauen eine Rolle, wenn das Kind die Glaubwürdigkeit einer Information einschätzen muss, die es vom sozialen Roboter erhält (s. Unterabschnitt „Epistemisches Vertrauen"); zum anderen ist Vertrauen relevant, wenn das Kind einschätzen muss, ob der soziale Roboter eine Information für sich behalten wird, die es ihm gegenüber offenbart (s. Unterabschnitt „Selbstoffenbarung").

Epistemisches Vertrauen

Ein Großteil von dem, was wir über unsere Umwelt wissen und über sie lernen, basiert auf Informationen, die wir von anderen bekommen.[21] Eine Voraussetzung dafür, dass Menschen tatsächlich von anderen lernen, ist

---

18 Vgl. Castelfranchi/Falcone 2000.
19 Vgl. Mayer/Davis/Schoorman 1995.
20 Vgl. Castelfranchi/Falcone 2000.
21 Vgl. Origgi 2014; Nurmsoo/Robinson 2009a, S. 23.

ihr Vertrauen darin, dass ihr Gegenüber ihnen die Wahrheit sagt.[22] Hierzu muss dem Gegenüber einerseits zugetraut werden, dass er korrektes Wissen auf dem in Frage stehenden Gebiet hat, insofern also kompetent ist, und andererseits die relevanten Informationen auch korrekt weitergeben will, weil er der vertrauenden Person wohlwollend gegenüber eingestellt ist.[23]

Empirische Untersuchungen zeigen, dass Kinder soziale Roboter grundsätzlich als Informationsquelle betrachten, insbesondere, wenn diese auch nonverbal menschlich wirken, beispielsweise über ein sozial-responsives Blickverhalten.[24] Darüber hinaus lernen dreijährige Kinder die Namen neuartiger Objekte eher von sozialen Robotern als von einer unanimierten Maschine, sofern sie ersteren mentale Eigenschaften zuschrieben.[25] Insofern scheinen anthropomorphe Zuschreibungen prinzipiell Annahmen über die Gültigkeit der empfangenen Information zu beeinflussen.

Unklar ist hierbei jedoch, inwieweit Kinder differenziertere Zuschreibungen von Wohlwollen und Kompetenz machen, wenn sie mit einem sozialen Roboter interagieren. Aus Studien zu kindlichem Vertrauen in erwachsene Personen („informants") gibt es Hinweise darauf, dass Kinder diese beiden Marker für Vertrauenswürdigkeit unterschiedlich stark gewichten. Beispielsweise glaubten Kinder einem Erwachsenen, der zuvor ein bekanntes Objekt falsch bezeichnet hatte, weil er die Augen verbunden hatte, auch dann nicht, wenn dieser ein dem Kind unbekanntes Objekt mit *un*verbundenen Augen benannte.[26] Dies könnte darauf hindeuten, dass Kinder Fehler des Informanten in erster Linie auf dessen Wohlwollen zurückführen und in diesem Fall situative Grenzen der Kompetenz weniger schwer in ihren Urteilen gewichten. Hierfür spricht auch ein Befund aus dem Jahr 2013. Hier zeigte sich, dass Kinder erst ab einem Alter von ca. fünf Jahren Expertise bzw. Kompetenz in bedeutender Weise in ihre Vertrauensurteile einbeziehen; kleinere Kinder vertrauten den Aussagen von Informanten auch dann, wenn diese offensichtlich keine Expertise aufweisen, solange sie jedoch wohlwollend („nett") erschienen.[27] Diese Tendenz scheint ab einem bestimmten Alter abzunehmen, wobei selbst Erwachsene zumindest bei

---

22 Vgl. Sperber et al. 2010, S. 360.
23 Vgl. ebd., S. 369.
24 Vgl. Breazeal et al. 2016.
25 Vgl. Brink/Wellman 2020.
26 Vgl. Nurmsoo/Robinson 2009b. Vgl. Nurmsoo/Robinson 2009a für ein gegenteiliges Ergebnis.
27 Vgl. Landrum/Mills/Johnston 2013; Lane/Wellman/Gelman 2013; für einen Überblick: Tong/Wang/Danovitch 2020.

emotional schwierigen Entscheidungen das Wohlwollen ihres Gegenübers stärker in ihrem Vertrauensurteil gewichten als seine Expertise.[28]

Für den gegenwärtigen Kontext sind die geschilderten Befunde insofern relevant, als dass die körperliche Form sozialer Roboter – ggf. in Form von vernetztem Spielzeug – anthropomorphe Zuschreibungen unterstützt, die wiederum eine sozial-emotionale Bindung zur Maschine fördern.[29] Wenn Kinder – und anteilig auch Erwachsene – dem Wahrheitsgehalt von Informationen vor allem aus sozioemotionalen Gründen („Ist er nett? Mag er mich?") vertrauen und dabei in geringerem Maße die Kompetenz des Akteurs berücksichtigen („Ist er kompetent auf diesem Gebiet?"), könnten Kinder ihrem technischen Gefährten auch dann glauben, wenn er ihnen objektiv gesehen eine verzerrte oder gar unzutreffende Information gibt. Insofern erhöht die anthropomorphe Form eines vernetzten Spielzeugs das Potenzial für Fehlinformation und Täuschung des Kindes, woraus sich wiederum ethische sowie praktische Implikationen ergeben (s. Unterabschnitt „Implikationen").

Selbstoffenbarung

Selbstoffenbarung im weitesten Sinne findet in jeder Art von kommunikativem Akt statt, unabhängig davon, ob dies beabsichtigt ist oder nicht.[30] Schon diese Feststellung ist in Bezug auf die Kind-Roboter-Interaktion relevant, weil das Kind durch jede Verhaltensweise Informationen über sich selbst offenbart. Insoweit ist das Kind potenziell Gegenstand von Live-Tracking, dessen Ausmaß mit davon abhängt, welche der erhobenen Daten standardmäßig erhoben und weiterverarbeitet werden. Die Besonderheit in Bezug auf einen sozialen Roboter ist jedoch vielmehr, dass auch explizite, bewusste Selbstoffenbarung ihm gegenüber wahrscheinlicher werden könnte, wenn das Kind ihn als soziales Wesen wahrnimmt (vgl. Unterabschnitt „Anthropomorphe Zuschreibungen"). Das Kind könnte dem sozialen Roboter hierdurch beispielsweise Informationen anvertrauen, die den Status eines (kindlichen) Geheimnisses haben. In diesem Sinne könnte der technische „Gefährte" des Kindes in noch bedeutenderer Weise in dessen

---

28 Vgl. White 2005.
29 Studien zeigen darüber hinaus, dass anthropomorphe Zuschreibungen auch beeinflusst, inwieweit Kinder einen sozialen Roboter als zuständig für bestimmte Wissensgebiete wahrnehmen, s. Oranç/Küntay 2020.
30 Vgl. Greene/Derlega/Mathews 2006, S. 411.

Privatsphäre eindringen, als es über das Nutzer-Tracking ohnehin schon möglich ist.

Empirische Beispiele dafür, dass Menschen sich einer Maschine gegenüber offenbaren, existieren spätestens seit den 60er-Jahren, in denen der erste soziale Chatbot mit dem Namen *Eliza* entwickelt wurde.[31] Eliza ermöglichte eine natürliche Art von Unterhaltung zwischen einem Menschen und einem Computer und war so angelegt, dass es die Gedanken und Gefühle im Sinne des aktiven Zuhörens nach Carl Rogers spiegelt und damit den Eindruck erweckt, aufmerksam und empathisch zu sein.[32] Da sich Eliza in der Unterhaltung scheinbar wie ein therapeutisch agierender Mensch verhielt, provozierten die programmierten Verhaltensweisen anthropomorphe Zuschreibungen; in die (scheinbar) empathischen Äußerungen wurden vonseiten der sprechenden Person Absichten und Hintergrundwissen interpretiert.[33] Eliza schien aus eben diesem Grund einen „starken emotionalen Effekt auf viele der Nutzer"[34] zu haben, die große Bereitschaft zeigten, sich dem Computerprogramm gegenüber zu offenbaren.

In Bezug auf soziale Roboter, die anthropomorphe Zuschreibungen schon aufgrund ihrer äußeren Erscheinung provozieren (sollen), liegt es nahe, dass die Integration interaktiver Dialogsysteme in ein vernetztes Spielzeug dazu führen kann, dass Kinder dem Spielzeug private Informationen offenbaren. Diese Vermutung stützen auch verschiedene empirische Untersuchungen. Beispielsweise antworteten 57 Prozent der 90 befragten Kinder in der Studie von Kahn et al., dass sie dem sozialen Roboter Robovie ein Geheimnis anvertrauen würden.[35] Ähnliches legt eine Fallstudie aus dem Jahr 2017 nahe, in der neun Kinder zum Umgang mit sozialen Roboter-Spielzeugen befragt wurden.[36]

Den Kommunikationspartner_innen im Kontext der bewussten Selbstoffenbarung zu vertrauen, kann insbesondere die Erwartung beinhalten, dass dieser die offenbarte Information für sich behalten. Insofern kann Vertrauen auch hier zunächst als Zuschreibung von Kompetenz verstanden werden: Ein Kind könnte beispielsweise auf der einen Seite davon ausge-

---

31 Vgl. Weizenbaum 1966.
32 Vgl. Turkle 2007, S. 502.
33 Vgl. Weizenbaum 1966, S. 42 Die Zuschreibung menschlicher Eigenschaften zu künstlicher Intelligenz wird daher in informationstechnischen Disziplinen auch Eliza-Effekt genannt; vgl. Kim/Schmitt/Thalmann 2019, S. 2.
34 Turkle 2007, S. 502 (eigene Übersetzung).
35 Vgl. Kahn et al. 2012, S. 309.
36 Vgl. McReynolds et al. 2017.

hen, dass der soziale Roboter dazu fähig ist, ein Geheimnis für sich zu behalten, oder auf der anderen Seite unfähig dazu ist, es weiterzugeben (Zuschreibung von Kompetenz bzw. Inkompetenz). Insbesondere letztere Zuschreibung zeigt sich in der bereits angeführten Fallstudie, in der die befragten Kinder ihrem vernetzten Spielzeug teilweise die Fähigkeit absprachen, sich an eine Unterhaltung erinnern zu können.[37] Hierbei ist allerdings unklar, ob diese Antworten auf einem mangelnden technischen Verständnis oder vielmehr auf einer ausbleibenden Anthropomorphisierung beruhen. Denn während Erinnerung eine menschliche Fähigkeit ist, hat sie im Gegensatz zu anderen zugeschriebenen mentalen Eigenschaften eine technische Entsprechung – so ist es sehr wahrscheinlich, dass ein sozialer Roboter mit Spracherkennung die Äußerungen des Kindes aufzeichnet und sich insoweit auch „erinnern" kann, selbst wenn er diese Erinnerung dem Kind gegenüber nicht artikulieren kann.

Neben der Zuschreibung von Kompetenz kann für die Selbstoffenbarung des Kindes auch eine Rolle spielen, inwieweit es den sozialen Roboter als Freund wahrnimmt, der ihm wohlwollend gegenüber eingestellt ist. So geht man bei einem wohlwollenden, integren Freund nicht davon aus, dass dieser ein anvertrautes Geheimnis weitererzählt. Dass ein Kind sein vernetztes Spielzeug als wohlwollend wahrnehmen könnte, liegt nahe, denn neben der physisch-sinnlichen Vertrautheit ist die mentale Repräsentation des sozialen Roboters von anthropomorphen Zuschreibungen geprägt. Diese werden bereits durch physische Eigenschaften des Roboters hervorgerufen; sie werden darüber hinaus jedoch durch fortgeschrittene Dialogsysteme weiter gefördert werden, sofern diese die Simulation menschlicher Unterhaltungen immer weiter perfektionieren und individualisieren. Moderne soziale Chatbots wie ChatGPT der Firma OpenAI[38] übertreffen bereits heute Elizas Fähigkeiten zur Simulation menschlicher Unterhaltungen.[39] Insofern ist es wahrscheinlich, dass ein Kind einem vernetzten Spielzeug, in das ein solches Dialogsystem integriert ist, private Informationen anvertraut. Dies könnte es in der Annahme tun, dass der vernetzte Freund das anvertraute Geheimnis entweder nicht weitergeben kann oder dies aufgrund der freundschaftlichen Beziehung zum Kind nicht tun würde.

---

37 Vgl. McReynolds et al. 2017, S. 5202.
38 Vgl. Bubeck et al. 2023.
39 Vgl. Shah et al. 2016.

Ricarda Moll

Implikationen

Die fortschreitende Optimierung von dem, was schon heute als künstliche Intelligenz bezeichnet wird, wird es irgendwann selbstverständlich erscheinen lassen, dass auch Kinder mit sozialen Robotern interagieren. Insofern sind die aktuell vermarkteten vernetzten Kinderspielzeuge als der Anfang einer längerfristigen Entwicklung zu sehen.

Die vorausgegangenen Darstellungen deuten insbesondere auf das Problem hin, dass Kinder einem sozialen Roboter vertrauen, weil sie ihn als soziales Wesen wahrnehmen. Ihr Vertrauen bildet also nicht Erwartungen an die Zuverlässigkeit eines technischen Systems oder die wohlwollenden Absichten des für die Programmierung (mit-)verantwortlichen Herstellers ab, sondern das Vertrauen in den verkörperten und als anteilig lebendig wahrgenommenen sozialen Roboter selbst.[40] Eine Dynamik, für die nach den vorangehenden Ausführungen sowohl die technischen als auch die psychischen Voraussetzungen unter Umständen erfüllt sind, könnte demnach wie folgt aussehen:

Ein Kind vertraut seinem „Spielzeug" persönliche Informationen an, die es gegebenenfalls sogar niemandem sonst erzählt. Der soziale Roboter, der keine mentalen Eigenschaften wie Absicht oder Wohlwollen abseits seiner programmierten Informationsverarbeitung besitzt, überträgt diese Informationen an Server des Anbieters, wo sie unter Umständen nicht für den maximalen Nutzen für das Kind, sondern zur Gewinnmaximierung für das Unternehmen weiterverarbeitet werden. Die gesammelten Informationen ermöglichen es, dem Kind über den sozialen Roboter eine personalisierte Empfehlung für bestimmte Produkte zu übermitteln. Das Kind, das dem sozialen Roboter innerhalb dieser als freundschaftlich wahrgenommenen Beziehung epistemisch vertraut, übernimmt in der Konsequenz die Empfehlung und lässt sich somit in seinen Wünschen und seiner Entwicklung beeinflussen.

Das skizzierte Manipulationspotenzial sozialer Roboter sollte insbesondere im Kontext kindlicher Vertrauensbeziehungen berücksichtigt werden. Eine grundlegende Frage ist hier beispielsweise, inwieweit es entwicklungspsychologisch bedeutsam und insofern auch ethisch vertretbar ist, in einem Kind die Illusion von sozialer Beziehung und Freundschaft zu erwecken.[41]

---

40 Vgl. Culley/Madhavan 2013.
41 Vgl. Turkle 2007. Für Ausführungen zu ethischen Gesichtspunkten anthropomorpher Zuschreibungen im Kontext sozialer Roboter s. Damiano/Dumouchel 2018.

Diese Frage stellt sich insbesondere, weil Kinder im Gegensatz zu Erwachsenen die Art der sozialen Beziehung, die sie zu ihrem vernetzten Spielzeug haben, unter Umständen weniger gut auf metakognitiver Ebene einordnen können. Eine solche Einordnung schützt zwar nicht notwendigerweise vor dem Eingehen einer sozialen Beziehung mit dem sozialen Roboter, wie aus Berichten von erwachsenen Nutzer_innen bekannt ist,[42] macht es theoretisch jedoch möglich, vigilant in Bezug auf die tatsächliche Funktionsweise der Maschine und damit verbundenen Risiken zu sein.

Relevant scheint hier auch der Befund, dass Aufklärungsversuche mit Kindern in Bezug auf soziale Roboter nicht notwendigerweise zielführend sind. Beispielsweise berichtet die Ethnographin Sherry Turkle von Kindern, die mit dem sozialen Roboter *Cog* interagierten.[43] Nachdem die Kinder sich mit ihm vertraut gemacht und ihm gegenüber soziale Verhaltensweisen gezeigt hatten, wurde Cog gezielt entmystifiziert. Cogs Entwickler erklärte ihnen hierzu detailliert, wie der soziale Roboter auf technischer Ebene funktioniert. Laut Turkle verhielten sich die Kinder jedoch einige Minuten später Cog gegenüber wieder so, als sei er ein soziales Wesen.

Diese Fallschilderung deutet darauf hin, dass die erläuterten psychologischen Mechanismen – insbesondere anthropomorphe Zuschreibungen und darauf aufbauende Vertrauenshandlungen – verhältnismäßig stabil und damit auch gewissermaßen immun gegenüber Aufklärung sind. Es scheint insofern eine noch offene empirische Frage zu sein, wie Kinder im Kontext sozialer Robotik effektiv aufgeklärt und geschützt werden können. Beim Design sozialer Roboter sollte aus diesem Grund nicht ausschließlich die größtmögliche Akzeptanz des Roboters als wichtigstes Kriterium gelten. Vielmehr sollte es auch Ziel sein, das Vertrauen des_r Nutzers_in auf ein angemessenes Maß zu begrenzen, beispielsweise indem man anthropomorphe Hinweise so weit wie möglich reduziert.

Da Kinder aufgrund ihres Alters und Entwicklungsstands besonders vulnerabel sein können (s. auch Erwägungsgrund 38 DS-GVO), sollten über die vorangehenden Überlegungen hinaus Instrumente geschaffen werden, die insbesondere den Markt für vernetzte Kinderspielzeuge regulieren. Gegenstand der Regulierung kann perspektivisch auch das Ausmaß der Beziehungstäuschung sein, die im Rahmen einer solchen Kind-Roboter-Interaktion erzeugt werden darf. Um das Missbrauchspotenzial einer möglicherweise entstehenden Kind-Roboter-Beziehung frühzeitig zu begrenzen,

---

42 Friedman/Kahn/Hagman 2003.
43 Vgl. Turkle 2007, S. 504.

scheinen darüber hinaus konservative Vorschriften zur Erhebung, Weiterverarbeitung und Nutzung von Daten über das Kind zu kommerziellen Zwecken unabdingbar.

Literatur

Breazeal, Cynthia (2003): Toward sociable robots. In: Robotics and Autonomous Systems 42, 3, S. 167-175.

Breazeal, Cynthia et al. (2016): Young Children Treat Robots as Informants. In: Top Cogn Sci 8, 2, S. 481-491.

Brink, Kimberly A./Wellman, Henry M. (2020): Robot teachers for children? Young children trust robots depending on their perceived accuracy and agency. In: Developmental psychology 56, 7, S. 1268-1277.

Bubeck, Sébastien/Chandrasekaran, Varun/Eldan, Ronen et al. (2023): Sparks of Artificial General Intelligence: Early experiments with GPT-4. Online: https://arxiv.org/pdf/2303.12712 (letzter Zugriff: 02.06.2023).

Castelfranchi, Cristiano/Falcone, Rino (2000): Trust and control: A dialectic link. In: Applied Artificial Intelligence 14, 8, S. 799-823.

Culley, Kimberly E./Madhavan, Poornima (2013): A note of caution regarding anthropomorphism in HCI agents. In: Computers in Human Behavior 29, 3, S. 577-579.

Damiano, Luisa/Dumouchel, Paul (2018): Anthropomorphism in Human–Robot Co-evolution. In: Frontiers in Psychology 9, S. 468.

Fink, Jul (2012): Anthropomorphism and Human Likeness in the Design of Robots and Human-Robot Interaction. In: Ge, S. S., et al. (Hrsg.): Social Robotics, Berlin, Heidelberg, S. 199-208.

Friedman, Batya/Kahn, Peter H./Hagman, Jennifer (2003): Hardware Companions? What Online AIBO Discussion Forums Reveal about the Human-Robotic Relationship: Proceedings of the SIGCHI Conference on Human Factors in Computing Systems, New York, NY, USA, S. 273-280.

Greene, Kathryn/Derlega, Valerian J./Mathews, Alicia (2006): Self-Disclosure in Personal Relationships. In: Vangelisti, A. L./Perlman, D. (Hrsg.): The Cambridge Handbook of Personal Relationships, Cambridge, S. 409-428.

Kahn, Peter H., et al. (2012): "Robovie, you'll have to go into the closet now": children's social and moral relationships with a humanoid robot. In: Developmental psychology 48, 2, S. 303-314.

Kahn Jr, Peter H./Gary, Heather E./Shen, Solace (2013): Children's Social Relationships With Current and Near-Future Robots. In: Child Dev Perspect 7, 1, S. 32-37.

Kim, Seo Young/Schmitt, Bernd H./Thalmann, Nadia M. (2019): Eliza in the uncanny valley: anthropomorphizing consumer robots increases their perceived warmth but decreases liking. In: Marketing Letters 30, 1, S. 1-12.

Landrum, Asheley R./Mills, Candice. M./Johnston, Angie. M. (2013): When do children trust the expert? Benevolence information influences children's trust more than expertise. In: Dev Sci 16, 4, S. 622-638.

Lane, Johnathan D./Wellman, Henry M./Gelman, Susan A. (2013): Informants' Traits Weigh Heavily in Young Children's Trust in Testimony and in Their Epistemic Inferences. In: Child Development 84, 4, S. 1253-1268.

Mayer, Roger C./Davis, James H./Schoorman, F. David (1995): An Integrative Model of Organizational Trust. In: The Academy of Management Review 20, 3, S. 709-734.

McReynolds, Emiliy et al. (2017): Toys That Listen: A Study of Parents, Children, and Internet-Connected Toys: Proceedings of the 2017 CHI Conference on Human Factors in Computing Systems. New York, S. 5197-5207.

Mori, Masahiro/MacDorman, Karl F./Kageki, Norri (2012): The Uncanny Valley [From the Field]. In: IEEE Robotics & Automation Magazine 19, 2, S. 98-100.

Nurmsoo, Erika/Robinson, Elisabeth J. (2009a): Children's Trust in Previously Inaccurate Informants Who Were Well or Poorly Informed: When Past Errors Can Be Excused. In: Child Development 80, 1, S. 23-27.

Nurmsoo, Erika/Robinson, Elisabeth J. (2009b): Identifying unreliable informants: do children excuse past inaccuracy? In: Dev Sci 12, 1, S. 41-47.

Oranç, Cansu/Küntay, Aylin C. (2020): Children's perception of social robots as a source of information across different domains of knowledge. In: Cognitive Development 54.

Origgi, Gloria (2014): Epistemic trust. In: Capet P./Delavallade, T. (Hrsg.): Information Evaluation, London, S. 35-54.

Peter, Jochen, et al. (2019): Asking Today the Crucial Questions of Tomorrow: Social Robots and the Internet of Toys. In: Mascheroni, Giovanna/Holloway, Donell (Hrsg.): The Internet of Toys. Practices, Affordances and the Political Economy of Children's Smart Play. Cham, S. 25-46.

Shah, Huma et al. (2016): Can machines talk? Comparison of Eliza with modern dialogue systems. In: Computers in Human Behavior 58, S. 278-295.

Shin, Hong I./Kim, Juyoung (2020): My computer is more thoughtful than you: Loneliness, anthropomorphism and dehumanization. In: Current Psychology 39, 2, S. 445-453.

Sperber, Dan et al. (2010): Epistemic Vigilance. In: Mind & Language 25, 4, S. 359-393.

Tong, Yu/Wang, Fuxing/Danovitch, Judith (2020): The role of epistemic and social characteristics in children's selective trust: Three meta-analyses. In: Developmental Science 23, 2, e12895.

Turkle, S. (2007): Authenticity in the age of digital companions. In: Interaction Studies 8, 3, S. 501-517.

Van Straten, Caroline L./Peter, Jochen/Kühne, Rinaldo (2020): Child–Robot Relationship Formation: A Narrative Review of Empirical Research. In: International Journal of Social Robotics 12, 2, S. 325-344.

Waytz, Adam/Cacioppo, John/Epley, Nicholas (2010): Who Sees Human?: The Stability and Importance of Individual Differences in Anthropomorphism. In: Perspectives on Psychological Science 5, 3, S. 219-232.

Weizenbaum, Joseph (1966): ELIZA—a Computer Program for the Study of Natural Language Communication between Man and Machine. In: Commun. ACM 9, 1, S. 36-45.

Wellman, Henry M. (2018): Theory of mind: The state of the art, in: European Journal of Developmental Psychology 15, 6, S. 728-755.

White, Tiffany B. (2005): Consumer trust and advice acceptance: the moderating roles of benevolence, expertise and negative emotions. In: Journal of Consumer Psychology 15, 2, S. 141-148.

Medien – Ethik – Bildung: Privatheit als Wert und digitale Mündigkeit als Bildungsziel

Nina Köberer

Kindheit ist heute eine Lebensphase, in der Medien einen zentralen Stellenwert einnehmen und Smartphones bereits zur gängigen Ausstattung (fast) jedes Kindes gehören. Heranwachsende haben einen umfassenden Zugriff auf verschiedenste Medieninhalte, Informationen und nutzen Plattformen, über welche sie nicht nur kommunizieren und sich informieren, sondern zugleich auch viele ihrer persönlichen Daten preisgeben. Social Media-Profile beispielsweise werden mit persönlichen Daten und Informationen sowie Fotos und Videos bestückt und mit Freund_innen bzw. anderen Nutzer_innen geteilt. Kinder und Jugendliche geben auf diese Weise aktiv Daten und persönliche Informationen preis. Doch nicht nur die aktive Preisgabe von persönlichen Daten kann problematisch sein, sondern auch die passive Sammlung, Analyse, Verwertung und Weitergabe von Daten bringt große Herausforderungen mit sich. Unternehmen wie Google, Facebook oder Amazon agieren intransparent, nutzen die Ansammlung riesiger Datenmengen, um Entscheidungen über uns zu treffen und unsere Entscheidungen zu beeinflussen.[1] Prozesse der Digitalisierung führen auf diese Weise zu einer *Datafizierung*[2] von Kindheit.

Zudem kommen immer mehr Technologien zum Einsatz, die Eltern von Unternehmen mit dem Versprechen für mehr Sicherheit und Freiheit ihrer Kinder angepriesen werden. Angefangen von der Sensormatte und den Babyphones mit Kamerafunktion fürs Säuglingsalter bis hin zu GPS-Trackern und verschiedenen Handy-Überwachungs-Apps, wie z. B. *mSpy*, findet sich einiges auf dem Markt. Zumeist sind Eltern motiviert, solche Technologien zu nutzen, um ihrem Sicherheitsbedürfnis Folge zu leisten und ihre Kinder zu schützen. Zugrunde liegt dieser Form der (gut gemeinten) Überwachung in den meisten Fällen das Prinzip der Fürsorge.[3] Aus (medien-)ethischer Perspektive stellt sich hierbei die Frage, welche

---

1 Vgl. Zuboff 2018.
2 Vgl. Lupton/Williamson 2017.
3 Vgl. Hagendorff/Hagendorff 2019.

Auswirkungen dies auf den Einzelnen und die Gesellschaft hat. Mit Blick auf Heranwachsende ist konkret zu fragen, wie sie sich unter den aktuell beschriebenen Bedingungen entwickeln und wie sie zu selbstbestimmten, verantwortungsvollen Bürger_innen werden können – und dies, ohne als mögliches Resultat eine Abstumpfung gegenüber dem Entzug von Privatheit in einer (Überwachungs-)Gesellschaft zu entwickeln, welche Technologien zum vermeintlichen Wohle und zum Schutz der Heranwachsenden nutzt.

In diesem Beitrag wird in einem ersten Schritt das Mediennutzungsverhalten der Heranwachsenden in den Blick genommen, ebenso wie der Umgang der Erziehungsberechtigten mit neueren Technologien im Spannungsfeld von Fürsorge, Sicherheit und Überwachung. Dem grundrechtlichen Schutz der Privatsphäre liegt ein Diskurs hinsichtlich des Werts von Privatheit zugrunde. In einem zweiten Schritt werden daher ethisch-philosophische Perspektiven auf Privatheit aufgegriffen, um daran anschließend der Frage nachzugehen, inwiefern der Schutz von Privatheit als Privatsache angesehen werden kann und welchen Rahmenbedingungen es bedarf, um die Verantwortung nicht auf Nutzer_innen allein zu übertragen. Ziel ist eine gelebte Kultur von Privatheit. Dazu ist es – neben rechtlichen und politischen Rahmenbedingungen – notwendig, zu überlegen wie bereits Heranwachsenden ein Bewusstsein hinsichtlich Fragen von Privatheit vermittelt werden kann und wie sie in die Lage versetzt werden können, selbstbestimmt und selbstverantwortlich zu handeln. Die gesamtgesellschaftliche Bildungsinstitution „Schule" hat die Aufgabe, Schüler_innen auf die Anforderungen der jeweiligen Gesellschaft vorzubereiten. Entsprechend wird in einem letzten Schritt dieses Beitrags auf den Zusammenhang von Medienethik und Bildung eingegangen. Schließlich wird der Frage nachgegangen, wie Medienkompetenz im Sinne medienethischer Bildung – welche vor allem die Ausbildung kritischer Reflexionsfähigkeit in den Blick nimmt und damit auch die Bewusstseinsbildung und den Umgang mit Fragen von Privatheit – in der schulischen Praxis implementiert werden kann.

Status Quo: Digitalisierung und Datafizierung von Kindheit

Ähnlich wie das Jugendalter ist auch Kindheit als Lebensphase ein verhältnismäßig neues Phänomen. Im Mittelalter wurden Kinder noch als „kleine Erwachsene" betrachtet. Erst seit dem 18. Jahrhundert werden Lebensphasen wie *Kindheit* und *Jugend* unterschieden. Die Errungenschaft, Kindheit als einen Schutzraum zu konzipieren, geht auf die wohlhabende bürgerliche Gesellschaft zurück.[4] Kindern wird damit die Möglichkeit gegeben, sich in diesem geschützten Raum zu entfalten und Selbst-Bewusstsein, Selbst-Wert(gefühl) und ein Selbst-Konzept zu entwickeln.[5] Zielführend ist dabei, dass sie lernen, ein freies, selbstbestimmtes und beziehungsfähiges Leben zu führen.

Kindsein heute: Always on and mobile

Die Lebensphase *Kindheit* ist immer auch im Kontext gesellschaftlicher Verhältnisse zu sehen, also unter den jeweils aktuellen Bedingungen, unter denen Kinder heranwachsen. Heute ist Kindheit vor allem eine Zeit, die geprägt ist durch den Aspekt der Mediatisierung.[6] Die damit einhergehenden veränderten Formen medialer Kommunikation, insbesondere geprägt durch Prozesse der Digitalisierung, führen dazu, dass sich das Mediennutzungsverhalten der Heranwachsenden ändert, damit verbunden sind u. a. auch Fragen von Privatheit und Datenschutz.

Mit Blick auf die Mediennutzung zeigen die Ergebnisse der KIM-Studie (2018), dass 98 Prozent aller befragten Kinder potenziell die Möglichkeit haben, zuhause das Internet zu nutzen.[7] Ist es bei den Sechs- bis Siebenjährigen gut ein Drittel, welche zumindest selten das Internet nutzt, sind es bei den Zwölf- bis 13-Jährigen bereits 94 Prozent der Kinder. Zudem zeigt sich, dass bereits Kinder mit sechs Jahren über ein eigenes Smartphone verfügen und Apps wie WhatsApp, Youtube und digitale Spiele nutzen.[8] Damit bestimmte Dienste und Apps kostenlos genutzt werden können, geben Heranwachsende häufig persönliche Daten preis, ohne sich darüber Gedanken zu machen, von wem und für welche Zwecke die Informationen, die sie weitergeben, genutzt werden.

Wirft man einen Blick auf die Ergebnisse der KIM-Studie (2016), die Auskunft darüber geben, wie der Umgang mit im Internet hinterlegten Informationen, welche die eigene Person betreffen, erfolgt und inwieweit

---

4 Vgl. Dammasch/Teising 2013, S. 8.
5 Vgl. Schweizer 2007.
6 Vgl. Krotz 2001.
7 Vgl. KIM-Studie 2018.
8 Ebd., S. 19ff.

Privacy Optionen genutzt werden, zeigt sich folgendes Bild: Je älter die Heranwachsenden werden desto mehr persönliche Informationen geben sie preis. Bei den Zwölf- bis13-Jährigen sind es nur noch 40 Prozent der Befragten, die angeben, keine persönlichen Informationen im Internet zu hinterlegen, wobei es bei den Zehn- bis Elfjährigen noch 67 Prozent sind.[9] Im Rahmen der Nutzung von Diensten und Apps wie TikTok, WhatsApp etc. werden sowohl aus aktiv veröffentlichten Daten als auch durch die passive – und mitunter intransparente – Sammlung umfangreich Daten generiert. Auch die Daten von Kindern werden dabei zu „Gütern", die mit Vermarktungsinteressen verbunden sind und die jungen Nutzer_innen werden zur „Quelle der Rohstoffversorgung"[10]. Studien zeigen, dass Kinder unter elf Jahren aufgrund ihrer Entwicklung noch nicht imstande sind, das monetäre Potenzial der Datengenerierung und -nutzung einzuschätzen.[11] Das hängt damit zusammen, dass die Fähigkeit zum abstrakten Denken sich erst im Jugendalter ausbildet.[12] Entsprechend schwierig ist es für Kinder, ihre Privatsphäre selbst zu schützen. Da Heranwachsende viele Verhaltensweisen durch Beobachtung und Nachahmung von Personen lernen, die für sie als Vorbild dienen, sind insbesondere Eltern und Bildungseinrichtungen von großer Bedeutung.[13] Allerdings ist gerade Eltern und Erzieher_innen häufig nicht bewusst, dass auch und gerade Kinder eine zu schützende Privatsphäre haben.

Zeigten die Ergebnisse der Angaben der Haupterzieher_innen der mini-KIM-Studie 2014 noch, dass 41 Prozent der Befragten, die in einer Community angemeldet sind, Informationen über ihr Kind – z. B. Fotos/Bilder und Videos des Kindes, Informationen über Erlebnisse/Aktivitäten des Kindes – in ihrem Profil preisgeben[14], so ist es den Ergebnissen der Studie aus dem Jahr 2020 zufolge nur noch ein Viertel der Haupterziehenden[15]. Die Studie „Die Allerjüngsten und digitale Medien", welche in Österreich 2020 durchgeführt wurde, schließt an die Ergebnisse der miniKIM-Studie von 2014 an: Insgesamt 48 Prozent der Eltern machen wöchentlich Bilder ihrer Kinder und teilen diese online. Anhand der Ergebnisse, wieviel Prozent der Eltern wöchentlich bzw. täglich Fotos oder Videos von ihren Kindern

---

9 Vgl. KIM-Studie 2016.
10 Zuboff 2018, S. 110.
11 Livingstone u. a. 2019.
12 Vgl. Piaget 1981; Kohlberg 1974.
13 Vgl. Kiesel/Koch 2012.
14 Vgl. ebd., S. 30.
15 miniKIM-Studie 2020, S. 40.

hochladen, haben die Autor_innen festgestellt, dass dies „auf ein Jahr hochgerechnet [...] ungefähr 37 Millionen Fotos von Kleinkindern in Österreich [sind]"[16]. Das Bewusstsein, dass auch Kinder ein Recht auf Privatsphäre haben – ausführlicher dazu in Abschnitt „Kinderrechtliche Perspektive" – scheint in vielen Fällen nicht gegeben zu sein. Gerade mit Blick auf die Veröffentlichung von Fotos und Videos, welche Kinder beispielsweise weinend, schlafend oder nackt zeigen, liegt nicht nur ein akuter Verstoß gegen das Recht auf Privatsphäre des Kindes vor – es wird auch nicht mitbedacht, dass diese Bilder im Internet in einem unerwünschten Kontext auftauchen und Schaden anrichten können.

Im Spannungsfeld von Fürsorge, Sicherheit und Überwachung

Neben der aktiven und passiven Preisgabe von persönlichen Informationen, die zu einer Verletzung der Privatsphäre von Heranwachsenden führen, werden heute auch vermehrt Formen technischer Überwachung – vom Säuglingsalter bis hin zur elterlichen Überwachung daheim als auch unterwegs –, insbesondere durch Erziehungsberechtigte, genutzt.[17] So lässt sich beispielsweise mit der *Smartfrog Kamera* „rund um die Uhr [schauen], ob es deinem Kind gut geht."[18] Die Hersteller_innen werben damit, dass „deine Smartfrog IP Kamera dein Leben einfacher [macht]. Schütze deine Familie, Haustiere und dein Zuhause." Die Handy-Überwachungs-App *mSpy* zur elterlichen Kontrolle geht noch einen Schritt weiter, indem damit geworben wird, dass SMS, Anrufe, GPS-Standorte, Messaging-Apps, Browsen im Web, und andere Aktivitäten der Kinder auf allen Smartphones und Tablets überwacht werden können[19] – also die komplette Kontrolle und Überwachung aller Medieninhalte der Heranwachsenden. Und auch auf der Website von *Weenect Kids*, dem GPS-Tracker für Kinder, wird an die Schutzfunktion der Eltern appelliert und damit geworben, dass man „mit Weenect Kids [...] in Echtzeit und ohne Distanzlimit feststellen [kann], wo Ihr Nachwuchs gerade unterwegs ist. Selbst wenn Ihr Kind kilometerweit

---

16 IFES 2020.
17 Vgl. u. a. Deutscher Bundestag 2016; Stapf u. a. 2021.
18 Vgl. online: https://www.smartfrog.com/de-de/einsatzbereiche/ (letzter Zugriff: 18.08.2022).
19 Vgl. online: https://www.mspy.de/ (letzter Zugriff: 18.08.2022).

entfernt ist, werden Sie es so überall und jederzeit wiederfinden können."[20] Die Nutzung solcher Technologien, welche den Eltern von Unternehmen oftmals mit dem Versprechen für mehr Sicherheit und Freiheit ihrer Kinder angepriesen werden, führen dazu, dass Kindheit heute nicht nur eine digitalisierte und datafizierte Kindheit, sondern zugleich auch eine überwachte Kindheit ist.

Dabei finden nicht nur Technologien, die vorrangig von Eltern genutzt werden, Anwendung. Auch im Bildungsbereich kommt beispielsweise immer häufiger individualisierte Lernsoftware zum Einsatz. Auch hier werden Informationen, z. B. über das Lernverhalten und den Lernfortschritt des Kindes, gesammelt. Dies kann nützlich und sinnvoll sein, um individuelles Lernen zu fördern und das Lerntempo und die Inhalte an die Kinder anzupassen. Allerdings ist grundsätzlich (noch) zu klären, wer auf die Daten Zugriff hat und zu welchem Zweck die Informationen von wem genutzt werden (können). Im Jahr 2019 hat ein Experiment, welches in einer Schule in China durchgeführt wurde, für Aufsehen in den Medien gesorgt.[21] Dieses bezieht sich auf den Einsatz von Überwachungssoftware in Klassenzimmern. Ziel ist es, die Leistungen der Schüler_innen zu verbessern. Dazu „werden chinesische Kinder mit GPS-Trackern in ihren Uniformen und Gehirnwellenmessgeräten auf dem Kopf ausgestattet", in den Klassenräumen befinden sich Kameras, die in Kombination mit Gesichtserkennungssoftware das Verhalten der Kinder überwachen.[22] Auf diese Weise wissen Lehrkräfte und Eltern zu jeder Zeit, wie sich die Kinder verhalten, ob sie (geistig) anwesend sind und mitarbeiten. Dieses Beispiel für die Nutzung von Überwachungstechnologien im Bildungsbereich ist – auch wenn es bis dato nur einen experimentellen Charakter hat – aus europäischer Perspektive nicht nur datenschutzrechtlich problematisch. Es stellt sich die grundsätzliche Frage, wie mit solchen technologischen Möglichkeiten umgegangen werden soll und wo die Grenzen liegen. Was bedeutet es für Heranwachsende, wenn sie ständig das Gefühl haben müssen, dass kontrolliert werden kann, wie sie sich verhalten, wo sie sich aufhalten, wen sie treffen, was sie sagen?

---

20 Vgl. online: https://www.weenect.com/de/gps-tracker-kind/weenect-kids/?campaignid=1575984679&gclid=EAIaIQobChMIo9_J0POE7QIVCOR3Ch29i1gu0EAkYASABEgIpJfD_BwE (letzter Zugriff: 18.08.22).
21 Vgl. z. B. online: https://www.golem.de/news/datenschutz-chinesische-lehrer-ueberwachen-gehirnwellen-ihrer-schueler-1910-144304.html (letzter Zugriff: 18.08.2022).
22 Vgl. online: https://www.golem.de/news/datenschutz-chinesische-lehrer-ueberwachen-gehirnwellen-ihrer-schueler-1910-144304.html (letzter Zugriff: 18.08.2022).

Werte wie Fürsorge und Sicherheit dienen oftmals als Begründung für die Nutzung von Technologien, welche zu Kontrolle und Überwachung der Kinder führen.[23] Der Einsatz digitaler Technologien, die ohne das Einverständnis des Kindes von den Eltern genutzt werden, kann dazu führen, dass aus Überwachungsbeziehungen Misstrauensbeziehungen werden.[24] Wenn die Eltern-Kind-Beziehung eine tragfähige und auf Vertrauen basierende Beziehung ist, können Kinder – ohne den Einsatz von Überwachungstechnologien – lernen, sich selbst zu regulieren und selbstverantwortlich zu agieren, indem sie sich beispielsweise aus innerer Überzeugung heraus an Regeln halten. Dies gilt es zu befördern. Das Ziel ist ein Vertrauensverhältnis, das dabei hilft, Selbstverantwortung zu lernen und vernünftig mit Risiken umzugehen.

Das Gefühl, überwacht zu werden, kann, neben dem damit verbundenen Verlust an Freiheit(en), auch dazu führen, dass Kinder sich anders verhalten. Ein mögliches Resultat solch einer Kontroll- und Überwachungspraxis könnte eine Abstumpfung gegenüber dem Entzug von Privatheit sein und damit verbunden eine (Verhaltens-)Anpassung. Die Ausbildung von Werten wie Selbstständigkeit, Selbstbestimmtheit, Verantwortung und dem Bedürfnis nach Freiheit wird dadurch eingeschränkt. Im schlimmsten Fall führt dies dazu, dass Heranwachsende zu Erwachsenen werden, die sich in solchen überwachten Umgebungen arrangieren und sich nicht mehr als freie Bürger_innen für freiheitlich-demokratische Grundrechte einsetzen. Entsprechend sind Datenschutz und der Schutz der Privatsphäre eine Notwendigkeit für eine gelingende Kindheitsentwicklung und eine funktionierende Demokratie.

Kinderrechtliche Perspektive

Wie in den vorherigen Punkten dargestellt, sind Schutzräume für Kinder im digitalen Raum immer schwieriger aufrechtzuerhalten. Ein daran anschließendes Beispiel sind auch Blogger_innen und Influencer_innen. Für sie sind Kinderfotos ein regelrechtes Geschäftsmodell geworden, da sie die Follower-Zahlen und somit die potenziellen Werbeeinnahmen steigern. Um auf die Inszenierung und Vermarktung von Kindern und den leichtsinnigen Umgang mit sensiblen Daten und veröffentlichten Identitäten von

---

23 Vgl. Hagendorff/Hagendorff 2019.
24 Vgl. Rooney 2010.

Schutzbedürftigen aufmerksam zu machen, hat Toyah Diebel im März 2019 die Kampagne #deinkindauchnicht gestartet. Ziel ist es, die Persönlichkeitsrechte von Kindern zu schützen. Auf der Kampagnen-Webseite findet sich neben nachgestellten Motiven, z. B. einer sabbernden Schläferin, die Frage: „So ein Bild von Dir würdest Du nie posten?", welche beantwortet wird mit der klaren Antwort: „Dein Kind auch nicht."[25]

Gerade mit Blick auf den Schutz der Privatsphäre von Kindern gibt es rechtliche Vorgaben, denn eine zu schützende Privatsphäre lässt sich nicht nur aus ethischer Perspektive als normativen Anspruch formulieren, sondern auch aus rechtlicher Sicht. Das Recht auf Privatsphäre ist ein Menschenrecht und wird in der UN-Kinderrechtskonvention (UN-KRK, Art. 16) mit Blick auf Heranwachsende explizit formuliert, konkretisiert und mit weiteren kindlichen Grundrechten verknüpft. Fragen der Privatheit sind aus Perspektive der Kinderrechte auf das Wohlergehen von Kindern ausgerichtet und beziehen sich auf Schutz-, Förderungs- und Beteiligungsrechte.[26] Auf diese Weise soll gewährleistet werden, dass Kindern Selbstentwicklungs- und Entfaltungsmöglichkeiten offengehalten werden und sie dadurch eine gute und gelingende Kindheit haben können.

Auch wenn sie noch nicht die kognitiven Fähigkeiten ausgebildet haben, um ihren Wunsch nach Privatsphäre artikulieren zu können, liegt dem rechtlichen Anspruch des Schutzes der Privatsphäre von Kindern zugrunde, dass sie grundsätzlich als handelnde Subjekte verstanden werden. In Artikel 16 der Kinderrechtskonvention der Vereinten Nationen, welcher sich auf das Recht auf Privatheit bezieht, wird festgehalten, dass „ (1) kein Kind [...] willkürlichen oder rechtswidrigen Eingriffen in sein Privatleben oder rechtswidrigen Beeinträchtigungen seiner Ehre und seines Rufes ausgesetzt werden [darf]"[27]. Entsprechend hat „(2) das Kind [...] Anspruch auf rechtlichen Schutz gegen Eingriffe, Beeinträchtigungen oder Verletzungen dieser Rechte" (ebd.). Dies gilt auch im digitalen Raum. Dabei kann der Schutz der Privatsphäre von Heranwachsenden letztlich nur durch einen angemessenen Datenschutz realisiert werden. Entsprechend sollte garantiert werden, dass personenbezogene Daten nicht ohne Einwilligung gesammelt und/oder an andere weitergegeben werden. Um ihre Rechte sodann auch wahrnehmen und sich selbstbestimmt im digitalen Raum

---

25 Vgl. online: https://deinkindauchnicht.org/ (letzter Zugriff: 18.08.2022).
26 Vgl. Stapf 2020.
27 UN-KRK Art. 16.

bewegen zu können, müssen Nutzer_innen dazu auch befähigt werden (mehr dazu in Abschnitt „Medienethik und Bildung").

Privatheit als Wert

Privatheitskonzepte haben ideengeschichtlich eine lange Tradition. Vor allem in philosophisch-ethischer Perspektive ist Privatheit als normative Kategorie als auch die Beschäftigung mit dem Verhältnis von Privatem und Öffentlichem seit jeher ein Thema. Dabei geht unsere heutige Vorstellung einer politischen Öffentlichkeit – und im Zusammenhang damit auch Fragen von Privatheit – wesentlich auf die klassische Antike und das aristotelische Politikverständnis zurück. Die griechische *Polis*, welche einer bestimmten Form politischer Organisation folgte, ist im Wesentlichen nichts anderes als ein Bereich gesellschaftlichen Lebens und Gesprächsraum – eine Öffentlichkeit –, an dem alle freien Bürger_innen teilnehmen können. Ausgehend von den aristotelischen Grundannahmen wurden Konzepte von Privatheit und Öffentlichkeit weitergedacht – z. B. von Hannah Arendt (1960), Jürgen Habermas (1962) – und mit Blick auf die digitale Infrastruktur bzw. die Technologien, welche im Kontext der Digitalisierung neue Dimensionen der Datensammlung, -auswertung und -verwertung eröffnen, weitergedacht – z. B. von Beate Rössler (2001), Helen Nissenbaum (1998), Forum Privatheit.

Philosophisch-ethische Perspektiven auf Privatheit

Privatheit ist ohne Öffentlichkeit nicht denkbar oder anders formuliert: Es gäbe keinen Anspruch auf Schutz des Privaten, wenn es keine Öffentlichkeit gäbe. Es gibt eine Vielzahl an Theorien und Systematisierungen zum Wert von Privatheit und dem Verhältnis von Privatem und Öffentlichem. Der zentrale Gegenstand zeitgenössischer Privatheitstheorien hat sich aufgrund der Etablierung jeweils neuer technologischer Innovationen – angefangen mit der Einführung von Massenmedien (Presse, Fotografie, Fernsehen) bis hin zu digitalen (vernetzten) Informations- und Kommunikationstechnologien – kontinuierlich verändert und gibt immer wieder Anlass zur Neuverortung des Privaten.[28]

---

28 Vgl. Behrendt u. a. 2019.

In modernen, freiheitlich-liberalen Gesellschaften ist gängiger Weise eine am Liberalismus orientierte Auffassung des Werts von Privatheit in die politischen Diskussionen eingegangen. In der liberalen Tradition ethisch-philosophischer Überlegungen werden zumeist *Freiheit* und/oder *Autonomie* als zentrale Kategorien herangezogen, um Privatheit als Wert zu begründen und Konzepte von Privatheit zu entwickeln. Entsprechend ist die Vorstellung von Privatheit als individuellem Wert, den es zu schützen gilt, stark verbunden mit der Annahme autonomer Subjekte und bürgerlicher Gesellschaftsformen seit der Aufklärung. Es wird davon ausgegangen, dass ein Minimum an persönlicher Freiheit benötigt wird, also ein privater, geschützter Bereich, um die freie Entfaltung des Menschen zu gewährleisten. Diesem Denkansatz folgt beispielsweise auch Beate Rössler (2001) – für sie ist Privatheit die Voraussetzung für Autonomie. Dem liegt ein Verständnis von Autonomie zugrunde, welches sich in einem existenziellen Sinn auf lebensrelevante Fragen bezieht. Mit Blick auf informationstechnische Systeme stellen Formen von Überwachung (und z. B. auch Voyeurismus) eine Einschränkung autonomer Wahl- und Entscheidungsmöglichkeiten dar, da man sich dadurch vermehrt so verhält, als wäre man unter Beobachtung, was zu einem Verlust von Autonomie führt.[29]

Eine Position, welche an den Autonomiediskurs anschließt, Privatheit allerdings nicht mit dem Anspruch auf Autonomie begründet, sondern als Grundlage das Prinzip der Achtung vor Personen versteht, legt Stanley Benn (1988) vor. Unter Rückbezug auf Immanuel Kant entwickelt Benn eine Position, in der er Personen als selbstgesetzgebend (*Zweck an sich*) versteht und das Prinzip der Achtung vor Personen (*respect for persons*) als zentralen Punkt seines Ansatzes konzipiert.[30] Nimmt man das Prinzip der Achtung vor Personen ernst, bedeutet dies, dass die Interessen aller Beteiligten gleichermaßen berücksichtigt werden müssen, dass also keine Interessen per se als überlegen gegenüber anderen Interessen anzusehen sind. Daraus ergibt sich für Benn das Prinzip der Nichteinflussnahme (*principle of noninterference*), das auch beinhaltet, andere nicht zu manipulieren und/oder zu täuschen.[31]

Ein weiterer Ansatz, der in den letzten Jahren immer mehr Beachtung fand, wurde in den 1990er Jahren von Helen Nissenbaum entwickelt. In ihrem Konzept wird der Wert der Privatheit mit seiner Funktion für soziale

---

29 Behrendt u. a. 2019, S. 206ff.
30 Vgl. ebd., S. 103f.
31 Vgl. ebd., S. 108.

Beziehungen begründet. Es geht ihr darum, das Phänomen der Privatheit in der Öffentlichkeit aufzugreifen und konkrete Anwendungsfragen und konkrete (Privatheits-)Situationen – z. B. bezüglich des Zugangs und der Verarbeitung von nichtintimen persönlichen Informationen über Soziale Medien – heranzuziehen, ethische Abwägungen zu treffen und daraus eine normative Theorie der Privatheit zu entwickeln. Ihrer Auffassung nach hat jede_r in spezifischen Situationen deutliche Intuitionen darüber, was ein angemessener Umgang hinsichtlich Fragen von Privatheit ist und was nicht. Privatheit ist mit Nissenbaum gesprochen relational und kontextuell – je nach Situation und Beziehung, in der Fragen von Privatheit verhandelt werden. Diesen Ansatz nennt Nissenbaum *Privacy as Contextual Integrity*.[32] Demnach ist es relevant, welcher Art die Information ist, um die es geht, in welchen Beziehungen die Beteiligten stehen und welche weiteren Umstände berücksichtigt werden müssen.[33] Der *Contextual-Integrity*-Ansatz kann sinnvoll herangezogen werden, um konkrete Anwendungsfragen und konkrete Fälle zu beleuchten und die Perspektive der Mehrdimensionalität bei Entscheidungsfragen zu berücksichtigen.

Es gibt eine Vielzahl an Theorien zum Wert von Privatheit, die kontrovers diskutiert werden. Hier wurden drei Ansätze vorgestellt, die zentrale ethische Gesichtspunkt von Privatheit bestimmen (Rössler; Benn) sowie die anwendungsbezogene kontextuale Perspektive fokussieren (Nissenbaum). Doch was bedeutet dies nun für die Praxis? Es geht zum einen um die Frage, wie Nutzer_innen mit ihren personenbezogenen Daten und privaten Informationen sowie den privaten Informationen anderer umgehen sollen. Zu klären ist dabei, wie eine Privatheitspraxis etabliert werden kann, bei der Mündigkeit als Zieldimension formuliert werden kann (mehr dazu in Abschnitt „Medienethik und Bildung"). Zum anderen ist zu fragen, welche Anforderungen Kommunikations- und Informationstechnologie erfüllen sollte und welche politischen und rechtlichen Regelungen es bedarf, um die Privatsphäre der Nutzer_innen zu schützen.

Privatheit als Privatsache?

Seit den 2000er Jahren wurden die entscheidenden Grundlagen für die Verbreitung der Kommunikations- und Informationstechnologien und für *Big*

---

32 Vgl. Nissenbaum 1998, S. 581f.
33 Vgl. Nissenbaum 2004.

Data gelegt und damit für die umfassende internetbasierte Digitalisierung von Wirtschaft und Gesellschaft. Digitale Dienste erleichtern uns in vielerlei Hinsicht das tägliche Leben. Viele dieser Annehmlichkeiten zahlen wir mit unseren persönlichen Daten. Die damit verbundene Datenökonomie zeigt einen grundlegenden Wandel des Verhältnisses zwischen Unternehmen und Verbraucher_innen auf und bringt zahlreiche Herausforderungen bezogen auf Fragen von Privatheit, Datenschutz und informationeller Selbstbestimmung mit sich.

So kann *Datamining* beispielsweise zu Formen von Diskriminierung und auch zur Endindividualisierung führen. Bestimmte Verhaltensweisen können über Feedbackschleifen entsprechend verstärkt werden, wenn man sich kontinuierlich auf statistisch erstellte, an den eigenen Bedürfnissen und Verhaltensweisen angepasste Angebote einlässt.[34] Mit Lawrence Lessig (2001) gesprochen: „Das System beobachtet, was Sie tun, es presst Sie in ein Muster, das Muster fließt dann in Gestalt von Angeboten an Sie zurück, die Angebote verändern das Muster, und der Kreislauf beginnt von vorne."[35] Aus diesen Gründen liegt es nahe, neben Privatheit auch Transparenz als Wert zu formulieren und transparentere Standards in der Datennutzung und -verarbeitung zu fordern. Eine Möglichkeit wäre dabei, den Kund_innen Wahlmöglichkeiten zu lassen, so dass sie beispielsweise entscheiden können, ob a) alle erhobenen Daten ohne Einschränkungen ausgewertet und verarbeitet werden dürfen, b) nur ein Teil der Daten – intern oder extern – ausgewertet und verarbeitet werden darf oder c) keine Daten ausgewertet und verarbeitet werden dürfen.[36] In jedem Fall bedarf es einer erweiterten Informations- und Transparenzpflicht datenverarbeitender Institutionen, die darüber aufklären, auf welche Weise und zu welchen Zwecken sie die erhobenen Daten weiterverarbeiten.

Privatsphäre-Einstellungen sind für die Hersteller_innen von technischen Geräten oder App-Anwendungen noch keine Selbstverständlichkeit. Hierbei wäre es sinnvoll, den Schutz von Privatheit durch *Privacy by Default* zu etablieren. Dazu müsste in einem ersten Schritt eine entsprechende Sensibilisierung und damit verbunden eine Werte-Haltung auf Seiten der Unternehmen entwickelt werden.[37] Datenschutz ist nicht nur in ethischer Hinsicht geboten, auch aus ökonomischer Perspektive kann dies ein Wett-

---

34 Vgl. Royakkers 2004.
35 Ebd., S. 273.
36 Vgl. Royakkers 2004, S. 139.
37 Vgl. Grimm 2020.

bewerbsvorteil sein, z. B. bei der Entwicklung und Nutzung von KI, autonomen Fahrzeugen etc.

Durch die neuen technologischen Möglichkeiten stellen sich Fragen nach der Fremd- und Eigenverantwortung im Umgang mit privaten Informationen und personenbezogenen Daten neu. In jedem Fall sollte der Schutz der Privatsphäre über bestimmte Rahmenbedingungen bei Unternehmen und Institutionen angesiedelt werden, welche die Daten erheben und/oder verarbeiten. Zugleich gilt es, insbesondere schon den jungen Nutzer_innen ein Bewusstsein und einen verantwortungsvollen Umgang mit personenbezogenen Daten sowie den privaten Informationen anderer zu vermitteln.

Medienethik und Bildung: Der Mensch als mündiges Subjekt

Die ethische Relevanz der Medien fokussiert vor allem auf den Aspekt der Verantwortungsübernahme.[38] Im Zentrum der Betrachtung steht der Mensch als aktives Wesen, als handelndes Subjekt, und sein Umgang mit Medien. Hier liegt die Annahme zugrunde, dass der Mensch als mündiges Subjekt immer auch Träger von Verantwortung ist. Medienethische Reflexion und die Übernahme von Verantwortung sind aus ethischer Perspektive immer auf die Selbstbindung der beteiligten Protagonist_innen angewiesen. Verstanden als innere Steuerungsressource, kann die Medienethik nur wirksam werden, wenn alle am Mediengeschehen Beteiligten (einzelne Personen sowie Institutionen) sich zu verantwortlichem Handeln verpflichtet fühlen. Und hier setzt die Medienbildung an: Im Idealfall können die Nutzer_innen ihre Mediennutzung kompetent steuern, aktiv und eigenverantwortlich agieren und selbstbewusst und schließlich verantwortungsvoll an der Gestaltung der Gesellschaft teilhaben.

---

38 Dabei bezieht sich die Frage nach der Zuschreibung und Übernahme von Verantwortung im medienethischen Diskurs auf alle am Medienprozess beteiligten Akteur_innen, also die Medienproduzent_innen und Distributor_innen (Einzelpersonen sowie Unternehmen/Institutionen) sowie die Rezipient_innen (Vgl. Funiok 2005, 243ff.) bzw. *Produtzer*.

Nina Köberer

Mündigkeit als Bildungsziel

Legt man ein Verständnis von Bildung zugrunde, bei dem Bildung in einem umfassenden Sinne als Person-Bildung (z. B. bei Kant, Humboldt, Klafki) verstanden wird, ist die Zieldimension des Bildungsprozesses ein mündiger Mensch, der zum autonomen Denken und Handeln befähigt ist. Dabei schließt Bildung immer auch die aktive und kritische Auseinandersetzung mit Werten ein. So versteht beispielsweise Wilhelm von Humboldt (1793/1980) Bildung als Anregung aller Kräfte des Menschen, damit diese sich über die Aneignung der Welt entfalten und zu einer sich selbst bestimmenden Individualität und Persönlichkeit führen. Bildung wird als ein aktiver Prozess gedacht, in dem das sich bildende Individuum *Subjekt* und nicht Objekt des Geschehens ist. Es geht folglich um ein aktives In-Beziehung-setzen von „Ich" und „Welt" und fokussiert auf die eigenständige Aneignung von Lerninhalten durch die Auseinandersetzung mit der Umwelt. Auch für Wolfgang Klafki ist Selbsttätigkeit eine entscheidende Komponente im Prozess der Bildung. Er versteht Bildung auch als „Befähigung zu vernünftiger Selbstbestimmung"[39]. Es geht ihm dabei um die Ausbildung freien Denkens und moralischer Urteilsfähigkeit. Eine Grundvoraussetzung hierfür sind Freiheit und Autonomie. Klafki stellt sein Bildungsverständnis in die Tradition der Aufklärung und knüpft an Kants Begriff der Mündigkeit an. Immanuel Kant geht davon aus, dass jeder Mensch die Bedingung der Möglichkeit hat, ein mündiges Wesen zu werden bzw. zu sein. Er fordert in seinem Aufsatz „Beantwortung der Frage: Was ist Aufklärung?" (1783) dazu auf, dass jede_r sich ihres_seines eigenen Verstandes bedienen solle (*Sapere aude!*). Dieser Appell der Aufklärung[40] fokussiert darauf, zu einer sittlich-reifen, aufgeklärten und emanzipierten Persönlichkeit zu werden, seine Vernunftbegabung zu nutzen, sich seines kritischen Verstandes zu bedienen und schließlich die moralischen Urteile auch in Handlung zu überführen. Es geht ihm um das Vermögen zur Selbstbestimmung und Eigenverantwortung.

---

39 Klafki 1996, S.19.
40 „Aufklärung ist der Ausgang des Menschen aus seiner selbstverschuldeten Unmündigkeit. Unmündigkeit ist das Unvermögen, sich seines Verstandes ohne Leitung eines anderen zu bedienen. Selbstverschuldet ist diese Unmündigkeit, wenn die Ursache derselben nicht am Mangel des Verstandes, sondern der Entschließung und des Mutes liegt, sich seiner ohne Leitung eines anderen zu bedienen." (Kant 1783, Beantwortung der Frage: Was ist Aufklärung?)

(Medien-)Ethik als normatives Fundament von Medienbildung[41]

An dieser Stelle lässt sich auch der Anschluss an die Medienethik konkretisieren. Denn unter Rückbezug auf einen medienbildnerischen Ansatz, bei dem die Person-Bildung als Zieldimension formuliert ist, wird Medienkompetenz zu einem normativen Konzept. Ethik hat dabei vor allem unter dem Blickpunkt der Medienkritik im Sinne der Fähigkeit zur Bewertung und Beurteilung von Medieninhalten und Medienangeboten besondere Bedeutung. Hier geht es darum, über das Medienwissen hinaus, medienethische Kriterien und Standards zu vermitteln. Die *Begründung* und *Formulierung* solch normativer Kriterien ist ureigene Aufgabe der Ethik. Im gesellschaftlichen und pädagogischen Kontext nimmt die Kritikfähigkeit einen besonderen Stellenwert ein.

Bezogen auf mediale Inhalte findet sich denn auch solch eine kritische Reflexivität in den meisten pädagogischen Konzeptionen von Medienkompetenz wieder.[42] Das bedeutet, Medienkompetenz kommt grundsätzlich ethische Relevanz zu, weil die Klärung normativer Aspekte medialer Produktion und Rezeption eine fundamentale Dimension dieser Kompetenz ausmacht. Mit Blick auf das mediale Handlungsfeld im Bildungsbereich lässt sich daher die (Medien-)Ethik zunächst als *im begründungstheoretischen Sinne normatives* Fundament von Medienbildung verstehen.[43] *Medienkritik* als analytische, reflexive und ethische Fähigkeit im Sinne Baackes[44] und verstanden als werturteilende Argumentationskompetenz[45] bezieht sich in ihrer normativen Fundierung folglich auf die (Medien-)Ethik.

Hier schließt ein Verständnis von Medienbildung an, bei dem die Ausbildung kritischer Reflexionsfähigkeit und Werturteilskompetenz als eine Kernaufgabe von Medienkompetenz formuliert werden. Wichtig ist, dass die Heranwachsenden einen kompetenten Umgang erlernen, der über den Bereich der Nutzungskompetenz hinausgeht und vor allem auf eine kritische Haltung im Kontext der Gestaltung und Produktion sowie der Veröffentlichung eigener (und fremder) Medieninhalte abzielt.[46] In diesem Sinne soll nicht nur ermöglicht werden, in der Auseinandersetzung mit

---

41 Die nachfolgenden Ausführungen finden sich in abgewandelter Form in den Beiträgen Rath/Köberer (2014, 2019).
42 Vgl. u. a. Baacke 1996; Tulodziecki 1997.
43 Vgl. Rath/Köberer 2013, 2014, 2019.
44 Vgl. 1996, S. 120.
45 Vgl. Marci-Boehncke/Rath 2007.
46 Vgl. Köberer 2011.

Nina Köberer

(neuen) Medien, eine reflexive Urteilskompetenz auszubilden. Zielführend ist vielmehr, über die Urteilsfähigkeit hinaus handlungsfähig zu werden und damit nicht nur Werturteile fällen zu können, sondern diese auch in Handlungen umsetzen zu können.

Privatheit als Thema im Unterricht

Aus medienbildnerischer Perspektive kann die Nutzung von (digitalen) Medien in der Schule mindestens zwei Dimensionen umfassen: Einerseits können Medien als didaktisches Instrument und als Lern-Werkzeug im Unterricht dienen, andererseits können Medien als Weltbild- und Wertgeneratoren selbst thematisiert und zum Gegenstand von Unterricht gemacht werden. Insbesondere die zweite Dimension ist von Bedeutung, wenn es darum geht, sich in selbstreflexiver Form mit der Welt – in dem Fall mit der durch Prozesse der Digitalisierung geprägten Welt und den damit verbundenen (individuellen und gesellschaftlichen) Folgen – auseinanderzusetzen. Hier schließen bildungspolitische Konzepte und Vorgaben für die schulische Bildung, wie beispielsweise die KMK-Strategie (2016) *Bildung in der digitalen Welt* als auch der *Europäische Rahmen für die Digitale Kompetenz Lehrender (DigCompEdu)* (2017) an. Benannt werden dabei sowohl Kompetenzerwartungen, die sich an die Lernenden richten als auch Kompetenzanforderungen, die sich an die Lehrenden richten. Ein übergeordnetes Ziel der KMK-Strategie *Bildung in der digitalen Welt* ist es, die Schüler_innen aller Schularten zu befähigen, „die eigene Medienanwendung kritisch zu reflektieren und Medien aller Art zielgerichtet, sozial verantwortlich und gewinnbringend zu nutzen". Diese Zielsetzung ist „damit perspektivisch in jedes fachliche Curriculum"[47] einzubringen. Ergänzend zu den Kompetenzen, welche Schüler_innen für den kompetenten Umgang mit digitalen Medien benötigen, werden auch Handlungsfelder für die Aus- und Fortbildung von Lehrkräften benannt. Konkretisiert wird hier auch der medienethische Bezug, indem formuliert wird, dass Lehrende unter anderem in der Lage sein sollten „durch ihre Kenntnisse über Urheberrecht, Datenschutz und Datensicherheit sowie Jugendmedienschutz den Unterricht als einen sicheren Raum zu gestalten und die Schülerinnen und Schüler zu befähigen, bewusst und überlegt mit Medien und eigenen Daten

---

47 Köberer 2011, S. 25.

in digitalen Räumen umzugehen und sich der Folgen des eigenen Handelns bewusst zu sein"[48].

In den letzten Jahren wurden vermehrt Konzepte der Privatheitskompetenz (*privacy literacy*) formuliert, welche hier anschlussfähig sind.[49] Dabei geht es einerseits darum, Wissen über Datenerfassungs- und Datenverwertungskontexte zu vermitteln, also die technische (Anwendungs-)Ebene in den Blick zu nehmen. Dazu müssen Kinder die verschiedenen Formen von Privatheit kennen und auch lernen, diese Einstellungen selbst anzupassen. Andererseits geht es um Bewusstseinsbildung, die Ausbildung von Reflexionsfähigkeit und eine damit verbundene Sensibilisierung der Heranwachsenden hinsichtlich des individuellen als auch des gesellschaftlichen Wertes von Privatheit. Zielführend ist im Sinne medienethischer Bildung, über die Urteilsfähigkeit hinaus handlungsfähig zu werden und damit nicht nur Werturteile fällen zu können, sondern diese auch in Handlungen zu überführen und dadurch befähigt zu werden, Gesellschaft mitzugestalten.

Fazit

Aus ethischer Perspektive sollten Prozesse der Digitalisierung, die Entwicklung und Nutzung (neuer) Technologien, so ausgerichtet sein, dass sie einem „guten" bzw. „gelingenden" Leben dienen und sich am demokratischen Wertesystem orientieren. Dabei gilt es, Grundrechte wie Autonomie, Freiheit, Gerechtigkeit und Privatheit zu wahren und den Schutz von Privatsphäre und individueller Freiheit zu gewährleisten. Dies impliziert auch, den Spielraum zu haben, selbstbestimmt zu entscheiden und zu handeln. Ein besonderer Schutzanspruch kommt hierbei Heranwachsenden zu. Kinder sind aktive und zugleich verletzliche Gesellschaftsmitglieder, da sie u. a. entwicklungspsychologisch noch nicht über entsprechende kognitive Voraussetzungen verfügen wie Erwachsene. Das Kind steht zwischen den Spannungsfeldern eines_r eigenständigen Akteurs_in und den notwendigen Einschränkungen, die zu seinem_ihrem Schutz nötig sind. Dies zeigt sich auch anhand der Diskussion über einen angemessenen Schutz von Privatheit der Heranwachsenden.

Privatsphäre-Einstellungen sind für die Hersteller_innen von technischen Geräten oder App-Anwendungen noch keine Selbstverständlichkeit.

---

48 Köberer 2011, S. 27f.
49 Vgl. u. a. Grimm/Neef 2012; Trepte u. a. 2015; Wissinger/State 2017.

Dies sollte allerdings der Standard sein, insbesondere, wenn Medienangebote sich an Kinder richten. Dies sollte bereits bei der Entwicklung von Technologien bzw. digitalen Angeboten berücksichtigt werden. Eine Möglichkeit, den Schutz von Privatheit durch *Privacy by Default* und *Privacy by Design* zu etablieren, wäre es, staatliche Anreizsysteme zu schaffen, damit die Umsetzung solcher Maßnahmen nicht zu einer Benachteiligung der Unternehmen führt, sondern zum Wettbewerbsvorteil wird. Speziell mit Blick auf Heranwachsende sollte sich auf rechtliche und technische Standards geeinigt werden, wie z. B. das Verbot von personalisierter Werbung und Tracking oder auch das regelmäßige Löschen von Daten („Recht auf Vergessenwerden im Netz").[50]

Mit Blick auf den Schutz der Privatsphäre von Kindern gibt es rechtliche Vorgaben (UN-KRK) und hier sind nicht nur Unternehmen und Entwickler_innen in den Blick zu nehmen, sondern auch die Eltern, die oftmals unreflektiert Fotos und Videos über Social Media-Kanäle teilen und/oder auch Technologien nutzen, mit denen sie ihre Kinder und deren Tätigkeiten kontrollieren können. Neben Fragen, welche die Eltern-Kind-Beziehung und deren möglicherweise gestörtes Bindungsverhalten bzw. Misstrauensverhältnis aufgrund von Privatheitsverletzungen betreffen, ist zudem zu bedenken, dass es zu indirekten Privatheitsverletzungen kommen kann.[51] Je nachdem, welche Technologien genutzt werden, wird nicht nur in die Privatsphäre des eigenen Kindes, sondern auch in die der anderen Kinder eingegriffen (z. B. durch GPS-Tracker, Überwachung von Social Media-Aktivitäten, Geräte zum Video- oder Audiomitschnitt etc.). Zudem ist zu bedenken, dass die meisten Technologien nur mit Internetanbindung funktionieren. Sobald Daten über Server laufen oder in Clouds gespeichert werden, haben nicht nur die Endverbraucher_innen, sondern auch die Unternehmen, welche die Technologien zur Verfügung stellen – und möglicherweise auch weitere Akteure – Zugang zu den Daten und können diese verwerten.

Letztlich ist der von Shoshana Zuboff (2018) beschriebene „Überwachungskapitalismus" mit seiner ökonomischen Ausbeutung personenbezogener Daten keine notwendige Folge der Technisierung, sondern durch menschliche Profitinteressen induziert. Auch wenn die Situation augenscheinlich nicht umfassend zu verändern ist, so gibt es einen Weg, begin-

---

50 Vgl. Roßnagel 2020; Roßnagel/Geminn 2020.
51 Vgl. Biczók/Chia 2013.

nend mit einem Aufruf zur Tat, nicht das Gegebene als unveränderbar zu akzeptieren, denn nach Zuboff „beginnt der Kampf um die Zukunft des Menschen mit unserer Entrüstung. Wenn die digitale Zukunft uns ein Zuhause sein soll, ist es an uns, sie dazu zu machen."[52]. Entsprechend sind alle gefordert, sich den gesellschaftlichen Veränderungen nicht kritiklos anzupassen, sondern sie in ihrem jeweiligen Rahmen gestaltend zu begleiten. Wenn ein wesentliches Bildungsziel ist, Menschen zu befähigen, zu (selbst-)reflexiven und mündigen Subjekten zu werden, dann gilt es auf bildungsinstitutioneller Ebene, Selbstbewusstsein und Ich-Stärke zu fördern sowie die Bereitschaft, Verantwortung – für sich selbst, sein Handeln als auch die Gemeinschaft – zu übernehmen. Dies ist eine Voraussetzung, um Heranwachsenden eine gute und gelingende Kindheit zu ermöglichen. Ergänzend müssen rechtliche und technische Standards etabliert werden, welche den Schutz von Privatheit – gerade mit Blick auf Heranwachsende – gewährleisten.

Literatur

Arendt, Hannah (1960): Vita activa oder Vom tätigen Leben. Stuttgart: Kohlhammer.

Baacke, Dieter (1996): Medienkompetenz – Begrifflichkeit und sozialer Wandel. In: von Rein, Antje (Hrsg.): Medienkompetenz als Schlüsselbegriff. Bad Heilbrunn: Klinkhardt, S. 4-10.

Behrendt, Hauke/Loh, Wulf/Matzner, Tobias/Misselhorn, Catrin (Hrsg.) (2019): Privatsphäre 4.0: Eine Neuverortung des Privaten im Zeitalter der Digitalisierung. Wiesbaden: Springer VS.

Benn, Stanley (1988): A Theory of Freedom. Cambridge: Cambridge University Press.

Biczók, Gergely/Chia, Pern Hui (2013): Interdependent privacy: Let me share your data. Berlin: Springer.

Dammasch, Frank/Teising, Martin (2013): Das modernisierte Kind. Frankfurt a. M.: Brandes & Apsel.

Deutscher Bundestag (2016): „Privatsphäre" von Kindern gegenüber ihren Eltern. Betrachtung am Beispiel der „Hello-Barbie". Wissenschaftliche Dienste; Ausarbeitung WD 3 - 3000 - 046/16; WD 7 - 3000 - 027/16. Online unter: https://www.bundestag.de/resource/blob/424520/5ed4fc913f1de73187008302b2a52316/WD-3-046-16-pdf-data.pdf (letzter Zugriff: 18.09.2021).

DigCompEdu (2017): Europäischer Rahmen für die Digitale Kompetenz Lehrender. Hrsg. von der Gemeinsamen Forschungsstelle der Europäischen Kommission, übers. vom Goethe Institut e.V. Online unter: https://ec.europa.eu/jrc/sites/jrcsh/files/digcompedu_german_final.pdf (letzter Zugriff: 29.08.2021).

---

52 Zuboff 2019, S. 9.

Funiok, Rüdiger (2005): Medienethik. In: Hüther, Jürgen/Schorb, Bernd (Hrsg.): Grundbegriffe der Medienpädagogik. 4., vollständig neu konzipierte Auflage. München: kopaed, S. 243-251.

Grimm, Petra (2020): Brauchen Medienunternehmen eine Haltung? Die Perspektive der Digitalen Ethik. In: Medienwirtschaft. Perspektiven der digitalen Transformation 1/2020. 17. Jg., S. 8-9.

Grimm, Petra/Neef, Karla (2012): Privatsphäre 2.0? Wandel des Privatheitsverständnisses und die Herausforderungen für Gesellschaft und Individuen. In: Petra Grimm/ Oliver Zöllner (Hrsg.): Schöne neue Kommunikationswelt oder Ende der Privatheit? Die Veröffentlichung des Privaten in Social Media und populären Medienformaten. Schriftenreihe Medienethik, Band 11. Stuttgart: Franz Steiner Verlag, S. 41-82.

Habermas, Jürgen (1962): Strukturwandel der Öffentlichkeit. Untersuchungen zu einer Kategorie der bürgerlichen Gesellschaft. Frankfurt a. M.: Suhrkamp.

Hagendorff, Thilo/Hagendorff, Jutta (2019): Zum Verhältnis von Überwachung und Fürsorge aus medienethischer Perspektive. In: Stapf, Ingrid/Prinzing, Marlis/Köberer, Nina (Hrsg.): Aufwachsen mit Medien. Zur Ethik mediatisierter Kindheit und Jugend. Baden-Baden: Nomos, S. 183-198.

Humboldt, Wilhelm von (1793/1980): Theorie der Bildung des Menschen. Bruchstück. In: Flitner, Andreas/Giel, Klaus (Hrsg.): Humboldt, Werke in fünf Bänden. Bd. 1. Stuttgart: Cotta, S. 234-240.

IFES (2020): Die Allerjüngsten und digitale Medien. Hrsg. vom Institut für empirische Sozialforschung (IFES) im Auftrag des Österreichischen Instituts für angewandte Telekommunikation (ÖIAT) und der Internet Service Providers Austria (ISPA) im Rahmen der Initiative Saferinternet.at. Online unter: https://www.saferinternet.at /news-detail/neue-studie-72-prozent-der-0-bis-6-jaehrigen-im-internet/ (letzter Zugriff: 15.09.2021).

Kant, Immanuel (1783): Beantwortung der Frage: Was ist Aufklärung? Werke, Bd. VI.

Kiesel, Andrea/Koch, Iring (2012): Beobachtungslernen – Lernen am Modell. In: Kiesel, Andrea/Koch, Iring (Hrsg.): Lernen: Grundlagen der Lernpsychologie. Wiesbaden: Springer VS. S. 73-81.

KIM-Studie (2018): Jugend, Information, (Multi-) Media. Basisstudie zum Medienumgang 6- bis 13-Jähriger in Deutschland. Hrsg. vom Medienpädagogischen Forschungsverbund Südwest. Stuttgart: Medienpädagogischer Forschungsverbund Südwest.

KIM-Studie (2016): Jugend, Information, (Multi-) Media. Basisstudie zum Medienumgang 6- bis 13-Jähriger in Deutschland. Hrsg. vom Medienpädagogischen Forschungsverbund Südwest. Stuttgart: Medienpädagogischer Forschungsverbund Südwest.

Klafki, Wolfgang (1996): Neue Studien zur Bildungstheorie und Didaktik: Zeitgemäße Allgemeinbildung und kritisch-konstruktive Didaktik. 5. Aufl. Weinheim: Beltz.

KMK (2016): Strategie „Bildung in der digitalen Welt". Beschluss der Kultusministerkonferenz vom 08.12.2016 in der Fassung vom 07.12.2017. Hrsg. v. Sekretariat der Ständigen Konferenz der Kultusminister der Länder in der Bundesrepublik Deutschland (KMK). Bonn. Online unter: https://www.kmk.org/fileadmin/Dateien/veroeffentlichungen_beschluesse/2018/-Strategie_Bildung_in_der_digitalen_Welt_idF._vom_07.12.2017.pdf (letzter Zugriff: 27.08.2021).

Köberer, Nina (2011): Medienproduktion 2.0 als neues Aufgabenfeld der Medienbildung im konvergenten Mediengefüge. Medienethische Beschreibung und didaktische Konsequenzen. In: Marci-Boehncke, Gudrun/Rath, Matthias (Hrsg.): Medienkonvergenz im Deutschunterricht. (Jahrbuch Medien im Deutschunterricht. Band 10). München: Kopaed. S. 119-132.

Kohlberg, Lawrence (1974): Zur kognitiven Entwicklung des Kindes. Frankfurt a. M: Suhrkamp Verlag.

Krotz, Friedrich (2001): Die Mediatisierung kommunikativen Handelns. Der Wandel von Alltag und sozialen Beziehungen, Kultur und Gesellschaft durch Medien. Wiesbaden: Westdeutscher Verlag.

Lessig, Lawrence (2001): Code und andere Gesetze des Cyberspace. Berlin: Berlin Verlag.

Livingstone, Sonia/Stoilova, Mariya/Nandagiri, Rishita (Hrsg.) (2019): Children's data and privacy online: growing up in a digital age: an evidence review. London: London School of Economics and Political Science 2019.

Lupton, Deborah/Williamson, Ben (2017): The datafied child: The dataveillance of children and implications for their rights. New Media & Society, 19(5), S. 780-794.

Marci-Boehncke, Gudrun/Rath, Matthias (2007): Jugend – Werte – Medien: Die Studie. Weinheim: Beltz.

miniKIM-Studie (2014): Kleinkinder und Medien. Basisuntersuchung zum Medienumgang 2- bis 5-Jähriger in Deutschland. Hrsg. vom Medienpädagogischen Forschungsverbund Südwest. Stuttgart: Medienpädagogischer Forschungsverbund Südwest.

miniKIM-Studie (2020): Kleinkinder und Medien. Basisuntersuchung zum Medienumgang 2- bis 5-Jähriger in Deutschland. Hrsg. vom Medienpädagogischen Forschungsverbund Südwest. Stuttgart: Medienpädagogischer Forschungsverbund Südwest.

Nissenbaum, Helen (2004): Privacy as Contextual Integrity". In: Washington Law Review 79, S. 119158.

Nissenbaum, Helen (1998): Protecting Privacy in an Information Age: The Problem of Privacy in Public. In: Law and Philosophy 17, S. 559-596.

Piaget, Jean (1981): Meine Theorie der geistigen Entwicklung. Hrsg. von Reinhard Fatke, München: Kindler.

Rath, Matthias /Köberer, Nina (2019): Medien – Ethik – Bildung: Zum normativen Fundament von „Medienbildung 2.0". In: Stapf, Ingrid/Prinzing, Marlis/Köberer, Nina (Hrsg.): Aufwachsen mit Medien. Zur Ethik mediatisierter Kindheit und Jugend (Reihe Kommunikations- und Medienethik. Band 9). Baden-Baden: Nomos 2019. S. 57-68.

Rath, Matthias/Köberer, Nina (2014): Medien als ethisches Thema in Hochschullehre und Forschung. In: Peter Imort/Horst Niesyto (Hrsg.): Grundbildung Medien in pädagogischen Studiengängen. München: Kopaed, S. 255-269.

Rath, Matthias/Köberer, Nina (2013): Medien im Ethikunterricht – Medienethik im Unterricht. In: Medienbildung in schulischen Kontexten – Beiträge aus Erziehungswissenschaft und Fachdidaktiken. In: Keiner, Ewin/Pfeiffer, Wolfgang/Pirner, Manfred L./Uphues, Rainer (Hrsg.): München: Kopaed, S. 321-338.

Rooney, Tonya (2010): Trusting children. How do surveillance technologies alter a child's experience of trust, risk and responsibility? In: Surveillance & Society 7 (3/4), S. 344-355.

Rössler, Beate (2001): Der Wert des Privaten. Frankfurt a. M.: Suhrkamp.

Roßnagel, Alexander (2020): Der Datenschutz von Kindern in der DS-GVO. Zeitschrift für Datenschutz. S. 88-92.

Roßnagel, Alexander/Geminn, Christian (2020): Datenschutz-Grundverordnung verbessern! –Änderungsvorschläge aus Sicht der Verbraucher. Datenschutz und Datensicherheit - DuD 44, S.287-292.

Royakkers, Lambèr (2004): „Ethical Issues in Web Data Mining". In: Ethics and Information Technology 6, S. 129-140.

Schweizer, Herbert (2007): Soziologie der Kindheit. Verletzlicher Eigen-Sinn. Wiesbaden: Springer VS.

Tulodziecki, Gerhard (1997): Medien in Erziehung und Bildung. Grundlagen und Beispiele einer handlungs- und entwicklungsorientierten Medienpädagogik. Bad Heilbrunn: Klinkhardt.

Stapf, Ingrid/Ammicht Quinn, Regina/ Friedewald, Michael/Heesen, Jessica/Krämer, Nicole (Hrsg.) (2021): Aufwachsen in überwachten Umgebungen – Interdisziplinäre Positionen zu Privatheit und Datenschutz in Kindheit und Jugend. Reihe Kommunikations- und Medienethik, Band 14. Baden-Baden: Nomos.

Stapf, Ingrid (2020): Kindliche Selbstbestimmung in digitalen Kontexten. Medienethische Überlegungen zur Privatsphäre von Heranwachsenden. In: Buck, Marc Fabian/Drerup, Johannes/Schweiger, Gottfried (Hrsg.): Neue Technologien – neue Kindheiten? Ethische und bildungsphilosophische Perspektiven. Heidelberg: J.B. Metzler. S. 31-54.

Trepte, Sabine/Teutsch, Doris/Masur, Philipp K./Eicher, Carolin/Fischer, Mona/Hennhöferm, Alisa/Lind, Fabienne (2015): Do People Know About Privacy and Data Protection Strategies? Towards the "Online Privacy Literacy Scale" (OPLIS). In: Gutwirth, Serge/Leenes, Roland/de Hert, Paul (Hrsg.): Reforming European Data Protection Law. Dordrecht: Springer Netherlands, S. 333-365.

Wissinger, Christina L./State, Penn (2017): Privacy Literacy: From Theory to Practice. In: Communications in Information Literacy. vol. 11, No. 2. S. 378-389.

Zuboff, Shoshana (2018): Das Zeitalter des Überwachungskapitalismus. Frankfurt a. M: Campus.

Zuboff, Shoshana (2019): Surveillance Capitalism – Überwachungskapitalismus. In: APuZ – Datenökonomie. 69. Jg. 24–26/2019. S. 4-9.

Das Recht des Kindes auf Achtung seiner Privatsphäre

Julia Maria Mönig

Die Gründe, Privatheit zu schützen, die in der deutschsprachigen interdisziplinären Privatheitsdebatte vorgebracht werden, sind vielfältig, dabei laufen sie – im Einklang mit der bundesdeutschen Nachkriegsrechtsprechung – in der Regel auf die Annahme der Notwendigkeit des Schutzes der Autonomie des Individuums hinaus. In einem freiheitlich-demokratischen System wird davon ausgegangen, dass Bürgerinnen und Bürgern selbstbestimmtes Handeln ermöglicht werden muss, um eigenständige Entscheidungen treffen zu können, deren Summe die unterschiedlichen Perspektiven innerhalb einer Demokratie ausmachen. Der Schutz des Privaten wird zudem als psychologische Notwendigkeit betrachtet, damit Menschen durch unbeobachtetes Ausprobieren zu einem authentischen Selbst gelangen können.[1] In diesem Unbeobachtet-Sein liegt ein Teil des Werts des Privaten, da ein Mensch, der sich unter ständiger Überwachung befindet und dies auch weiß, nicht frei bewegen und entfalten kann. Deshalb ist ein Weg, Privatheit zu definieren, die Forderung nach Kontrolle über den Zugang zu dem, was uns gehört und was wir unser eigen nennen.[2]

In diesem Beitrag werde ich zunächst die Breite des Begriffs „Privatheit" darlegen und dann auf das Recht von Kindern auf den Schutz ihrer Privatsphäre eingehen. Mit einem kurzen Verweis auf Janusz Korczak und einigen Ausführungen zu Hannah Arendts irritierenden Aussagen zu Rassensegregation in den USA der 1950er Jahre werde ich betonen, dass mit diesen beiden Denker_innen Kindern Privatheitsschutz in der Gegenwart zugestanden werden muss.

Anhand von zwei Beispielen – der Puppe *Kayla* und Einsatzmöglichkeiten des Smart Home Assistenten *Alexa* von Amazon – werde ich aufzeigen, dass der Schutz des Privaten von Kindern und Jugendlichen heute komplexer ist denn je und uns vor die ethische Frage stellt, in welcher Gesellschaft wir leben wollen, welche Rolle in dieser – bestimmte – Technologien spie-

---

[1] Trepte 2012, S. 62ff.
[2] Schoemann 1984, S. 2ff.

len sollten und welches Verhältnis wir uns – nicht nur – in dieser Hinsicht zwischen Kindern und Erwachsenen wünschen.

Dieser Auftakt zeigt bereits, dass „das Private" komplex und vielschichtig ist. Um es besser greifen und begreifen zu können, wurden in der Literatur verschiedene Abstufungen, Typen, Arten und Dimensionen des Privaten formuliert.[3] Vielzitiert ist die Unterscheidung zwischen informationeller, lokaler und dezisionaler Privatheit.[4] Quer zu diesen Dimensionen liegt außerdem der temporale Aspekt des Privaten.[5] Das Recht auf lokale Privatheit beschreibt den Anspruch, vor dem Zutritt anderer in Räume oder Bereiche, die mir gehören oder über die ich verfügen kann, geschützt zu werden und zu sein. Der Schutz informationeller Privatheit lässt sich als Anspruch formulieren, vor unerwünschtem Zugang im Sinne eines Eingriffs in persönliche Daten über sich geschützt zu werden. Dezisionale Privatheit bezeichnet den Anspruch, vor unerwünschtem Zutritt im Sinne von unerwünschtem Hineinreden, vor Fremdbestimmen bei Entscheidungen und Handlungen geschützt zu sein.[6] Die lokale Dimension des Privaten ist vielleicht zunächst die naheliegendste. Das umgangssprachlich oft verwendete Zitat „My home is my castle" beschreibt die Idee, dass das eigene Heim ein Raum ist, in dem Menschen, die dort wohnen, „regieren" und bestimmen können, was dort passiert, wen sie hineinlassen und auch, wie sie diesen Raum gestalten. Mit dieser wörtlichen Privatsphäre verbunden ist die „proprietäre" Dimension des Privaten, einer Annahme aus der politischen Philosophiegeschichte, dass das Eigentum erst den Anspruch auf das eigene Heim begründet. Die informationelle Dimension des Privaten umfasst auch Datenschutz und lässt sich mit dem Ausspruch „Mein Daten gehören mir" auf den Punkt bringen, wobei umstritten ist, wie und ob es in unserem Sozialgefüge ein Eigentum an Daten geben kann. Der genannte Ausspruch ist eine Abwandlung eines Slogans der Frauenbewegung der 1960er und 1970er Jahre der heute weiterhin aktuellen Forderung, dass der eigene Körper einem bzw. einer selber gehört, und Frauen beispielsweise in Bezug auf Reproduktion, Verhütung oder Abtreibung das Recht dazu haben, über den eigenen Körper bestimmen zu können. Eine weitere Forderung der sog. zweiten Welle

---

3 Vgl. z. B. die sieben vom Projekt PRESCIENT identifizierten „types of privacy"; Gutwirth et al. 2011, S. 63f.
4 Vgl. hierzu u. a. Rössler 2001. Mit der lokalen Privatheit verbunden ist außerdem die proprietäre Dimension des Privaten, s. ebd., S. 256.
5 Mönig 2017. S. 73.
6 Ebd., S. 25.

der Frauenbewegung, dass das Persönliche (oder Private) politisch sei, zeigt, dass der Schutz der lokalen Privatheit in einem liberalen, patriarchalen System zur Vertuschung und indirekten Legitimation häuslicher Gewalt führen kann, unter der insbesondere Frauen und Kinder zu leiden hatten und haben.[7] Der zeitliche Aspekt des Privaten betrifft alle Dimensionen und wird beispielsweise deutlich in Diskussionen über Speicherfristen von Daten.

Privatheit von Kindern und ihre Rechte

Zur Privatheit von Kindern zählt – zumindest in wohlhabenden Nationen und bestimmten Kulturen – im Rahmen der lokalen Privatheit beispielsweise ein Rückzugsraum in Form eines eigenen Zimmers. Kindern Schutz ihrer informationellen Privatheit zuzugestehen, zeigt sich beispielsweise darin, dass Eltern die Briefe ihrer Kinder nicht lesen (sollten). In Bezug auf die dezisionale Dimension gestehen wir Kindern und Jugendlichen gemäß ihres Entwicklungsstandes zu, graduell über mehr Dinge, die sie betreffen, (mit-)bestimmen zu können, prominent in dieser Hinsicht ist etwa die Religionsmündigkeit ab dem Alter von 14 Jahren zu nennen.[8] Doch obwohl sich das Kinderbild und die Meinung über Heranwachsende und Kinder in unserer Gesellschaft im Laufe des 20. Jahrhunderts stark verändert haben, ist die UN-Kinderrechtskonvention erst 1990 in Kraft getreten.[9]

Die UN-Kinderrechtskonvention benennt dabei den Schutz der Privatsphäre (und Ehre) explizit:

> „Artikel 16: Schutz der Privatsphäre und Ehre
> 1. Kein Kind darf willkürlichen oder rechtswidrigen Eingriffen in sein Privatleben, seine Familie, seine Wohnung oder seinen Schriftverkehr oder rechtswidrigen Beeinträchtigungen seiner Ehre und seines Rufes ausgesetzt werden.

---

7 Vgl. hierzu die Zunahme von häuslicher Gewalt während des Lockdowns, vor der der Kinderschutzbund bereits zu Beginn der COVID-19-Pandemie gewarnt hatte, da nicht nur Familien miteinander „eingesperrt" wurden, sondern Kindern ihre Strukturen und Sozialkontakte fehlten, wodurch auch die soziale Kontrolle durch Erzieher_innen und Lehrpersonal und somit wichtige Aspekte zur Früherkennung häuslicher Gewalt wegfielen.
8 An diesem Beispiel zeigt sich eine Überschneidung zwischen dezisionaler Privatheit und Entscheidungsfreiheit. Wie oben bereits deutlich wurde, ist die Diskussion um den Schutz von Privatheit eng mit dem Anspruch auf individuelle Freiheit verbunden.
9 §1631 Abs. 2 BGB.

2. Das Kind hat Anspruch auf rechtlichen Schutz gegen solche Eingriffe oder Beeinträchtigungen."

Die kürzlich veröffentlichten Richtlinien für kinderzentrierte Künstliche Intelligenz (KI) von UNICEF benennen dieses Recht ebenfalls als eine von neun Anforderungen.[10] Die Begründung für einen rechtebasierten Ansatz wird hier betont: Gegenüber einem zuvor vorherrschenden wohlfahrtsbasierten Ansatz, um auf Bedürfnisse und Verletzlichkeiten von Kindern einzugehen, würde ein rechtebasierter Ansatz Kinder als Menschen mit Würde, Handlungsfähigkeit und einem expliziten Set an Rechten und Ansprüchen betrachten und nicht als bloße Objekte von „care and charity"[11].

Janusz Korczak formulierte bereits zum Ende des 19. Jahrhunderts Kinderrechte, die er fortlaufend erweiterte. Zentral für die Argumentation hier sollen „Das Recht des Kindes auf Achtung"[12] sowie das bereits in seiner „ersten größeren pädagogischen Schrift"[13] formulierte „Recht des Kindes auf den heutigen Tag" sein. Das „Recht des Kindes auf Achtung" kann dabei als Grundlage für das Recht des Kindes auf Achtung seiner freien Entwicklung und seiner Privatsphäre gelten. Das Recht des Kindes auf den heutigen Tag führt uns zur Betrachtung des Privatheitsverständnisses von Hannah Arendt. In Bezug auf Kinder war ihre Auffassung, dass diese vor dem „hellen Licht der Öffentlichkeit" geschützt werden müssten, Erwachsene ihre politischen Kämpfe nicht auf dem Rücken der Kinder austragen sollten und politische Erziehung mit Vorsicht zu genießen sei, da hier eben nicht der heutige Tag im Fokus stünde, sondern, ein utopisches Morgen.[14] Auch Korczak betonte die Gegenwärtigkeit von Kindern. Ein Kind ist nicht nur der „der zukünftige Mensch, die zukünftige Arbeitskraft, der zukünftige Staatsbürger"[15]. Das Kind habe „eine Zukunft", aber es habe „auch eine Vergangenheit". Korczak appelliert deshalb: „Lasst uns Achtung haben vor der gegenwärtigen Stunde, dem heutigen Tag. Wie soll es morgen leben

---

10 UNICEF 2021, S. 35ff.
11 UNICEF 2021, S. 20. Vor diesem Hintergrund wird auch diskutiert, Kinderrechte explizit ins deutsche Grundgesetz aufzunehmen, vgl. u. a. Stapf et al. 2020, S. 12. Die Bundesregierung (Kabinett Merkel IV) beschloss dies im Januar 2021, die benötigte Zwei-Drittel-Mehrheit wurde im Bundestag jedoch nicht erreicht, vgl. BMFSFJ 2021.
12 Korczak 1999, S. 309.
13 Ebd., S. 500.
14 Arendt 1994 und Arendt 1986.
15 Korczak 1999, S. 309.

können, wenn wir ihm heute kein bewußtes, verantwortungsvolles Leben ermöglichen?"[16]

Da Hannah Arendt die politische Öffentlichkeit als einen idealen Ort zum politischen Handeln sah, und in ihren Analysen die historische Auflösung der vormals strikten Trennung zwischen Öffentlichkeit und dem Privaten im antiken griechischen Athen bedauerte, wurde in der Literatur teilweise angenommen, sie würde damit auch implizieren, dass der antike Haushalt, der *oikos*, ein Vorbild für einen geschützten Bereich des Privaten sei.[17] Allerdings weist Arendt selbst darauf hin, dass ein rein im Privaten verbrachtes Leben die Menschen der Möglichkeit beraube, vor anderen handelnd und sprechend zu erscheinen und somit zu Wirklichkeit zu gelangen. Arendt benennt daher den „privativen Charakter" des Privaten, betont jedoch, dass die absolute Abgrenzung des Privaten vom hellen Licht der Öffentlichkeit eine Bedingung für das Entstehen, Werden und Vergehen des Lebens sei, das – wie sie mithilfe einer biologischen Metapher unterstreicht – wie alles Leben die Dunkelheit des Verborgenen als Schutz benötige.[18] Dies umfasst für Arendt auch, dass Kinder und Heranwachsende vor dem „hellen Licht der Öffentlichkeit" und somit dem Politischen geschützt werden müssten. Übergangsorte vom Privaten ins Öffentliche seien Gesellschaft und Schule.[19] Ihre Untersuchung der „Elemente und Ursprünge" der totalitären Systeme des 20. Jahrhunderts ergab auch, dass bereits in anderen Staatsformen Erziehung als zentral angesehen wurde, um die beabsichtigen politischen Ziele zu verfolgen. Arendt betont:

„Die Rolle, die Erziehung in allen politischen Utopien seit dem Altertum spielt, zeigt, wie nahe es liegt, die Erneuerung einer Welt mit den von Geburt und Natur Neuen beginnen zu lassen. Daher ist auch in Europa die[se] Vorstellung [...] vor allem das Monopol von umstürzlerischen und in ihrer Gesinnung tyrannischen Bewegungen geblieben [...]."[20]

Erziehung müsse daher konservativ sein, „gerade um des Neuen und Revolutionären willen in jedem Kinde".[21] Arendt befürwortete es, – zivilisationsabhängig – eine klare Altersgrenze zu ziehen. Erwachsene könne man nicht erziehen, Kinder nicht behandeln, als ob sie Erwachsene wären.

---

16 Korczak 1999, S. 402.
17 Vgl. Dietz 1995. Vgl. jedoch Benhabib 2006 und Mönig 2017.
18 Vgl. Arendt 2003.
19 Vgl. Arendt 1994.
20 Arendt 1994, S. 257.
21 Ebd., S. 273.

Arendt betont zu Beginn einer ihrer wenigen expliziten Verhandlungen von Erziehung, dass sie keine Pädagogin sei, und über etwas spräche, von dem sie „im Sinne der Experten" nichts verstünde. Basierend auf ihrer eigenen Biographie vollzieht sie einen Fehlschluss in Bezug auf eine ihrer Einlassungen zu aktuellen Themen: der Aufhebung der Rassensegregation in im US-Bundesstaat Arkansas, konkret in dessen Hauptstadt Little Rock. Da der Staat nicht bereit war, die Rassensegregation an Schulen aufzuheben, schickte Präsident Eisenhower Bundestruppen in diesem Fall in den Ort Little Rock, die den Schulweg der afro-amerikanischen Schüler_innen, die mittlerweile einen Anspruch darauf hatten, „former all white schools" zu besuchen, sicherten. Trotz der Anwesenheit des Bundesmilitärs wurden die Schüler_innen angefeindet. Davon zeugen Fotos, von denen Arendt eines in der Zeitung sah, welches sie zum Schreiben dieses Essays veranlasste: weiße Schülerinnen, die mit missmutigen Gesichtern einer afro-amerikanischen Schülerin folgen, während Soldaten den Weg säumen. Aufgrund einer Argumentation ausgehend von ihrer eigenen Biographie plädierte Arendt implizit für die Aufrechterhaltung der Rassensegregation, da Eltern das Recht haben müssten, darüber zu bestimmen, mit wem, also mit welchen Mitschüler_innen ihre Kinder die Schule besuchen.[22] Diese Wahl treffen zu können, hängt für sie mit der Fähigkeit zum moralischen Urteilen zusammen: „unsere Entscheidungen, über Recht und Unrecht [hängen] von der Wahl unserer Gesellschaft, von der Wahl derjenigen, mit denen wir unser Leben zu verbringen wünschen, ab [...]."[23]

In „Reflections on Little Rock" spricht sie sich dafür aus, dass (weiße) Eltern bestimmen dürften, dass ihre Kinder nur mit Kindern derselben Ethnie die Schule besuchen, sie bedenkt nicht, dass es unterschiedliche Konstellationen geben könnte, z. B. auch afro-amerikanische Eltern wollen könnten, dass ihre Kinder die beste Bildung erhalten sollten und die Rechte auf Gleichheit, Chancengerechtigkeit und auf den Zugang zu (freier) Bildung dem gegenüberstehen.

Was sagt uns dieser „blinde Fleck" im Werk einer viel rezipierten Theoretikerin über die Frage nach Kindern und Daten- und Privatheitsschutz? Dass Kindheit als eigene Lebensphase begriffen werden sollte, ist eine heute weithin anerkannte Ansicht. Dabei gilt es jedoch, Zwischenbereiche, als welchen Arendt die Schule betrachtet, als graduelle Übergänge zu gestalten.

---

22 Zuerst sollten Arendts Meinung nach andere, Erwachsene betreffende Probleme gelöst werden.
23 Arendt 2007, S. 149.

Während Kinder geschützt werden müssen, sollte ihnen Mitsprache gewährt werden, in Angelegenheiten, in denen sie ihrem Alter entsprechend „kompetent" sind (Remo H. Largo).[24] Was bedeuten diese in der Pädagogik akzeptierten Grundsätze für das Verhältnis zwischen Kindern und Privatheitsschutz?

Hannah Arendt war der Ansicht, dass Kinder vor der Öffentlichkeit geschützt werden sollten, gerade weil Menschen über die Fähigkeit zum spontanen Handeln verfügen und Neuanfänge unternehmen können. Wie Arendt schreibt:

> „Aber auch die Kinder, die man zu Bürgern eines utopischen Morgen erziehen will, schließt man in Wahrheit aus der Politik aus. Indem man sie auf etwas Neues vorbereitet, schlägt man den Neuankömmlingen ihre eigene Chance des Neuen aus der Hand."[25]

So soll das Abschirmen von der Politik dazu dienen, dass Kinder als (junge) Erwachsene die Dinge und die Welt nach eigenen Vorstellungen selbst neu gestalten können. Neben Arendts Befürchtung, dass in freiheitlich-demokratischen Systemen hier dasselbe geschehen könne wie in Diktaturen, erkennt sie in ihrer Gesellschaftsanalyse aber auch, dass nicht nur das Politische und die Öffentlichkeit eine Bedrohung für das Private darstellen können, sondern auch die Gesellschaft: „As the public realm has shrunk in the modern age, the private realm has been very much extended, and the word that indicates this extension ist *intimacy*. Today this privacy is very much threatened again, but the threats are rather from society than from government."[26]

Dies führt uns zu einem zentralen Punkt unserer Argumentation: In freiheitlich-demokratischen Systemen wird die Rolles des Staates, aufgrund zahlreicher Errungenschaften, die auf Erkenntnissen der Pädagogik, Psychologie, etc. beruhen, aber auch aufgrund von moralischem Fortschritt, der u. a. auf den o. g. Erkenntnissen der Frauenbewegung beruht, eher darin gesehen, dass er Gefährdungen von Kindeswohl erkennt, verhindert, bekämpft und ahndet sowie das Recht auf Bildung sicherstellt.[27]

---

24 Largo 2016, 29, 46.
25 Arendt 1994, S. 258.
26 Arendt 1977, S. 108, Hervorh. i. O.
27 Dabei gibt es unterschiedliche kulturelle Ausprägungen, etwa bezüglich des Bestehens einer allgemeinen Schulpflicht oder „lediglich" einer Unterrichtspflicht, des Alters, ab wann eine Schulpflicht gilt, das Bestehen von Privatschulen, die z. B. in Deutschland

Julia Maria Mönig

Spionagepuppe und Smart Home Assistent: Welche „Überwachung" wollen wir?

Heute gibt es zahlreiche Technologien, Dienste und Anwendungen, die die freie Entfaltung von Kindern gefährden, ihr Verhalten tracken und durch Voraussagen versuchen, ihr freies Handeln zu beeinflussen, und somit zu bloßem Verhalten im Arendtschen Sinne machen. Der Staat muss also Kinder zunehmend vor gesellschaftlichen Akteuren, insbesondere privaten Unternehmen, schützen, für deren Geschäftsmodelle die Verarbeitung und Auswertung von Daten zentral ist und deren Produkte Überwachung ermöglichen.

Dazu gehören Überwachungsmethoden, wie beispielsweise sog. Smart Toys, in denen GPS-Tracker und dergleichen stecken, Lernsoftware, aber auch (Dark) Design Patterns, beispielsweise in Videoempfehlungsalgorithmen, die die Nutzenden dazu bringen sollen, länger auf der jeweiligen Plattform zu bleiben. Ein besonders bemerkenswertes Beispiel ist die sprechende Puppe *Cayla*. „My friend Cayla" wurde im Jahr 2017 in Deutschland unter Bezug auf § 90 Telekommunikationsgesetz als „Spionagegerät" verboten, da „Gegenstände, die sendefähige Kameras oder Mikrophone verstecken und so Daten unbemerkt weiterleiten können, [...] die Privatsphäre der Menschen" gefährden.[28] Die Gefahren, die dabei bestehen, sind u. a. dass Gespräche ohne Wissen aufgenommen, weitergeleitet oder über ungesicherte Funkverbindungen abgehört werden können und Kinder und Eltern „individuell mit Werbung" angesprochen werden können.[29]

Die – potenzielle – Überwachung von Kindern und ihres Verhaltens beschränkt sich jedoch nicht auf Tracking durch von zuhause aus genutzten Gadgets und Diensten, sondern findet zunehmend auch im öffentlichen Raum statt. Zwar kann „surveillance" im Sinne einer Aufsichtspflicht gegenüber denjenigen, die (im genannten Fall noch) nicht auf sich selber aufpassen können, auf ein notwendiges und positives Verständnis von Überwachung rekurrieren,[30] jedoch ist die Erwartung des Unbeobachtet-Seins im öffentlichen Raum und das Recht auf informationelle Selbstbestimmung, das auch diejenige Person betrifft, die sich in die Öffentlichkeit

---

aufgrund der Erfahrungen während der Zeit des Nationalsozialismus „Vielfalt" garantieren sollen und deshalb in Art. 7 GG garantiert sind, etc.
28 Bundesnetzagentur 2017.
29 Ebd.
30 Lyon 2001, S. 3.

begibt, ebenfalls ein zentrales Element[31] für autonome Bürger_innen und Voraussetzung für die freie Entwicklung von Kindern und Jugendlichen.[32]

Der elterliche Wunsch nach Überwachung von Kindern, der auf Eingriffe in ihre Privatheit hinausläuft oder hinauslaufen kann, hängt dabei mit der Notwendigkeit, Kinder (altersgemäß) zu beaufsichtigen, zusammen. Privatheit zu gewähren – und auf Kontrolle zu verzichten – ist jedoch auch eng verbunden mit Vertrauen.[33] Dieses sowie generell ein seltsames Verständnis von Privatheit von Kindern und dem Vertrauensverhältnis zwischen Eltern und Kindern scheint nicht gegeben zu sein, wenn Produkte, deren ursprünglicher Zweck eigentlich nicht „Überwachung" ist, dazu verwendet werden, das Verhalten von Familienmitgliedern zu beeinflussen. So kann beispielsweise Amazons Smart Home Assistent „Alexa" beigebracht werden, nach bestimmten Geräuschen zu horchen, um daraufhin eine gewisse „Task" auszuführen. Wenn nun der Senior Vice President von Amazon Alexa vorschlägt, dass man Alexa nutzen könne, um zu horchen, ob die Spielekonsole Xbox angeht, und in diesem Falle auf „Echo Show", einem dazugehörigen „intelligenten" Lautsprecher mit Touchscreen-Display, den Kindern (die, wie hier unterstellt wird, die Spielekonsole scheinbar ohne Absprache angeschaltet haben) eine Liste von zu erledigenden Aufgaben anzuzeigen, so lässt dies auf ein seltsames Menschenbild und Verständnis von zwischenmenschlichen Beziehungen schließen. Dasselbe System könne genutzt werden, um auf das Schreien eines Babys hin beruhigende Musik abzuspielen – allerdings müsse das System „common sense" lernen, dass das Baby mitten in der Nacht keine Musik brauche.[34] Auch hier stellen sich über Privatheit und Datenschutz hinaus Fragen nach dem zugrunde liegenden Verständnis des menschlichen Miteinanders, vor allem dem zwischen mündigen und besonders schützenswerten Individuen.

---

31 Vgl. hierzu auch die damit zusammenhängende Annahme, dass Videoüberwachung im öffentlichen Raum durch Abschreckung das „Verhalten von Betroffenen lenken" könne.
32 Wehmeyer 2016.
33 Vgl. z. B. Waldmann 2018.
34 Taylor 2021, #01:09:11–01:09:20.

Julia Maria Mönig

Schluss: In welcher Gesellschaft wollen wir leben?

Diese Ausführungen verdeutlichen, dass Privatheit ein ethisches Thema ist und Erziehung durch ethische Grundsätze geleitet werden sollte. Eine Gefährdung des Privaten kann dabei durch wissentliche oder unwissentliche Überwachung durch technische Geräte sowie Software-Design vorliegen. Das „Recht des Kindes auf den heutigen Tag" und die Aufforderung, unsere politischen Probleme nicht auf den Schultern unserer Kinder auszutragen, formen gemeinsam eine Forderung nach einer wirklichen Kindheit. Dabei müssen Eltern trotz des notwendigen Weitblicks, den Erziehung immer benötigt, da Kinder nicht die Folgen ihres Handelns absehen können, ihren Kindern zugestehen, dass nicht alles optimiert werden muss. Das Recht auf den heutigen Tag bedeutet dabei gerade nicht, Kinder einfach machen zu lassen und z. B. stundenlang Videos schauen zu lassen, sondern die eigenen Anforderungen an sie zurückzustellen und Erwartungen realistisch zu gestalten. Der Schutz vor dem hellen Licht des Öffentlichen und vor den Tentakeln der Gesellschaft in Gestalt von globalen Datenkraken wird dabei zunehmend erschwert, da User Generated Content auch viele Kinder und Jugendliche anspricht, und sie sehen, dass es beispielsweise bereits minderjährige Influencer_innen gibt und viele Menschen heute berufsbedingt, aber auch im Privaten ein *Onlife*[35] führen und die ständige Verbundenheit mit dem Internet und das ständige Vernetzt-sein mit den – virtuellen – Anderen das Leben bestimmt. Um die Privatheit der Kinder zu schützen, ist es daher heute wichtiger denn je, den Medienkonsum und die Internetnutzung der Kinder zu begleiten, unseren eigenen Umgang mit Technologien kritisch zu überprüfen und ihre Anwendungskontexte vor dem Hintergrund ihrer potenziellen Auswirkungen ethisch zu betrachten, um sie gegebenenfalls aus den Kinder- und Jugendzimmern und von Schulhöfen zu verbannen.

Literatur

Arendt, Hannah (1977): Public Rights and Private Interests. In: Mooney, Michael/Stuber, Florian (Hrsg.): Small comforts for hard times: humanists on public policy. New York: Columbia University Press, S. 103-108.

Arendt, Hannah (1986): Little Rock. Ketzerische Ansichten über die Negerfrage und equality. In: Dies.: Zur Zeit. Politische Essays. Berlin: Rotbuch, S. 95-117.

---

35 Floridi 2015.

Arendt, Hannah (1994): Die Krise in der Erziehung. In: Dies. Zwischen Vergangenheit und Zukunft. Übungen im politischen Denken I. München: Piper, S. 255-276.

Arendt, Hannah (2003): Vita activa. München: Piper.

Arendt, Hannah (2007): Über das Böse. Eine Vorlesung zu Fragen der Ethik. München: Piper.

Benhabib, Seyla (2006): Hannah Arendt. Die melancholische Denkerin der Moderne. Frankfurt a. M.: Suhrkamp.

BMFSFJ (2021): Kinderrechte ins Grundgesetz, 14.6.2021. Online: https://www.bmfsfj.de/bmfsfj/themen/kinder-und-jugend/kinderrechte/kinderrechte-ins-grundgesetz (letzter Zugriff: 30.11.2021).

Bundesnetzagentur (2017): Bundesnetzagentur zieht Kinderpuppe „Cayla" aus dem Verkehr, Pressemitteilung 17.02.2017. Online: https://www.bundesnetzagentur.de/SharedDocs/Downloads/DE/Allgemeines/Presse/Pressemitteilungen/2017/27012017_cayla.pdf (letzter Zugriff: 30.11.2021).

Dietz, Mary G. (1995): Feminist Receptions of Hannah Arendt. In: Honig, Bonnie (Hrsg.): Feminist Interpretations of Hannah Arendt. University Park, PA: The Pennsylvania State University Press, S. 17-50.

Floridi, Luciano (2015): The Onlife Manifesto. Being Human in a Hyperconnected Era. Cham: Springer. Online: https://doi.org/10.1007/978-3-319-04093-6 (letzter Zugriff: 17.08.2022).

Gutwirth, Serge/Gellert, Raphael/Bellanova, Rocco et al. (2011): Legal, social, economic and ethical conceptualisations of privacy and data protection, PRESCIENT project deliverable D1. Online: http://www.prescient-project.eu/prescient/inhalte/download/PRESCIENT-D1---final.pdf (letzter Zugriff: 30.11.2021) .

Korczak, Janusz (1999): Sämtliche Werke Band 4. Gütersloh: Gütersloher Verl.-Haus https://doi.org/10.14315/9783641247720 (letzter Zugriff: 30.11.2021).

Largo, Remo H. (2016): Babyjahre: Entwicklung und Erziehung in den ersten vier Jahren. München: Piper.

Lyon, David (2001): Surveillance Society. Monitoring Everyday Life. Buckingham: Open University Press.

Mönig, Julia Maria (2017): Vom ‚oikos' zum Cyberspace. Bielefeld: transcript.

Rössler, Beate (2001): Der Wert des Privaten. Frankfurt a. M.: Suhrkamp.

Schoeman, Ferdinand David (1984): Philosophical Dimensions of Privacy: An Anthology, Cambridge: Cambridge University Press.

Stapf, Ingrid/Meinert, Judith/Heesen, Jessica et al. (2020): Privatheit und Kinderrechte. White Paper Forum Privatheit und selbstbestimmtes Leben in der digitalen Welt. Online: https://www.forum-privatheit.de/download/privatheit-und-kinderrechte-2020/ (letzter Zugriff: 30.11.2021).

Taylor, Tom (2021): Why Amazon wants you to talk to Alexa less, Web Summit 2021, Lisbon, 01:02:32-01:16:32. Online: https://www.youtube.com/watch?v=5mFynoyetAs (letzter Zugriff: 30.11.2021).

Trepte, Sabine (2012): Privatsphäre aus psychologischer Sicht. In: Schmidt, Jan-Hinrik/Weichert, Thilo (Hrsg.): Datenschutz. Bonn: Bundeszentrale für politische Bildung, S. 59-66.

UNICEF (2021). Policy guidance on AI for children 2.0, November 2021. Online: https://www.unicef.org/globalinsight/media/2356/file/UNICEF-Global-Insight-policy-guidance-AI-children-2.0 2021.pdf (letzter Zugriff: 30.11.2021).

Waldman, Ari Ezra (2018): Privacy as Trust: Information Privacy for an Information Age. Cambridge: Cambridge University Press.

Wehmeyer, Karin (2016): Entgrenzte Jugend im begrenzten öffentlichen Raum. In: Becker, Ulrike/Friedrichs, Henrike/von Gross, Friederike et al. (Hrsg.): Ent-Grenztes Heranwachsen. Wiesbaden: Springer, S. 51-69. Online: https://doi.org/10.1007/978-3-658-09793-6_3 (letzter Zugriff: 16.08.2022).

Teil 3:
Diskurse zur Digitalität

Über das berechtigte Interesse

Walter Krämer

Eine Berechtigung, ein persönliches Interesse in einer demokratischen Gesellschaft zu verwirklichen, muss es geben, aber sicher nicht schrankenlos. Damit stellt sich die Frage, wie weit die Entfaltungsfreiheit einer Person geht und wo die Rücksichtslosigkeit anfängt. In diesem Rahmen bewegt sich die Bewertung der Interessenwahrnehmung als „berechtigt". Die vorliegende Abhandlung will dieser Problematik anhand der Interessenabwägung bei der Verarbeitung von Daten durch eine Person, die eine andere Person betreffen, nachgehen. Dazu ist zunächst zu klären, was unter dem Begriff „Interesse" zu verstehen ist, inwieweit der Verwirklichung eines solchen Grenzen gesetzt sind und welcher Maßstab dabei anzulegen ist. Schließlich soll problematisiert werden, in welchem Maße eine Überprüfung der Interessenabwägung durch Gerichte und Aufsichtsbehörden möglich bzw. geboten ist, und welchen psychischen „Störeinflüssen" diese Amtsträgerinnen und Amtsträger dabei ausgesetzt sind.

Interesse

Im Anfang ist die Idee (Johannesevangelium 1, 1), ein bloßer Gedanke, nach dem man handeln kann, oder ein Leitbild, an dem man sich orientiert. Die Idee ist von der Verwirklichung noch weit entfernt, meist wird sie allenfalls mit anderen diskutiert. Es kann sich daraus ein „Interesse", nämlich eine Hoffnung oder eine Verwirklichungsabsicht entwickeln, also ein konkretes Begehren nach einer Sache oder nach dem Erreichen eines Ziels. Jedes Interesse fußt auf einer Motivation, die sowohl von der Notwendigkeit, menschliche Grundbedürfnisse zu befriedigen, wie auch von der sozialen Prägung der jeweiligen Person bestimmt wird.[1] Zwei universelle Charakteristiken sind somit für motiviertes menschliches Handeln maßgeblich: das Streben nach Wirksamkeit in der sozialen Umwelt sowie das Organisieren

---
1 Vgl. Legewie/Ehlers 1978, S. 191.

von Zielengagement bzw. Zieldistanzierung (Verhinderung).[2] Stets ist das Interesse auf einen Vorteil, den sich eine Person oder Personengruppe im Hinblick auf ihre soziale Umwelt verspricht, gerichtet[3], sein Gegenstand bezieht sich auf konkrete Objekte, thematische Wissensbereiche oder auf Tätigkeiten, seine Verwirklichung hängt davon ab, inwieweit eine Situation dazu Gelegenheit bietet.[4]

Das Datenschutzrecht definiert das zulässige Interesse an der Verarbeitung personenbezogener Daten nicht, verlangt aber, dass dieses „legitim" ist[5]. Dabei kommen alle Interessen rechtlicher, wirtschaftlicher, finanzieller oder ideeller Art in Betracht, aber auch persönliche Interessen, sei es, dass es sich um ein eigenes Interesse des für die Datenverarbeitung Verantwortlichen oder um das eines Dritten, für den der Verantwortliche ein solches wahrnimmt, handelt.[6] Der Zweck der Datenverarbeitung muss nach Art. 8 Abs. 2 EU-Grundrechtecharta (GRCh), Art. 5 Abs. 1 lit. b Datenschutzgrundverordnung (DS-GVO) objektiv „legitim" sein. Damit wird nicht in positivem Sinne verlangt, dass der Verarbeitungszweck besonders „edel" ist.[7] Vielmehr soll verhindert werden, dass die Verarbeitung der Daten von vornherein auf ein Ziel gerichtet ist oder in einer Weise erfolgt, für das personenbezogene Daten Dritter „unter keinen Umständen" genutzt werden können.[8] Jede Interessenverwirklichung muss den moralischen Maßstäben einer Gesellschaft entsprechen, also mit den faktischen Handlungsmustern, -konventionen, -regeln oder -prinzipien der hiesigen Kultur in Einklang stehen. Die Verwirklichung eines Interesses darf nicht im Widerspruch zu für die Gemeinschaft gegenwärtig geltenden Werte, Normen und Tugenden stehen. In einer demokratischen Rechtsordnung Verbotenes kann weder angestrebt noch verwirklicht werden.[9] Vor diesem Hintergrund besteht Einigkeit darüber, dass Interessen, deren Verfolgung strafbar ist oder die in sonstiger Weise gegen die Rechtsordnung – etwa gegen die öffentliche Ordnung i. S. des Polizeirechts[10] – verstößt, ungeachtet

---

2 Vgl. Effer-Uhe/Mohnert 2019, § 6 Rn. 379, m.w.N.
3 Vgl. Lewin 1963, S. 223-270.
4 Vgl. Effer-Uhe/Mohnert 2019, § 6 RN 380, m.w.N.
5 Vgl. EuGH, Urt. v. 07.12.2023 – C-26/22 und C-64/22.
6 Herfurth 2018, S. 514; Durmus 2020.
7 Vgl. Precht 2012, S. 151.
8 Herbst in Kühling/Buchner 2019, DS-GVO, Art. 5 Rn. 27.
9 Vgl. Durmus 2020.
10 Zum Begriff siehe Ruder/Schmitt, S. 176ff.

einer konkreten Interessenabwägung „unberechtigt" sind.[11] Zwar bestätigt die Rechtsprechung für bestimmte Geschäftsmodelle ausdrücklich, dass es sich bei diesen um einen legitimen Verarbeitungszweck i. S. des Art. 5 Abs. 1 lit. b DS-GVO handele (z. B. Inkassounternehmen, Wirtschaftsauskunfteien).[12] Das ändert aber nichts daran, dass es grundsätzlich unerheblich ist, ob ein Interesse für sich genommen edel oder niedrig ist.

Bleibt noch zu klären, inwieweit eine Person bei der Festlegung und Verwirklichung ihrer Interessen mental frei ist. Der Philosoph Immanuel Kant war der Auffassung, dass der Mensch kraft seines Verstandes und seiner Würde in der Lage sei, sich moralisch zu verhalten und sich im Zweifelsfall für das Gute zu entscheiden.[13] Dagegen war der Philosoph Artur Schoppenhauer davon überzeugt, dass der Mensch durch das von ihm nicht beeinflussbare Unterbewusste gesteuert werde, also keinen freien Willen habe. Auch der Psychiater Sigmund Freud kam zu der Erkenntnis, dass ein Großteil der menschlichen Handlungen durch das Unterbewusstsein bestimmt werde. Dieses werde maßgeblich aus mehr oder weniger bewussten Wahrnehmungen in der frühesten Kindheit gespeist.[14] Tatsächlich gelang es Hirnforschern in der jüngeren Vergangenheit, nachzuweisen, dass es sowohl für das Bewusstsein wie auch für das Unterbewusstsein verschiedene Hirnregionen gibt, dass aber der Mensch sehr wohl in der Lage sei, mit Hilfe seines „Bewusstseins" verantwortliche Entscheidungen bezüglich seines Verhaltens zu treffen und dieses zu steuern.[15] Nach der sog. Veto-Option vermag der Mensch Gehirnaktivitäten, die zu einem ungewollten Handeln führen, rechtzeitig zu stoppen, vorausgesetzt, er bringt zum richtigen Zeitpunkt die nötige Aufmerksamkeit auf.[16] Diese Verhaltenskontrolle ist von inneren und äußeren Faktoren abhängig. Zu den inneren Faktoren zählen Einstellung, verhaltensrelevante Informationen, Willensstärke, Gefühle[17], Zwänge und aus der Erziehung und Erfahrung resultierende

---

11 Vgl. Herfurth 2018, S. 514; Robrahn/Bremert 2018, S. 292.
12 Durmus 2020; LG Karlsruhe, Zeitschrift für Datenschutz (ZD) 2019, S. 511; vgl. BGH, Urt. v. 01.03.2016 – VI ZR 34/15.
13 Vgl. Precht 2007, S. 141.
14 Vgl. ebd., S. 85ff.
15 Vgl. ebd., S. 146ff.
16 Im Einzelnen siehe Effer-Uhe/Mohnert 2019, S. 186ff., m.w.N.
17 Dazu Precht 2012, S. 126ff.

Prägung. Äußere Faktoren sind Zeit, Mittel, Anfälligkeit für Propaganda[18] u. dgl. sowie Abhängigkeit von anderen Personen (Gruppenzwang)[19].

Berechtigtes Interesse

Damit ein Interesse unter Nutzung von personenbezogenen Daten anderer Menschen wahrgenommen werden darf, muss es über das zuvor Gesagte hinaus auch „berechtigt" i. S. des Art. 6 Abs. 1 lit. f DS-GVO sein. Das bedeutet, dass ein nach den oben dargelegten Maßstäben grundsätzlich als „legitim" geltendes Interesse bei der konkreten Verwirklichung eine weitere Einschränkung erfährt, wenn dabei personenbezogene Daten anderer Menschen miteinbezogen werden[20], nämlich durch das Ergebnis einer Abwägung mit dem „Gegeninteresse" der betroffenen Personen. Auch hier geht es um moralisch-ethische Bewertungen, inwieweit eine Interessenverwirklichung „auf Kosten Dritter" orientiert an den Prinzipien eines guten und gerechten Verhaltens bei der Lösung von Konflikten, die sich aus den verschiedenen Erwartungen der einzelnen Menschen ergeben, akzeptabel ist. Die maßgeblichen Moralvorstellungen sind – wie oben ausgeführt – abhängig von Wertvorstellungen, die die Menschen durch die Gemeinschaft und die Kultur, in der sie leben, prägen.[21] Die Ethik fragt darüber hinaus nach Richtlinien und Bewertungsmöglichkeiten und untersucht die Bedingungen, unter denen moralische Werte „verbindlich" und damit ggf. „eingeschränkt" sind. Im Gegensatz zur Moral beruft sich die Ethik nicht einfach auf naturgegebene Werte und menschliche Regeln, die aus Erfahrung, Gewohnheit und Tradition heraus entstanden sind oder als „richtig" begriffen werden. Vielmehr werden alle Regeln einschließlich derer des jeweiligen Rechtssystems unter vernunftgelenkten philosophischen Gesichtspunkten kritisch hinterfragt.

Mit diesen Anforderungen in Einklang steht, dass eine Person ein Interesse nur wahrnehmen darf, wenn ihr dafür eine persönliche Berechtigung zukommt oder wenn sie rechtlich „befugt" ist, im Interesse Dritter tätig zu werden. Dabei muss das Vorgehen grundsätzlich geeignet und erforderlich sein, um den beabsichtigten Erfolg herbeizuführen. Entscheidend kommt

---

18 Vgl. Le Bon 2009, S. 43ff.
19 Vgl. Herkner 2008, S. 221; Precht 2012, S. 244ff.
20 Vgl. Robrahn/Bremert 2018, S. 291.
21 Vgl. Precht 2012, S. 193ff.

aber hinzu, dass die Interessenverwirklichung nur zulässig ist, soweit dieser die Grundrechte und Grundfreiheiten, die einer betroffenen Person durch die GRCh und Europäische Menschenrechtskonvention (EMRK) als Abwehrrecht verliehen werden, grundsätzlich und im konkreten Fall nicht entgegenstehen, also nicht höher zu bewerten sind als die Verwirklichungsabsicht der datenverarbeitenden Stelle. Dabei wird, was die „Gegeninteressen" der betroffenen Person anbetrifft, nicht wie in Art. 8 Abs. 2 GRCh für die datenverarbeitende Stelle darauf abgestellt, dass diese ein „legitimes" Interesse für sich in Anspruch nehmen muss, also sich nur auf eine Position berufen kann, die ihr die Rechtsordnung ausdrücklich zugesteht. Vielmehr kommt als „Abwehrberechtigung" jede Benachteiligung in Betracht. Ein „Gegeninteresse" der betroffenen Person ist erst dann illegitim, wenn es nicht von deren „vernünftigen Erwartungen" getragen wird.[22] Dem Schutz Minderjähriger kommt als Abwehrrecht allerdings stets besondere Bedeutung zu.[23]

Vor diesem Hintergrund soll anhand einiger ausgesuchter Rechtsgebiete, die sich – auch – mit der Verarbeitung personenbezogener Daten befassen, die vom Gesetz oder von der Rechtsprechung akzeptierte „berechtigte Verwirklichungsbefugnis" für das jeweilige Interesse näher beleuchtet werden.

a) Die DSGVO lässt nach ihrem **Datenschutzrecht** entsprechend dem bereits erwähnten Art. 6 Abs. 1 lit. f die Verarbeitung „fremder" personenbezogener Daten zu, wenn diese zur Wahrung berechtigter Interessen der datenverarbeitenden Stelle oder eines Dritten erforderlich sind, sofern nicht die Interessen oder Grundrechte und Grundfreiheiten der betroffenen Person überwiegen. Die Verarbeitung personenbezogener Daten darf – wie oben dargestellt – nur erfolgen, wenn sie einem grundsätzlich legitimen Zweck i. S. des Art. 5 Abs. 1 lit. b EU-DSGVO dient. Auch muss sie für sich genommen gemessen an der Rechtsordnung zulässig sein, darf also weder generell noch im Einzelfall im Widerspruch zu den schutzwürdigeren Belangen der Personen, deren Daten bei der Interessenwahrnehmung verarbeitet werden, stehen. Deswegen muss nach der Prüfung, ob die Rechtsordnung diese Art von Datenverarbeitung überhaupt zulässt, ermittelt werden, ob sich **ein** betroffener Dritter eine derartige Verarbeitung

---

22 Robrahn/Bremert 2018, 291ff.
23 Vgl. EGMR, Neue Juristische Wochenzeitschrift (NJW) 2013, S. 771; Sajuntz 2012, S. 3761, m.w.N.; Robrahn/Bremert 2018, S. 294f.; Roßnagel 2020, S. 88.

seiner Daten grundsätzlich gefallen lassen muss[24], und ob im konkreten Fall die datenverarbeitende Stelle zu berücksichtigen hat, dass es Belange **der** betroffenen Person gibt, die der Datenverarbeitung entgegenstehen, weil eine Person in ihrer Situation grundsätzlich erwarten darf, dass jene vernünftigerweise unterbleibt[25]. Genügt das Verarbeitungsinteresse diesen Anforderungen nicht, ist die Datenverarbeitung unzulässig. Auf das Vorliegen einer „besonderen Situation" der betroffenen Person i. S. des Art. 21 Abs. 1 DSGVO am Unterbleiben der Datenverarbeitung kommt es dann nicht mehr an[26]. Ein solcher Einwand kann nur ausnahmsweise gegen die Datenverarbeitung ins Feld geführt werden – es muss eine gravierende oder unverhältnismäßige Benachteiligung der betroffenen Person zu befürchten sein –, wenn es für die Datenverarbeitung ein berechtigtes Interesse in dem dargestellten Sinne gibt, diese also für sich genommen eigentlich zulässig wäre.[27]

Diese für das gesamte Datenschutzrecht grundlegende Maxime soll anhand eines Beispiels näher erläutert werden: Eine Wirtschaftsauskunftei verfolgt das Geschäftsinteresse, Daten von säumigen Schuldnerinnen und Schuldnern zu sammeln, um andere Unternehmen vor Verträgen mit diesen zu warnen. Das ist ein objektiv legitimer Datenverarbeitungszweck i. S. des Art. 5 Abs. 1 lit. b EU-DSGVO.[28] Das ist sogar zum Schutze der Wirtschaft, der Verbraucherinnen und Verbraucher und der Gläubiger geboten.[29] Dagegen würde kein legitimer Verarbeitungszweck vorliegen, wenn die Auskunftei sonstige Erkenntnisse über das „normale" Verbraucherverhalten sammelt und einer Vielzahl von Personen zugänglich macht, so dass ein strukturierter Überblick über eine Person und deren Privatleben ermöglicht wird.[30] Ein berechtigtes Interesse nach Art. 6 Abs. 1 lit. f DSGVO für die Verarbeitung solcher Erkenntnisse durch die Auskunftei liegt vor, da die gegenteiligen Interesse aller Schuldnerinnen und Schuldner in einer

---

24 Zu den Risiken für die Rechte und Freiheiten der von der Datenverarbeitung betroffenen Person: Kramer 2018, S. 141.
25 Kritisch dazu Robrahn/Bremert 2018, S. 294, wo nur auf „objektive" Gegeninteressen, nicht aber auf die Befindlichkeit der betroffenen Person im konkreten Fall abzustellen sei.
26 So auch EuGH, Urt. v. 07.12.2023 – C-26/22 und C-64/22.
27 Vgl. ebd., S. 296.
28 LG Karlsruhe, Zeitschrift für Datenschutz (ZD) 2019, S. 511; vgl. BVerfG, Kommunikation & Recht (K&R) 2016, S. 593; Gola, Recht auf Datenverarbeitung (RDV) 2017, 187, 188; Schantz in Kühling/Buchner 2019, Datenschutzrecht, Art. 6 Abs. 1 Rn. 137.
29 Vgl. EuGH, Urt. v. 07.12.2023 – C-26/22 und C-64/22.
30 Robrahn/Bremert 2018, S. 294; EuGH, ZD 2014, S. 350.

bestimmten Situation am Unterbleiben der Datenverarbeitung grundsätzlich nicht höher wiegen[31], vorausgesetzt, diese vermögen im Einzelfall für ihre Person keine beachtlichen Einwendungen gegen ihre Zahlungsverpflichtung zu erheben[32]. Besteht das berechtigte Warninteresse, können sich jene nur noch ausnahmsweise auf eine besondere Situation i. S. des Art. 21 Abs. 1 DSGVO berufen, wenn sie den Nachweis erbringen, dass sie durch die eigentlich berechtigte Datenverarbeitung unverhältnismäßig benachteiligt werden.[33] Das System der Zulässigkeit der Datenverarbeitung in der DSGVO zeigt, dass es mit den „moralischen Grundprinzipien" der westlichen Wertegemeinschaft, dass nämlich vor Personen, die andere potentiell schädigen, grundsätzlich gewarnt werden darf, in Einklang steht, wobei aber aus ethischen Gründen im Einzelfall auf „besondere Notlagen" Rücksicht genommen wird.

b) Problematisch ist, inwieweit personenbezogene **Daten aus sozialen Netzwerken** genutzt werden dürfen.[34] Die Erhebung und Nutzung von Daten aus sozialen Netzwerken ist zulässig, soweit Behörden und Gerichte diese berechtigterweise im Netz bekanntmachen (z. B. Informationen aus dem Schuldnerverzeichnis der Vollstreckungsgerichte nach § 882h ZPO, Entscheidungen im Insolvenzverfahren etwa nach § 30 InsO[35]). Vergleichbares gilt für von Privatpersonen verbreitete Informationen, wenn diese dem Auftreten der betroffenen Person in der Öffentlichkeit entsprechen.[36] Auch kommt dem Schutz öffentlich verfügbarer Angaben aus der Sozialsphäre der betroffenen Person, etwa aufgrund ihrer Marktteilnahme, Werbung oder sonstigen öffentlichen Wirkens, in der Regel ein geringeres Gewicht zu verglichen mit dem Informationsinteresse der Allgemeinheit.[37] Ferner können Informationen aus den sozialen Netzwerken verwertet werden, wenn die Angaben offensichtlich von der betroffenen Person selbst oder von Dritten mit dem offensichtlichen Einverständnis der betroffenen Person eingestellt wurden. Dagegen ist die Nutzung von personenbezogenen Daten aus dem Netz unzulässig, wenn sie mittels einer entsprechenden

---

31 LG Karlsruhe, ZD 2019, S. 511; LG Frankfurt/M ZD 2019, S. 468; KG, Beschl. v. 23.08.2011 – 4 W 43/11; vgl. BVerfG, ZD 2016, 530; KG, ZD 2020, S. 474.
32 Vgl. OLG, Saarbrücken Urt. v. 2.11.2011 - 5 U 187/11; OLG Frankfurt/M ZD 2015, S. 529.
33 Vgl. OLG, Dresden, ZD 2019, S. 172.
34 Dazu Schantz in Kühling/Buchner 2019, Datenschutzrecht, Art. 6 Abs. 1 Rn. 138.
35 Im Einzelnen Krämer 2018, S. 349.
36 Vgl. BVerfG, RDV 2020, S. 30; OLG Köln, Computer und Recht (CR) 2020, S. 112.
37 OLG Köln, CR 2020, S. 112.

technischen „Einstellung" nur einem überschaubaren, begrenzten Adressatenkreis zugänglich gemacht werden sollen.

c) § 193 StGB stellt einen strafrechtlichen Rechtfertigungsgrund dar, wenn auf eine Beleidigung insbesondere im politischen Meinungskampf mit einer **„Gegenbeleidigung"** gekontert wird. Letztere ist nur zulässig, wenn ihr ein berechtigtes Interesse zugrunde liegt, was der Fall ist, wenn der „Gegenschlag" unter Abwägung aller Umstände der konkreten Situation zuzüglich einer der politischen Auseinandersetzung geschuldeten Übertreibung erforderlich und angemessen ist, um den verbalen Angriff abzuwehren und die eigene Position zu verdeutlichen. Die Zulässigkeit solcher Äußerungen findet ihre Grenzen in der „Schmähkritik", von der auszugehen ist, wenn es sich nicht mehr um eine Auseinandersetzung in der Sache handelt, sondern wenn die Beschimpfung und Diffamierung einer anderen Person im Vordergrund steht.[38]

d) Nach der Rechtsprechung des Europäischen Gerichtshofs für Menschenrechte, des Bundesverfassungsgerichts und des Bundesgerichtshofs dürfen sich die **Medien** grundsätzlich mit allen Themen befassen und dazu – unabhängig von der Art der Publikation und ihrer journalistischen oder inhaltlichen Qualität – publizieren, soweit diese die Öffentlichkeit wesentlich angehen. Solche Informationen seien für eine demokratische Gesellschaft notwendig und deswegen grundsätzlich auch in personenbezogener Form zulässig.[39] Somit können die Medien selbst über das Privatleben einer Person berichten, wenn dieses im Zusammenhang mit einem bedeutenden öffentlichen Ereignis steht oder jene entsprechend exponiert ist. Der/die Einzelne kann sich gegenüber der öffentlichen Berichterstattung nur bedingt auf den Daten- und Persönlichkeitsschutz berufen.[40] Diese Rechte schützen zwar grundsätzlich die Privat- und Intimsphäre einer Person, finden aber ihre Grenzen in der Gemeinschaftsbezogenheit des Grundrechtsträgers, also dort, wo sich sein öffentliches Auftreten auf sein Privatleben auswirkt, oder wenn sein Verhalten in der Öffentlichkeit von seinem Privatleben wesentlich beeinflusst wird.[41] Tatsachen können, selbst wenn sie wegen der besonderen „Eilbedürftigkeit" der Information über ein Ereignis unzureichend recherchiert sind, von den Medien grundsätzlich

---

38 Vgl. Lenckner/Eisele in Schönke/Schröder 2014, § 193 RN 1, 9a f., 12, 16.
39 Vgl. Haug 2016, S. 41; Lehr 2013.
40 Vgl. BGH NJW 2009, S. 2888; Engling 2020.
41 Vgl. BGH NJW 2009, S. 2888; zur Bildberichterstattung über Prominente: Sajuntz 2012, S. 3762 f.; 2014, S. 27.

auch mit Namensnennung veröffentlicht werden.[42] Die Journalist_innen könnten ihre Aufgabe, nämlich Beiträge zur Meinungs- und Wertebildung zu leisten[43], nicht in ausreichendem Maße wahrnehmen, wenn sie nur über bereits vollständig erwiesene Sachverhalte berichten dürften.[44] Da die frühzeitigen Hinweise auf einen Verdacht in der Öffentlichkeit oftmals erst zur weiteren Aufklärung bzw. zur Beseitigung eines Missstandes führen würden, könnten die Medien einen solchen publizieren, wenn deutlich wird, dass es sich nur um einen Verdacht handelt, es eine Angelegenheit betrifft, an der ein öffentliches Aufklärungsinteresse besteht, es hinreichende Anhaltspunkte für die Richtigkeit des Verdachts gibt[45] und in der Publikation deutlich zum Ausdruck gebracht wird, dass der Ausgang der Angelegenheit noch offen ist[46]. Auch Behörden und ihre in der Presse namentlich erwähnten Mitarbeiter_innen hätten deutliche Kritik hinzunehmen, wenn diese auf eine geistige Wirkung gerichtet ist.[47] Kritiker_innen wenden nicht zu Unrecht ein, dass der von der Rechtsordnung zu gewährleistende Ehrenschutz damit „im Zweifelsfall" nicht mehr stattfinde.[48]

Eine Grenze für die Zulässigkeit der Verbreitung von tatsächlichen Informationen und von Meinungsäußerungen in den Medien[49] bestehe jedoch dort, wo der betroffenen Person durch die Verlautbarung ein Persönlichkeitsschaden droht, der außer Verhältnis zum Informationsinteresse der Allgemeinheit steht und zur Stigmatisierung führt[50], oder wenn die Veröffentlichung lediglich die Neugier des Publikums befriedigen soll und es keinen vernünftigen Grund für eine Unterrichtung der Allgemeinheit gibt[51]. Bei der gesamten Tätigkeit der Medien und bei der Beantwortung von Presseanfragen durch Behörden ist somit eine Interessenabwägung

---

42 Vgl. EGMR, Datenschutznachrichten (DANA) 2013, S. 131; NJW 2013, S. 768; BVerfG, NJW 2009, S. 350; 2011, S. 740.
43 BVerfG, NJW 2008, S. 1627.
44 Vgl. Lehr 2013.
45 Vgl. BGH, NJW 2013, S. 790.
46 Vgl. BGH, NJW 2000, S. 1036; Lehr 2013, S. 730, m.w.N.
47 Vgl. BVerfG, NJW 2012, S. 141; AfP – Zeitschrift für das gesamte Medienrecht 2013, S. 389; OLG Frankfurt/M. AfP 2012, S. 577.
48 Vgl. Schmitt Glaeser 1983.
49 Vgl. Sajuntz 2012, S. 3762, m.w.N.
50 Vgl. OLG Köln, AfP 2012, S. 66; BGH, NJW 2009, S. 2888.
51 Vgl. EGMR, NJW 2004, S. 2647; BVerfG, NJW 2002, S. 3619, 3621; OLG Braunschweig, ZD 2012, S. 526, m.w.N.

vorzunehmen, wobei aber der Meinungs- und Informationsfreiheit ein sehr hoher Stellenwert zukommt.[52]

e) Diskutiert wird in jüngerer Zeit, inwieweit dem Sammeln und Vermarkten von Daten einschließlich personenbezogener Informationen über Dritte (**Daten als verkehrsfähiges Rechtsgut**) ein Schutz vergleichbar dem des Eigentums oder der Immaterialgüter (z. B. Urheberrecht) zukommen soll. Es ist nicht von der Hand zu weisen, dass für das Anlegen und Unterhalten derartiger Datensammlungen nicht unerheblich Zeit und Geld investiert werden muss und dass die Wirtschaft daran ein Interesse hat. Dabei dürfte es sich insbesondere bei Sammlungen von Adressdaten etwa für Werbezwecke um einen „legitimen" Zweck i. S. des Art. 5 Abs. 1 lit. b DSGVO handeln (vgl. Art. 21 Abs. 2 und 3 DSGVO). Mangels Sachqualität i. S. des § 90 BGB greift der Eigentumsschutz für solche Datenmengen nicht unmittelbar. Vergleichbares dürfte für § 950 BGB gelten, der die Rechtsfolgen der Verarbeitung von Stoffen zu einer neuen Sache regelt, da es sich bei Daten eben nicht um Stoffe i. S. dieser Vorschrift handelt. Die Wirtschaft verlangt unter dem Gesichtspunkt des Investitionsschutzes eine eindeutige gesetzliche Regelung, wobei die Wahrung der berechtigten Interessen der Träger personenbezogener Daten gewahrt werden sollen, aber auch zu berücksichtigen sei, dass nach der Rechtsprechung des Bundesgerichtshofes[53] der betroffenen Person angesichts ihrer Zugehörigkeit zu einer sozialen Gemeinschaft keine uneingeschränkte Herrschaft über ihre Daten zukomme.[54] Doch ist es – wie bereits ausgeführt – datenschutzrechtlich grundsätzlich nicht zulässig, Verbraucherdaten (sog. Positivdaten im Gegensatz zu Bonitätsnegativdaten[55]), die geeignet sind, Dritten ein umfassendes Bild von der Persönlichkeit der betroffenen Personen wiederzugeben, ohne deren Einwilligung zu verarbeiten.[56] Vergleichbares gilt für Datensammlungen, die es ermöglichen, das Verbraucherverhalten zu analysieren bzw. den Abschluss von Verträgen bzw. deren Inhalt von den Erkenntnissen über das Marktverhalten der betroffenen Personen abhängig

---

52 Vgl. OVG Berlin, Neue Zeitschrift für Verwaltungsrecht Rechtsprechungs-Report (NVwZ-RR) 1997, S. 34, m.w.N.; OVG Münster, NJW 2005, S. 618.
53 Vgl. BGHZ S. 181, 328, 338.
54 Im Einzelnen Zech 2015; Dettermann 2018; Fezer 2017; Markendorf 2018; Ensthaler 2016, S. 3473.
55 Zum Begriff Assion/Hauck 2020.
56 Vgl. Schantz in Kühling/Buchner 2019, Datenschutzrecht, Art. 6 Abs. 1 Rn. 137; a. A. Assion/Hauck 2020 mit nicht nachvollziehbarer Begründung.

zu machen.⁵⁷ Auch darf in diesem Zusammenhang nicht verkannt werden, dass die Rechtsprechung die Mitübertragung der Patientenkartei im Falle eines Arztpraxisverkaufes ohne Einwilligung der betroffenen Personen für unwirksam erachtet.⁵⁸

f) Auch das Betreiben von **Bewertungsportalen**⁵⁹ und die Berechnung und weitere Verarbeitung von **Scorewerten** stellt ein von der Rechtsordnung gebilligtes Geschäftsmodell und damit einen legitimen Verarbeitungszweck i. S. des Art. 5 Abs. 1 lit. b EU-DSGVO dar.⁶⁰ Unternehmen und deren Inhaber_in, die ihre Leistungen in der Öffentlichkeit anbieten, müssen derartige Bewertungen grundsätzlich hinnehmen.⁶¹ Doch sind diese Betätigungen nur rechtmäßig, wenn eine Abwägung der berechtigten Interessen der betroffenen Personen mit den Interessen der datenverarbeitenden Stellen bzw. der Allgemeinheit zugunsten der letztgenannten ausfällt.⁶² Dabei muss insbesondere der Gefahr Rechnung getragen werden, dass sich eine „schlechte" Bewertung sehr nachteilig auf die Kreditwürdigkeit einer Person oder eines Unternehmens auswirken kann.⁶³ Bei diesen Bewertungen handelt es sich in der Regel um Meinungen⁶⁴, die grundsätzlich von der Meinungsäußerungsfreiheit i. S. des Art. 10 EMRK gedeckt sind⁶⁵, die aber eingeschränkt ist, soweit das zum Schutz des guten Rufs und der Rechte anderer geboten ist⁶⁶, etwa wenn das Werturteil in logischer Hinsicht nicht nachvollziehbar ist⁶⁷ oder wenn die betroffene Person oder ihr Unternehmen evident unzutreffend bewertet wird. Ansonsten räumt der Bundesgerichtshof den Betreibern von Bewertungsportalen nicht zuletzt wegen der Meinungsfreiheit und des in der Regel überragenden Informationsinteresses der Allgemeinheit ein verglichen mit den Nachteilen der betroffenen Person höherrangiges Interesse an der Verbreitung der Information ein,

---

57 Vgl. Assion/Hauck 2020.
58 Vgl. Palandt, BGB, 78. Aufl., § 134 RN 22a, m.w.N.; zur Verarbeitung von Daten nach Art. 9 DSGVO siehe Matejek/Mäusezahl 2019.
59 Dazu Pötters/Traut 2015; Kühling 2015, S. 447.
60 Vgl. Durmus 2020; LG Karlsruhe, ZD 2019, S. 511; vgl. BGH, Urt. v. 01.03.2016 – VI ZR 34/15.
61 Vgl. OLG Brandenburg, CR 2020, S. 341.
62 Vgl. BGH, CR 2020, S. 405.
63 Vgl. OLG Köln, CR 2020, S. 112; vgl. BGH, Urt. v. 01.03.2016 – VI ZR 34/15.
64 Vgl. OLG München, CR 2019, S. 394, m.w.N.
65 Vgl. BGH, CR 2020, S. 253; zur Anwendung des Unionsrechts anstelle des Art. 5: GG BVerfG, RDV 2020, S. 49.
66 Vgl. OLG, München CR 2019, S. 394.
67 Vgl. Weichert 2018.

wenn diese zutreffend ist und der sog. Sozialsphäre der betroffenen Person entstammt[68].

Interessenabwägung

Obwohl die Rechtsordnung in den verschiedensten Bereichen eine Interessenabwägung vorschreibt, weisen die maßgeblichen Vorschriften für den eigentlichen Abwägungsvorgang kaum klare Kriterien auf, um die Bedeutung des jeweiligen Interesses und die Folgen der Interessenwahrnehmung für die Beteiligten so objektiv wie möglich bestimmen zu können.[69]

a) Im Gegensatz zur Zulässigkeit von Eingriffen in das Allgemeine Persönlichkeitsrecht[70] und zur Wahrnehmung berechtigter Interessen i. S. des § 193 StGB[71], wo zur Zulässigkeit der jeweiligen Interessenwahrnehmung eine umfangreiche Rechtsprechung existiert, gibt es eine solche zum Datenschutzrecht – noch – nicht. Doch hat die juristische Literatur eine Vielzahl von Kriterien entwickelt, die als Maßstab für die Rechtmäßigkeit der Interessenabwägung herangezogen werden können. So wird vorgeschlagen, die Interessen jeweils „nach objektiven Kriterien" zu gewichten und das Ergebnis der Gewichtungen miteinander zu vergleichen.[72] Das „Gewicht" des Interesses sei umso größer, wenn es nicht nur für die Person, die das Interesse wahrnehmen will, erheblich ist, sondern auch für die Allgemeinheit[73], oder wenn es von der Rechtsordnung als wichtig anerkannt wird. Zu fragen sei auch, wie bedeutsam die Interessenverfolgung für die Verbesserung der Situation des dafür Verantwortlichen ist und in welchem Maße die Datenverarbeitung nachteilige Folgen für die betroffene Person oder Dritte hat, insbesondere ob diese hinnehmen müssen, dass sie identifiziert werden können, wie sensibel die sie betreffenden Daten sind und in welchem Umfang solche verarbeitet und Dritten zugänglich gemacht werden.[74] Maßgeblich seien auch die Qualität der Informationen und deren Quelle. So komme berechtigterweise öffentlich zugänglichen Informationen eine geringere

---

68 Zu den Gefahren personenbezogener Bewertungsportale Kühling 2015; vgl. OLG Stuttgart, ZD 2013, S. 408.
69 Vgl. Herfurth 2018, S. 515, m.w.N.
70 Dazu Palandt, BGB, 75. Aufl., § 823 RN 83f.
71 Dazu Lenckner/Eisele 2014, § 193 RN 8ff.
72 Robrahn/Bremert 2018, S. 293f.
73 Vgl. Kühling 2015, S. 449.
74 Vgl. Robrahn/Bremert 2018, S. 294, m.w.N.

Schutzwürdigkeit zu als Angaben aus der Privat- oder gar Intimsphäre anderer Menschen. Zu berücksichtigen sei auch, auf welchem Weg Informationen über Dritte zum Zwecke der Interessenwahrnehmung übermittelt werden sollen, inwieweit für alle Beteiligten Transparenz besteht und ob bei der datenverarbeitenden Institution bzw. am Ort der Datenverarbeitung die Datensicherheit in ausreichendem Maße gewährleistet ist.[75] Für den Einsatz von Big Data-Analysen (Fraud Detection, Analyse von Kundendaten, Social Media-Analyse) seien bei der Interessenabwägung insbesondere die Gesichtspunkte „Datensparsamkeit", „Gewährleistung der Zweckbindung", „Verbot der automatisierten Einzelfallentscheidung", „anonyme Nutzung von Daten" und die „Einwilligung der in die Interessenverwirklichung einbezogenen Personen" von Bedeutung.[76] Nicht zuletzt komme der Dauer der Datenverarbeitung („Recht auf Vergessenwerden"[77]) für die Interessenabwägung eine nicht unerhebliche Bedeutung zu.[78] Die Abwägungen sollen nach der sog. Je-desto Formel erfolgen: „Je höher der Grad der Nichterfüllung oder Beeinträchtigung des einen Prinzips ist, desto größer müsse die Erfüllung des anderen sein". Je intensiver die Interessen, Grundfreiheiten und Grundrechte der betroffenen Person durch eine Datenverarbeitung bei der Interessenwahrnehmung beeinträchtigt werden, desto gewichtiger müssten die für den Verantwortlichen streitenden berechtigten Interessen sein.[79]

b) Arbeitstechnisch wird empfohlen, zu jedem Kriterium festzustellen, ob aus diesem eine geringe, normale oder schwere Belastung für die betroffene Person folgt.[80] Alternativ mache es Sinn, die Argumente, die für bzw. gegen die Berechtigung eines Interesses und für bzw. gegen die Schutzwürdigkeit der Person, deren Daten verarbeitet werden sollen, einander gegenüber zu stellen und im „dialektischen Dialog" miteinander zu vergleichen.[81] Wichtig ist, dass das Ergebnis nachvollziehbar und den Gesetzen der Logik gehorchend begründet wird.

c) Allerdings lässt die Datenschutzgrundverordnung in bestimmten Fällen Verarbeitung personenbezogener Daten zu, ohne dass dabei eine Interessenabwägung vorzunehmen ist. So können nach Art. 6 Abs. 1 lit. b

---

75 Vgl. Herfurth 2018, S. 515ff., m.w.N.; Robrahn/Bremert 2018, S. 295.
76 Ohrtmann/Schwiering 2014, S. 2984ff.
77 Im Einzelnen Boehme-Neßler 2014, S. 825ff.; BVerfG, RDV 2020, S. 30.
78 Vgl. Herfurth 2018, S. 519, m.w.N.
79 Vgl. Robrahn/Bremert 2018, S. 293, m.w.N.
80 Vgl. Herfurth 2018, S. 519f.
81 Haft 2009, S. 108.

DSGVO personenbezogene Daten verarbeitet werden, soweit das für die Begründung, Durchführung oder Abwicklung eines Vertrages erforderlich ist. Aus Art. 21 Abs. 2 und 3 DSGVO ergibt sich, dass Adressdaten ohne Einwilligung der betroffenen Person so lange verarbeitet werden dürfen, bis diese widerspricht. Auch gibt es in den Erwägungsgründen zur DSGVO „Vermutungen" für die Zulässigkeit der Datenverarbeitung im Rahmen der Interessenabwägung nach Art. 6 Abs. 1 lit. f DSGVO. So besteht nach dem Erwägungsgrund 48 grundsätzlich ein berechtigtes Interesse für den Datenaustauch zwischen Institutionen, die einer zentralen Stelle organisatorisch unterstellt sind, sowohl mit dem übergeordneten Verband wie auch mit den anderen diesem angehörenden Einrichtungen. Art. 40 Abs. 2 DSGVO sieht ausdrücklich vor, dass Wirtschaftsverbände zusammen mit den Datenschutzaufsichtsbehörden „Verhaltensregeln" (ein sog. Code of Conduct/CoC) ausarbeiten können, um die Anwendung der DSGVO zu präzisieren. Diese sind für die Aufsichtsbehörden wie Verwaltungsvorschriften bindend, wenn sie von der Datenschutzkonferenz beschlossen, von der für den Verband zuständigen Aufsichtsbehörde nach Art. 40 Abs. 5 DSGVO genehmigt und veröffentlicht worden sind. Allerdings können die Rechte der Bürgerinnen und Bürger durch einen CoC nicht beschnitten werden. Eine Erweiterung der gesetzlichen Datenverarbeitungsbefugnisse durch vertragliche Allgemeine Geschäftsbedingungen[82], durch Einwilligung[83] und unternehmensinterne Anwendungshinweise oder CoCs[84] ist grundsätzlich nicht möglich[85], weil die Betroffenen dadurch – ohne „Mitspracherecht" – u. U. unangemessen benachteiligt würden. Zwar können, soweit Letzteres nicht zu befürchten ist, in einem CoC auch Kriterien für die Interessenabwägung festgelegt werden. Die eigentliche Abwägung kann aber auf diesem Wege nicht generell und schon gar nicht für die jeweiligen Einzelfälle „reglementiert" werden, da das „Gewicht" der Grundfreiheiten und Grundrechte der betroffenen Person und die Auswirkungen der Datenverarbeitung für diese nach Art. 6 Abs. 1 lit. f DSGVO jeweils im konkreten Einzelfall zu bestimmen sind.[86] Nicht zuletzt deswegen schreibt

---

82 Vgl. § 307 BGB; vgl. KG Berlin ZD 2020, S. 310.
83 Vgl. Art. 7 Abs. 4 DSGVO; vgl. Engeler 2018; LG München I, CR 2019, S. 311; KG Berlin, ZD 2020, S. 310; Heinzke/Engel 2020; aber Bock 2020.
84 Dazu Wolff 2017.
85 Vgl. Kühling/Buchner 2019, Art. 40 RN 17; OLG München, Zeitschrift für Wirtschafts- und Bankrecht (WM) 2010, S. 1901; Bock 2020; EuGH GRUR 2012, S. 898; LMRR 2005, S. 40; EuZW 2009, S. 651; MMR 2010, S. 561; Heinzke/Engel 2020.
86 Vgl. Buchner/Petri in Kühling/Buchner 2019, DS-GVO, Art. 6 RN 149ff.

die DSGVO in ihrem Art. 35 Abs. 1 vor, dass eine sog. Datenschutz-Folgenabschätzung durchzuführen ist, wenn die Art der Datenverarbeitung mit einem hohen Risiko für die betroffenen Personen verbunden ist.[87]

d) Wie wiederholt ausgeführt kommt den Grundrechten beider Beteiligter bei der Interessenabwägung eine nicht unerhebliche Bedeutung zu.[88] Bekanntlich schreibt Art. 6 Abs. 1 lit. f DSGVO ausdrücklich vor, dass die EU-Grundrechte der betroffenen Person bei der Bestimmung der Berechtigung der Datenverarbeitung als „Begrenzung" zu berücksichtigen seien. Allerdings können sich beide Seiten auf einen ihr zustehenden Grundrechtsschutz berufen. So kann das Recht auf Meinungs- und Informationsfreiheit (Art. 10 EMRK, Art. 11 GRCh), der Schutz der Berufsfreiheit (Art. 15 GRCh) und die Gewährleistung der unternehmerischen Freiheit (Art. 16 GRCh) von der datenverarbeitenden Stelle in Anspruch genommen werden, während die betroffenen Personen sich auf den Schutz der eigenen Daten (Art. 8 GRCh), auf den Schutz des Privatlebens (Art. 7 GRCh, Art. 8 EMRK) und auf das Grundrecht auf Datenschutz (Art. 8 GRCh) berufen können.[89] Für diese Grundrechte gibt es keine Rangfolge, noch haben sie unterschiedliche Gewichte. Vielmehr ist diesen bei jedem Entscheidungsprozess optimale Wirkung zu verschaffen. Folglich lassen sich diesen keine konkreten Abwägungskriterien entnehmen. Allerdings spricht wegen der „Gleichwertigkeit" dieser Grundrechte viel dafür, dass Art. 6 Abs. 1 lit. f DSGVO, der regelt, dass, wenn sich kein eindeutiges Übergewicht des einen oder anderen Interesses ergibt, das Interesse des Datenverarbeitenden vorgehen soll, entgegen seinem Wortlaut nicht so zu verstehen ist.[90]

e) Auch nur bedingt hilfreich sind für den Abwägungsprozess **philosophische Erwägungen**, etwa eine an allgemeinen Gerechtigkeitsgrundsätzen orientierte Interessenentscheidung. Der Begriff der Gerechtigkeit bezeichnet seit der antiken Philosophie einen generellen Maßstab für ein individuelles menschliches Verhalten. Die Grundbedingung dafür, dass ein menschliches Verhalten als gerecht gilt, ist, dass Gleiches gleich und Ungleiches ungleich behandelt wird, wobei bei dieser Grunddefinition offenbleibt, nach welchen Wertmaßstäben eine solche Differenzierung tatsächlich vorzunehmen ist. Nach der von dem Philosophen Immanuel Kant in der Zeit

---

87 Dazu Krings/Ohrtmann 2019.
88 Zur Grundrechtsbindung Privater Jobst 2020.
89 LG Frankfurt/M CR 2019, S. 741; vgl. OLG Dresden ZD 2019, S. 172; LG Hamburg CR 2019, S. 404.
90 A. A. Robrahn/Bremert 2018, S. 295; im Ergebnis ebenfalls Herfurth ZD 2018, S. 520.

der Aufklärung formulierten Vernunftethik handelt ein Mensch, der sich über die Maximen seines Handelns unter Anspannung seiner Geisteskräfte Rechenschaft ablegt und sich entsprechend verhält, „gerecht", wenn diese Maximen auch zum allgemeinen Gesetz erhoben werden können. Zum modernen Gerechtigkeitsbegriff gehört folgerichtig, dass dieser nicht nur auf einzelne Handlungen von Menschen angewandt wird, sondern gerade auch auf die Summe und das Zusammenwirken einer Vielzahl menschlicher Handlungen in einer Gesellschaftsordnung. Diese sei „gerecht", wenn sie so ausgestaltet ist, dass die einzelnen Individuen frei sind, sich „gerecht" zu verhalten. Der Gerechtigkeitsbegriff ist aber stets ausfüllungsbedürftig, ist also offen für unterschiedliche Wertvorstellungen. Dies bringt nach John Rawls die Gefahr mit sich, dass in einer Auseinandersetzung über „gerechte Bewertung" diejenigen Wertvorstellungen besonders in den Vordergrund gerückt werden, die den eigenen Interessen besonders förderlich sind. Ob und wann das der Fall ist, lässt sich schwer beurteilen. Genauso wenig wie den Juristen ist es den Philosophen gelungen, ein vollständiges System der Grundsätze der Gerechtigkeit aufzustellen.[91] Hinzu kommt, dass wenn man die Interessenabwägung mit Hilfe des Gerechtigkeitssinnes bewältigen will, dieser von teils widersprüchlichen situativen Gefühlslagen der Beteiligten beeinflusst wird. Der Gerechtigkeitssinn basiert auf der Fähigkeit, Logik und Gefühl richtig miteinander zu verbinden[92] und beruht auf der angeborenen, aber unterschiedlich ausgeprägten Fähigkeit des Menschen zu moralischem Verhalten, auf Hirnaktivitäten und auf der Prägung durch Erziehung und durch die im gesellschaftlichen Leben gemachten Erfahrungen. Das Gerechtigkeitsempfinden ist jedem Menschen gegeben, aber eben individuell verschieden.[93] Damit bleibt die Erkenntnis, dass sich mit allgemeinen Gerechtigkeitsvorstellungen nur krasse Fehlentscheidungen ausmachen lassen. Sicher ist, dass „für jedermann erkennbar" auf Willkür beruhende Abwägungsentscheidungen nicht akzeptabel sind. Eine Verletzung des Willkürverbots liegt vor, wenn eine Entscheidung gemessen an den essentiellen Wertvorstellungen einer Gesellschaft unter keinem denkbaren Aspekt von einem vernünftig denkenden Menschen akzeptiert würde.[94] Über diese „Ultima ratio-Grenze" hinaus vermögen Gerechtigkeitser-

---

91 Vgl. Haft 2009, S. 110.
92 Vgl. Heussen NJW 2016, 1500, 1501.
93 Vgl. Precht 2007, S. 126 ff.
94 Vgl. BVerfG, NJW 2014, S. 3147, m.w.N.

wägungen für die Beurteilung einer Interessenabwägung leider wenig zu leisten.

f) Vor diesem Hintergrund fragt es sich, ob es eher vernünftig und zielführend ist, die Interessenabwägung mit Hilfe der **Künstlichen Intelligenz** vornehmen zu lassen. Dadurch könnten menschliche Fehlgewichtungen ausgeschlossen werden. Bei dieser auf den ersten Blick überzeugenden Herangehensweise darf aber nicht verkannt werden, dass auch Algorithmen nur so leistungsfähig sind, wie man den vollständigen Sachverhalt in den Entscheidungsprozess einbringt und wie das von diesen anzuwendende „Beurteilungssystem" rechtskonform konfiguriert ist.[95] Die Datenschutzgrundverordnung „misstraut" der maschinell vorgenommenen Bewertung von Personen. So verbietet Art. 22 Abs. 1 DSGVO das Treffen von Entscheidungen, die ausschließlich auf einer unmittelbaren automatisierten Datenverarbeitung beruhen. Eine Ausnahme wird nach Abs. 2 lit. a dieser Vorschrift für den Abschluss von Verträgen zugelassen, wobei aber die betroffene Person nach Absatz 3 dieser Vorschrift das Recht hat, die maschinelle Entscheidung von einem Menschen überprüfen zu lassen. Bei sonstigen Bewertungen von Personen und Unternehmen, die Dritten etwa auf Foren im Netz zugänglich gemacht werden, verlangt die neuere Rechtsprechung zum Schutz des guten Rufes und sonstiger Rechte der betroffenen Personen[96], dass – wie bereits ausgeführt – der Bewertung ein wahrer, überprüfbarer Tatsachenkern zugrunde liegt[97], der das Werturteil bzw. die Abwägung erklärbar und nachvollziehbar macht[98]. Diese dürfe nicht das Ergebnis unlogischer Schlussfolgerungen sein[99] bzw. lediglich mit einer Statistik oder der Summe von „Bewertungspunkten" begründet werden, sondern müsse der Logik entsprechen und einleuchtend sein[100]. Damit sind der Akzeptanz von auf „maschinellem Weg" vorgenommenen Abwägungen ebenfalls Grenzen gesetzt.

---

95 Im Einzelnen Joos/Meding 2020; Joos 2020; Freyler 2020.
96 Vgl. OLG München, CR 2019, S. 394.
97 Vgl. LG Frankenthal, CR 2019, 176; BGH BeckRS 2016, 6437; LG Frankfurt, BeckRS 2015, S. 8984; OLG Dresden, ZD 2019, S. 172; BGH Urt. v. 22.02.2011 – VI ZR 120/10-; LG Braunschweig, CR 2019, S. 258.
98 Vgl. LG Berlin, ZD 2014, 89; BVerfG, NJW 2018, S. 1667.
99 Vgl. Stevens, CR 2020, S. 73.
100 Vgl. LG Berlin, ZD 2014, 8; OLG München, CR 2019, 394.

Walter Krämer

Materielle Überprüfung der Interessenabwägung

a) Nach Art. 77, Art. 78 Abs. 2, Art. 57 Abs. 1 lit. f DSGVO hat jede Person das Recht, sich über – vermeintliche – Datenschutzverstöße bei der zuständigen Datenschutzaufsichtsbehörde zu beschweren.[101] Die Aufsichtsbehörde muss sich mit der Beschwerde befassen und hat deren Gegenstand in angemessenem Umfang zu untersuchen.[102] Sie ist grundsätzlich gehalten, bei festgestellten Verstößen mit dem Ziel der Abstellung vorzugehen, doch steht es in ihrem pflichtgemäßen Entschließungsermessen, ob bzw. in welchem Umfang sie das Verfahren betreibt.[103] „Befassung" bedeutet, dass die Behörde den Gegenstand der Beschwerde mit „aller gebotenen Sorgfalt" zu prüfen und über das weitere Vorgehen zu entscheiden hat.[104] Von der Überprüfung umfasst ist auch, inwieweit für die Datenverarbeitung ein berechtigtes Interesse vorgelegen hat, wobei es den Beteiligten obliegt, der Behörde mitzuteilen, welche Gesichtspunkte für die „Wertigkeit" ihrer Interessen sprechen.[105] Sowohl die datenverarbeitende Person wie auch die von der Datenverarbeitung Betroffenen können nach Art. 78 Abs. 1 DSGVO eine gerichtliche Überprüfung der aufsichtsbehördlichen Entscheidung herbeiführen. Vergleichbares gilt nach Absatz 2 dieser Vorschrift, wenn die Behörde auf eine Datenschutzbeschwerde nicht – rechtzeitig – reagiert.

b) Ungeachtet dessen verleiht Art. 79 Abs. 1 DSGVO den betroffenen Personen das Recht auf einen wirksamen zivilgerichtlichen, selbst zu betreibenden Rechtsbehelf, wenn sie der Ansicht ist, dass sie in ihrem aufgrund dieser Verordnung zustehenden Schutz ihrer personenbezogenen Rechte verletzt ist. Sie kann die Überprüfung, Berichtigung, Ergänzung und Löschung des sie betreffenden Datensatzes verlangen. Auch kann sie die Übermittlung von Angaben an Dritte verhindern und Schadensersatzansprüche realisieren. Allerdings hat die betroffene Person nach der Rechtsprechung der deutschen Gerichte die anspruchsbegründenden Voraussetzung dafür darzulegen, zu substantiieren und ggf. zu beweisen.[106] Eine

---

101 Vgl. VGH BW Beschl. v. 22.01.2020 – 1 S 3001/19; Härting/Flisek/Thiess 2018; kritisch zur Existenz und zu den Befugnissen von Datenschutzaufsichtsbehörden Giesen 2019, S. 1717f.
102 Vgl. Will 2020.
103 Vgl. VGH BW, Beschl. v. 22.01.2020 – 1 S 3001/19.
104 EuGH NJW 2015, 3151; Bergt in Kühling/Buchner 2019, DS-GVO, Art. 78 RN 18.
105 Vgl. LSG Baden-Württemberg, ZD 2018, S. 330.
106 Vgl. LG Karlsruhe, ZD 2019, S. 511; zu den Substantiierungsanforderungen an den Parteivortrag Schultz 2017; Hensel 2020.

Beweislastumkehr, nach der die datenverarbeitende Stelle die Berechtigung des Interesses an der Datenverarbeitung zu beweisen hat, sei weder im Gesetz vorgesehen, noch ist sie von der Rechtsprechung akzeptiert worden.[107] Nur in den Fällen, in denen die betroffene Person in ihrem Vortrag beschränkt ist, weil es sich um Umstände handelt, die sie nicht kennen kann, was insbesondere bei negativen Tatsachen, etwa die angebliche Zustellung eines zur Zahlung verpflichtenden Titels, möglich sein kann, trifft die datenverarbeitende Stelle eine sog. sekundäre Darlegungslast[108]. Danach hat der Schädiger ggf. zu beweisen, dass er sämtliche Vorschriften der DSGVO eingehalten hat.[109] Die datenverarbeitende Stelle kann den Ansprüchen der betroffenen Person mit dem ggf. zu beweisenden Tatsachenvortrag entgegentreten, der Datenverarbeitung liege ein schutzwürdiges Interesse, das das Interesse der betroffenen Person überwiegt, zugrunde.[110] Die betroffene Person kann ihrerseits nachweisen, dass ihr ein Interesse zukommt, das verglichen mit dem Interesse der datenverarbeitenden Stelle höherrangig ist. Zwar trifft es zu, dass sich das gerichtliche Verfahren für derartige Streitigkeiten grundsätzlich nach dem Prozessrecht der EU-Mitgliedstaaten richtet.[111] Doch fragt man sich, ob nicht aus der Fassung des Art. 18 Abs. 1 lit. a und d DSGVO zu folgern ist, dass die datenverarbeitende Stelle grundsätzlich die Richtigkeit der verarbeiteten Daten und das berechtigte Interesse für die Verarbeitung zu beweisen hat, was der Schutzintention der Vorschrift eher entspricht.

Problematisch ist, in welchem Umfang Gerichte und Datenschutzaufsichtsbehörden die Bewertungen von Personen bei der Frage, inwieweit für diese Datenverarbeitung ein berechtigtes Interesse besteht, prüfen können. Unbestritten ist, dass die Datenverarbeitung bei Bewertungen nur rechtmäßig ist, wenn die Vorschriften des Datenschutzes eingehalten werden bzw. eingehalten worden sind, die Bewertung auf einer zutreffenden Tatsachengrundlage beruht[112], für die Bewertung ausreichend Daten zur Verfügung stehen, und die betroffene Person individuell beurteilt wird. Die Einhaltung dieser Bedingungen ist justiziabel. Vermengen sich wertende und tatsächli-

---

107 Vgl. OLG Dresden, Juristenzeitung (JZ) 2019, S. 172; OVG Hamburg, ZD 2020, S. 598; Schultz 2017.
108 Vgl. Pohlmann RN 342, zur Beweislast bei Datenpannen Wybitul 2020.
109 Vgl. Wessels 2019, S. 783.
110 Vgl. Pohlmann RN 341, 352; Bühling/Buchner, Art. 16 RN 37.
111 Vgl. Herbst in Kühling/Buchner 2019, DS-GVO, Art. 17 RN 88 und Art. 18 RN 50.
112 Vgl. BGH, NJW 2011, S. 2204; OLG München, CR 2019, S. 304; OLG Frankfurt/M., ZD 2015, S. 335.

che Elemente, ist zwar insgesamt von einem Werturteil auszugehen, doch kann dieses zumindest daraufhin überprüft werden, inwieweit die zugrunde gelegten Tatsachen zutreffend und die sonstigen Rahmenbedingungen für eine rechtmäßige Bewertung eingehalten sind[113], wobei allerdings nach der Rechtsprechung des Bundesgerichtshofes selbst rechtswidrig gewonnene Angaben nach Vornahme einer Interessenabwägung u. U. weiterverarbeitet werden dürfen[114]. Bei der eigentlichen Interessenbewertung handelt es sich dagegen in der Regel um Meinungen und Werturteile[115]. Die Richtigkeit solcher Bewertungen sei durch die Aufsichtsbehörden und die Gerichte im Hinblick auf die Meinungsäußerungsfreiheit nur beschränkt überprüfbar[116], nämlich nur, soweit das zum Schutz des guten Rufs und der Rechte anderer unabdingbar geboten sei[117], etwa wenn das Werturteil in logischer Hinsicht nicht nachvollziehbar ist[118] oder wenn die betroffene Person evident unzutreffend bewertet wird. Man könnte das mit den dem § 114 Satz 1 VwGO zugrundeliegenden Maximen rechtfertigen. Danach ist die gerichtliche Kontrolle bei behördlichen Ermessensentscheidungen auf die Überprüfung von Ermessensfehlern beschränkt. Das bedeutet, dass das Gericht nur die Rechtmäßigkeit der behördlichen Entscheidung, also ob bei deren Erlass die gesetzlichen Voraussetzungen eingehalten wurden, überprüfen darf, während ihm die Kontrolle der Zweckmäßigkeit des behördlichen Handelns verwehrt ist.[119] Das ist rechtsstaatlich unbedenklich, weil für die verwaltungspolitische Zweckmäßigkeitsentscheidung der/die jeweilige Politiker_in dem Parlament und letztlich der Bürgerschaft gegenüber verantwortlich ist. Ordnet also die Baurechtsbehörde einer Stadt den Abbruch eines schadhaften Gebäudes an, prüft das Gericht nur, ob die in der Landesbauordnung vorgeschriebenen Rechtsvoraussetzungen für den Abbruch

---

113 Vgl. BGH, Urt. v. 01.03.2016 – VI ZR 34/15.
114 Vgl. VG Lüneburg, ZD 2017, 199; OVG Bremen, NVwZ 2018, S. 1903, LAG Hessen, RDV 2019, S. 255; LG Berlin, ZD 2020, S. 417; a. A. BGH, Urt. v. 15.05.2018 – VI ZR 233/17 -; LG Düsseldorf, DANA 2019, S. 111; BAG, RDV 2019, S. 303, wo von einem Verwertungsverbot ausgegangen wird, wenn die rechtswidrige Datenverarbeitung zu einem Grundrechtsverstoß führt; vgl. Pötters/Wybitul 2014; ErwG 69.
115 Vgl. OLG München, CR 2019, S. 394, m.w.N.
116 Vgl. LG Karlsruhe, ZD 2019, S. 511; Weichert 2018, 134; OLG München, Urt. v. 12.03.2014 – 15 U 2395/13; Simitis/Damann, BDSG, 8. Aufl., § 3 RN 12ff.; BGH, NJW 2011, S. 2204; Schulzki-Haddouti 2014; zur Zulässigkeit der Bewertung von Menschen Boehme-Neßler 2016.
117 OLG München, CR 2019, S. 394.
118 Weichert 2018.
119 Vgl. Bosch/Schmidt/Vondung 2012, S. 252.

vorgelegen haben, während der/die Oberbürgermeister_in als oberste_r Dienstherr_in dieser Behörde die politische Entscheidung, das Gebäude abreißen und nicht renovieren zu lassen, im Gemeinderat zu vertreten hat. Vergleichbare Beschränkungen für die gerichtliche Kontrolle gibt es, wenn das Gesetz der Behörde für die Auslegung eines Rechtsbegriffs einen Beurteilungsspielraum bzw. eine Einschätzungsprärogative zugesteht.[120] Diese Erwägungen lassen sich jedoch nicht auf die Interessenbewertung bei der Verarbeitung personenbezogener Daten durch Privatpersonen und Unternehmen übertragen, weil es an einer vergleichbaren politischen Rechenschaftspflicht des Verarbeitenden fehlt. Dennoch soll sich nach der Rechtsprechung die datenverarbeitende Stelle im Zusammenhang mit der Bewertung einer anderen Person grundsätzlich auf die Meinungsfreiheit berufen können, so dass ihr insoweit ein von der Verfassung gewollter Freiraum zusteht, der in der Tat über die Einhaltung der genannten Rahmenbedingungen hinaus grundsätzlich nicht justiziabel ist. Grundsätzlich gewähre das Recht der freien Meinungsäußerung, eine Auffassung äußern zu können, ohne dafür eine Begründung geben zu müssen, auch wenn das eine andere Person betrifft.[121] Dennoch ist die datenverarbeitende Stelle ihrerseits zur Respektierung der Dritte schützenden Grundrechte verpflichtet.[122] Deswegen eröffnet die Formulierung des Art. 8 Abs. 2 EMRK die Möglichkeit für hoheitliche Beschränkungen von Grundrechten, soweit das in einer demokratischen Gesellschaft notwendig ist, um die Achtung des Privatlebens Einzelnen zu gewährleisten.[123] Wohl nicht zuletzt deswegen wird – wie wiederholt dargestellt – von der neueren Rechtsprechung verlangt, dass Bewertungen, die Dritten zur Verfügung gestellt werden sollen, ein wahrer, überprüfbarer Tatsachenkern zugrunde liegen muss[124], insbesondere wenn die Meinungsäußerung über Bewertungsportale oder von Auskunfteien planmäßig Dritten zugänglich gemacht wird und geeignet ist, sich auf die soziale Anerkennung, die (Berufs-)Ehre sowie das wirtschaftliche Fortkommen der betroffenen Person und deren eingerichteten und

---

120 Vgl. Jacob/Lau 2015, 241ff.
121 Vgl. OLG Nürnberg, CR 2019, S. 659.
122 Vgl. Jobst 2020, S. 13f.
123 Vgl. Albrecht/Janson 2016, S. 507.
124 Vgl. LG Frankenthal, CR 2019, S. 176; BGH, BeckRS 2016, S. 6437; LG Frankfurt, BeckRS 2015, S. 8984; OLG Dresden, ZD 2019, S. 172; BGH Urt. v. 22.02.2011 – VI ZR 120/10-; LG Braunschweig, CR 2019, S. 258.

ausgeübten Gewerbebetrieb negativ auszuwirken.[125] Dieser Tatsachenkern muss die Beurteilung der datenverarbeitenden Stelle rechtfertigen, warum die Leistung der betroffenen Person nicht optimal bewertet werden kann bzw. soll.[126] Diese Verpflichtung bestehe insbesondere, wenn die bewertende Stelle beim Betreiben von Bewertungsportalen und bei Scoreberechnungen Neutralität, objektiv nachvollziehbare Sachkunde und Repräsentativität für ihre Bewertungen in Anspruch nimmt.[127]

Fehler, die Aufsichtsinstitutionen unterlaufen können

Fehler bei der Bearbeitung von Datenschutzfällen können bei den Aufsichtsbehörden und den Gerichten infolge einer unzureichenden Wahrnehmung des maßgeblichen Sachverhalts, wie auch bei dessen Bewertung unterlaufen.

a) Was Menschen wahrnehmen, ist immer nur eine bestimmte Perspektive auf die Dinge. Der Philosoph Edmund Husserl zeigt auf, dass unsere Erkenntnis von der Welt stets relativ ist. Der Sinn, den die Dinge, Worte und Handlungen für uns haben, haben sie nicht von sich aus. Vielmehr sei der Sinn von etwas, was wir in die selektive Wahrnehmung hineininterpretieren.[128] Tatsächlich werden unsere Sinnesorgane in jeder Sekunde mit einer sehr großen Menge an Informationen bombardiert. Um dieser Informationsmenge Herr zu werden, ist das Gehirn gezwungen, auszusortieren und dabei Unklarheiten in eine plausible Information zu überführen. Wegen dieses „Präzisierungsvorgangs" wird die Umwelt oftmals nicht immer akkurat so wahrgenommen, wie sie tatsächlich ist. Das Wahrgenommene wird unbewusst ergänzt und zu einer „einleuchtenden" Erkenntnis verarbeitet. Man neigt dazu, kleine Lücken auszufüllen, um Objekte entsprechend der eigenen Erwartung als Ganzes sehen zu können. Der Mensch benutzt Schemata, also mentale Strukturen, die unser Wissen über die Welt ordnen und die maßgeblich dafür sind, welche Informationen wir wahrnehmen, über welche wir nachdenken und an welche wir uns erinnern. Je

---

125 Vgl. LG Frankenthal, CR 2019, S. 176; BGH, BeckRS 2016, S. 6437; LG Frankfurt, BeckRS 2015, S. 8984; OLG Dresden, ZD 2019, S. 172; BGH, NJW 2011, S. 2204; LG Braunschweig, CR 2019, S. 258; EGMR, NJW 2020, S. 751; OLG München, CR 2019, S. 394; OLG Frankfurt, ZD 2015, S. 335; OLG Nürnberg, CR 2019, S. 659.
126 Vgl. OLG München, CR 2019, S. 394.
127 Vgl. BGH, CR 2020, S. 405.
128 Vgl. Precht 2012, S. 213f.

vieldeutiger eine Situation ist, umso eher greifen Menschen auf derartige Schemata zurück. Das führt nicht zuletzt dazu, dass eine Menge an Informationen schlichtweg verloren geht, weil nicht jedes Detail zur Kenntnis genommen werden kann. Weitere Probleme bei der Sachverhaltserfassung als Grundlage für eine Beurteilung oder Bewertung ergeben sich daraus, dass etwa das Studium einer Akte, eines Schriftsatzes oder die Konzeption und die Auswertung einer Ermittlungsmaßnahme von einer Vorinformation beeinflusst wird. Sowohl die Erwartung an die Information wie auch der Kontext bleiben nicht ohne Auswirkung auf die Hypothese, was wie wahrgenommen werden soll.[129] Eine Verzerrung der Wahrnehmung kann auch darauf beruhen, eine Information so zu verstehen, wie das dem eigenen Selbstwertgefühl entspricht („Ich lasse mich nicht anlügen, das kann so nicht sein...!")[130] oder dass das Bild von der Wirklichkeit durch Motive, Einstellungen, Erfahrungen und Persönlichkeitszüge des Wahrnehmenden beeinflusst wird[131]. Auch darf zur Vermeidung von Wahrnehmungsfehlern nicht unberücksichtigt bleiben, dass die Auswahl, was wahrgenommen wird, automatisch und unbewusst ablaufen kann und sich dem kontrollierten Denken entzieht.[132]

b) Fehler, die einem bei der Beurteilung eines Falles drohen, können nicht zuletzt darin bestehen, dass man sich von der Reihenfolge, in der die Vorträge zum Beleg der Bedeutung der jeweiligen Interessen von den Beteiligten erfolgen, beeinflussen lässt. So besteht die Gefahr, dass man den ersten und den letzten Schriftsätzen u. U. ein besonderes Gewicht beimisst (sog. Primacy-Effekt bzw. Recency-Effekt), weil diese besser von den anderen Informationen unterschieden werden. Erkenntnisse, die dem Primacy-Effekt bzw. dem Recency-Effekt unterliegen, wirken sich somit stärker auf die Entscheidung über die Berechtigung eines Interesses aus, weil sie kognitiv leichter verfügbar sind. Hinzu kommt, dass man zu einer Abwertung von Informationen neigt, wenn sie den Erwartungen, die man sich aufgrund früherer Informationen gebildet hat, widersprechen. Andererseits werden Argumente als bedeutsamer eingestuft, wenn sie den Eindruck verstärken, den man sich im Laufe des Verfahrens gemacht hat.[133] Nicht zu unterschätzen ist auch das Phänomen der sog. Reaktanz. Reaktanz

---

129 Im Einzelnen Effer-Uhe/Mohnert 2019, § 4.
130 Vgl. ebd., § 4 RN 144.
131 Vgl. Legewie/Ehlers 1978, S. 100; Effer-Uhe/Mohnert 2019, § 4 RN 148.
132 Vgl. Effer-Uhe/Mohnert 2019, § 4 RN 146.
133 Im Einzelnen Effer-Uhe/Mohnert 2019, § 3 RN 53f., m.w.N.

bewirkt unter anderem, dass man den Interessen einer Seite wohlwollender gegenübersteht, nachdem der andere Beteiligte wegen mangelnder Mitwirkung im Verfahren bzw. durch unzutreffende oder polemische Angaben Verärgerung ausgelöst hat.[134]

Zusammenfassung

Insgesamt lässt sich festhalten, dass sich der Rechtsordnung verhältnismäßig verlässlich entnehmen lässt, ob ein „legitimes" Interesse, zu dessen Verwirklichung personenbezogene Daten anderer Menschen genutzt werden dürfen, vorliegt. Auch gibt es zahlreiche Vorschriften, die generell und im Hinblick auf den Einzelfall eine Abwägung der Interessen der einen mit denen der anderen Seite verlangen. Die dabei maßgeblichen Abwägungskriterien wurden entweder von der Rechtsprechung entwickelt oder lassen sich der Fachliteratur entnehmen. Der verbleibende „Bewertungsfreiraum" findet seine Berechtigung in der verfassungsrechtlich geschützten Meinungsfreiheit. Die diesbezüglichen Entscheidungen sind von den Aufsichtsbehörden und den Gerichten nur eingeschränkt überprüfbar.

Literatur

Albrecht, Jan-Philipp/Janson, Nils (2016): Datenschutz und Meinungsfreiheit nach der Datenschutzgrundverordnung. In: Computer und Recht (CR) 08/2016, S. 500-509.

Assion, Simon/Hauck, Daniel (2020): Datenschutzrechtliche Zulässigkeit geschlossener Branchenpools. In: Beilage Zeitschrift für Datenschutz (ZD) 12/2020. Online: https://content.beck.de/ZD/ZD_Beilage_12-2020.pdf (letzter Zugriff: 10.08.2023).

Bock, Kirsten (2020): Beschränkt Datenschutzrecht die Vertragsgestaltungsfreiheit? In: Computer und Recht (CR) 03/2020, S. 173-178.

Boehme-Neßler, Volker (2016): Das Rating von Menschen. In: Kommunikation & Recht (K&R) 10/2016, S. 637-644.

Boehme-Neßler, Volker (2014): Das Recht auf Vergessenwerden – Ein neues Internet-Grundrecht im Europäischen Recht. In: Neue Zeitschrift für Verwaltungsrecht (NVwZ) 13/2014, S. 825-830.

Bosch, Edgar/Schmidt, Jörg/Vondung, Rolf und Ute (2012): Einführung in die Praxis des verwaltungsgerichtlichen Verfahrens. 9. Aufl. Stuttgart: Kohlhammer.

---

134 Vgl. Herkner 2008, S. 60f., m.w.N.

Bundesverfassungsgericht (2016): Wahre Tatsachenbehauptungen auf Bewertungsportal sind grundsätzlich hinzunehmen (Beschluss vom 29.06.2016, 1 BvR 3487/14). In: Kommunikation & Recht 09/2016, S. 593.

Determann, Lothar (2018): Gegen Eigentumsrechte an Daten. Warum Gedanken und andere Informationen frei sind und es bleiben sollten. In: Zeitschrift für Datenschutz (ZD) 11/2018, S. 503-508.

Durmus, Erdem (2020): Der Unterschied zwischen dem berechtigten Interesse und dem Zweck der Verarbeitung. In: DATENSCHUTZ-BERATER 01/2020, S. 12-13.

Effer-Uhe, Daniel/Mohnert, Alica (2019): Psychologie für Juristen. Baden-Baden: Nomos.

Engeler, Malte (2018): Das überschätzte Kopplungsverbot. Die Bedeutung des Art. 7 Abs. 4 DS-GVO in Vertragsverhältnissen. In: Zeitschrift für Datenschutz (ZD) 02/2028, S. 55-62.

Engling, Christoph (2020): Bundesverfassungsgericht zum Verhältnis zwischen Meinungsfreiheit und Datenschutz. In DATENSCHUTZ-BERATER 02/2020, S. 46-48.

Ernsthaler, Jürgen (2016): Industrie 4.0 und die Berechtigung an Daten. In: Neue Juristische Wochenzeitschrift (NJW) 48/2016, S. 3473-3478.

Freyler, Carmen (2020): Robot-Recruiting, Künstliche Intelligenz und das Antidiskriminierungsrecht. In: Neue Zeitschrift für Arbeitsrecht (NZA), Heft 5, S. 284-290.

Fezer, Karl-Heinz (2017): Dateneigentum der Bürger. Ein originäres Immaterialgüterrecht sui generis an verhaltensgenerierten Informationsdaten der Bürger. In: Zeitschrift für Datenschutz (ZD) 03/2017, S. 99-105.

Giesen, Thomas (2019): Totaler Datenschutz in der EU: freiheitswidrig, bürokratisch und erfolglos! In: Neue Zeitschrift für Verwaltungsrecht (NVwZ) 23/2019, S. 1711-1718.

Härting, Niko/Flisek, Christian/Thiess, Lars (2018): In: Computer und Recht (CR) 05/2018, S. 296.

Haft, Fritjof (2009): Juristische Rhetorik. 8. Aufl. Baden-Baden: Verlag Karl Alber.

Haug, Volker M. (2016): Grundwissen Internetrecht. 3. überarb. Aufl. Stuttgart: Kohlhammer.

Heinzke, Philippe/Engel, Lennart (2020): Datenverarbeitung zur Vertragserfüllung – Anforderungen und Grenzen. Reichweite des Art. 6 Abs. 1 1. Unterabs. lit. b DS-GVO. In: Zeitschrift für Datenschutz (ZD) 04/2020, S. 189-194.

Hensel, Roman (2020): Substanziierungslasten im Verwaltungsprozess. In: Neue Zeitschrift für Verwaltungsrecht (NVwZ) 22/2020, S. 1628-1633.

Herfurth, Constantin (2018): Interessenabwägung nach Art. 6 Abs. 1 lit. f DS-GVO. In: Zeitschrift für Datenschutz (ZD)11/2018, S. 514-520.

Herkner, Werner (2008): Sozialpsychologie. Bern: Huber.

Jacob, Thomas/Lau, Marcus (2015): Beurteilungsspielraum und Einschätzungsprärogative. Zulässigkeit und Grenzen administrativer Letztentscheidungsmacht am Beispiel des Naturschutz- und Wasserrechts. In: Neue Zeitschrift für Verwaltungsrecht (NVwZ) 05/2015, S. 241-248.

Jobst, Simon (2020): Konsequenzen einer unmittelbaren Grundrechtsbindung Privater. In: Neue Juristische Wochenzeitschrift (NJW) 01-02/2020, S. 11-16.

Joos, Daniel (2020): Einsatz von künstlicher Intelligenz im Personalwesen unter Beachtung der DS-GVO und des BDSG. In: Neue Zeitschrift für Arbeitsrecht (NZA), Heft 18, S. 1216-1221.

Joos, Daniel/Meding, Kristof (2020): Künstliche Intelligenz und Datenschutz im Human Resource Management. In: Computer und Recht (CR) 02/2020, S. 834.

Krämer, Walter (2018): Die Verarbeitung personenbezogener Daten durch Inkassounternehmen und Auskunfteien nach der DS-GVO. In: Neue Juristische Wochenzeitschrift (NJW) 06/2018, S. 347-352.

Kramer, Philipp (2018): Risiken für die Rechte und Freiheiten der betroffenen Person. In: Datenschutz-Berater 12/2018, S. 141.

Krings, Dennis/Ohrtmann, Jan-Peter (2019): Datenschutz-Folgenabschätzung in der Praxis. In: Datenschutzberater 09/2019, S. 193-195.

Kühling, Jürgen/Buchner, Benedikt (Hrsg.) (2019): Datenschutz-Grundverordnung, Bundes-datenschutzgesetz: DS-GVO/BDSG. 2. Aufl. München: C. H. Beck.

Kühling, Jürgen (2015): Im Dauerlicht der Öffentlichkeit – Freifahrt für personenbezogene Bewertungsportale!? In: Neue Juristische Wochenzeitschrift (NJW) 07/2015, S. 447-450.

Landgericht Frankfurt a. M. (2020): Verbreitung eines Profilbilds aus Xing. In: Zeitschrift für Datenschutz (ZD) 04/2020, S. 204-205.

Landgericht Karlsruhe (2019): Schadensersatzanspruch nach der DS-GVO. In: Zeitschrift für Datenschutz (ZD) 11/2019, S. 511-512.

Le Bon, Gustave (2009): Psychologie der Massen. Hamburg: Nikol.

Legewie, Heiner/Ehlers, Wolfram (1978): Knaurs moderne Psychologie. München/Zürich: Droemer Knaur Verlag.

Lehr, Gernot (2013): Pressefreiheit und Persönlichkeitsrechte – Ein Spannungsverhältnis für die Öffentlichkeitsarbeit der Justiz. In: Neue Juristische Wochenzeitschrift (NJW) 11/2013, S. 728-733.

Lenckner, Theodor/Eisele, Jörg (2014): StGB § 202 Verletzung des Briefgeheimnisses. In: Schönke, Adolf/Schröder, Horst (Hrsg.): Strafgesetzbuch. 29. neu bearb. Aufl. München: C.H. Beck.

Lewin, Kurt (1963): Feldtheorie in den Sozialwissenschaften. Ausgewählte theoretische Schriften. Hrsg. von Dorwin Cartwright. Bern u. a.: Hans Huber.

Markendorf, Merih (2018): Recht an Daten in der deutschen Rechtsordnung. Blockchain als Lösungsansatz für eine rechtliche Zuordnung? In: Zeitschrift für Datenschutz (ZD) 09/2018, S. 409-413.

Matejek, Michael/Mäusezahl, Steffen (2019): Gewöhnliche vs. sensible personenbezogene Daten. Abgrenzung und Verarbeitungsrahmen von Daten gem. Art. 9 DS-GVO. In: Zeitschrift für Datenschutz (ZD) 12/2019, S. 551-556.

Ohrtmann, Jan-Peter/Schwiering, Sebastian (2014): Big Data und Datenschutz – Rechtliche Herausforderungen und Lösungsansätze. In: Neue Juristische Wochenschrift (NJW) 41/2014, S. 2984-2989.

Pötters, Stephan/Traut, Johannes (2015): Bewertungsportale und Abwehrrechte Betroffener. In: Recht auf Datenverarbeitung (RDV), S. 117-124.

Pötters, Stephan/Wybitul, Tim (2014): Anforderungen des Datenschutzrechts an die Beweisführung im Zivilprozess. In: Neue Juristische Wochenschrift (NJW) 29/2014, S. 2074-2080.

Precht, Richard David (2012): Die Kunst, kein Egoist zu sein. Warum wir gerne gut sein wollen und was uns davon abhält. München: Goldmann.

Precht, Richard David (2007): Wer bin ich – und wenn ja wie viele? Eine philosophische Reise. München: Goldmann.

Robrahn, Rasmus/Bremert, Benjamin (2018): Interessenskonflikte im Datenschutzrecht. Rechtfertigung der Verarbeitung personenbezogener Daten über eine Abwägung nach Art. 6 Abs. 1 lit. f DS-GVO. In: Zeitschrift für Datenschutz (ZD) 07/2018, S. 291-297.

Roßnagel, Alexander: Der Datenschutz von Kindern in der DS-GVO. Vorschläge für die Evaluierung und Fortentwicklung. In: Zeitschrift für Datenschutz (ZD) 02/2020, S. 88-92.

Ruder, Karl-Heinz/Schmitt, Steffen (2010): Polizeirecht Baden-Württemberg, 7. Aufl. Baden-Baden: Nomos.

Sajuntz, Sascha (2012): Die Entwicklung des Presse- und Äußerungsrechts in den Jahren 2010 bis 2012. In: Neue Juristische Wochenschrift (NJW) 52/2012, S. 3761-3768.

Sajuntz, Sascha (2014): Die Entwicklung des Presse- und Äußerungsrechts in den Jahren 2012/2013. In: Neue Juristische Wochenschrift (NJW) 1-2/2014, S. 25-30.

Schmitt Glaeser, Walter (1983): Meinungsfreiheit und Ehrenschutz. In: Juristenzeitung (JZ) 38/3 (1983), S. 95-100.

Schönke, Adolf/Schröder, Horst (2014): Strafgesetzbuch. Kommentar. 29. neu bearb. Aufl. München: C H. Beck.

Schultz, Volker (2017): Substanziierungsanforderungen an den Parteivortrag in der BGH-Rechtsprechung. In: Neue Juristische Wochenschrift (NJW) 1-2/2017, S. 3761-3768.

Schulzki-Haddouti, Christiane (2014): Zügelloses Scoring. Kaum Kontrolle über Bewertung der Kreditwürdigkeit. In: c't 21/2014, S. 38-39.

Weichert, Thilo (2018): Die verfassungsrechtliche Dimension der Algorithmenkontrolle. In: Datenschutz-Nachrichten (DANA) 03/2018, S. 132-138.

Wessels, Michael (2019): Schmerzensgeld bei Verstößen gegen die DSGVO. In: Datenschutz und Datensicherheit (DuD), Vol. 43, S. 781-785.

Will, Michael (2020): Vermittelt die DS-GVO einen Anspruch auf aufsichtsbehördliches Einschreiten? (Noch) ungeklärte Fragen aus dem Alltag einer Datenschutzaufsichtsbehörde. In: Zeitschrift für Datenschutz (ZD) 02/2020, S. 97-99.

Wybitul, Tim (2020): Vermeidung von DS-GVO-Risiken nach Datenpannen und Cyberangriffen. In: Neue Juristische Wochenschrift (NJW) 36/2020, S. 2577-2582.

Wolff, Heinrich Amadeus (2017): Verhaltensregeln nach Art. 40 DS-GVO auf dem Prüfstand. In: Zeitschrift für Datenschutz (ZD) 04/2017, S. 151-154.

Walter Krämer

Zech, Herbert (2015): Daten als Wirtschaftsgut – Überlegungen zu einem „Recht des Datenerzeugers". In: Computer und Recht (CR) Bd. 31, H. 3, S. 137-145.

Synthetische KI-Lerndaten – Voraussetzungen für einen Personenbezug

Daniel Maslewski

Einleitung

Der zentrale Grundgedanke des europäischen Datenschutzrechts ist es, natürliche Personen vor einer beeinträchtigenden Datenverarbeitung zu schützen.[1] Diesen Schutz von natürlichen Personen gilt es auch bei der Verwendung und Entwicklung von KI-Modellen zu gewährleisten, da in diesem Bereich regelmäßig größere Datenmengen verarbeitet werden.[2] Die Qualität der KI-Systeme hängt dabei entscheidend von der zugrundeliegenden Datenqualität und Datenquantität ab, mithin auch von der Verwendung personenbezogener Daten.[3] Bei einer schlechten Datenqualität, welche unter anderem auch aus einer schlechten Datenquantität resultieren kann, können KI-Systeme unter Umständen fehleranfällig werden oder gar diskriminierende Muster annehmen.[4] Dies führt zu einem gewissen Spannungsverhältnis zwischen dem Datenschutz der Betroffenen auf der einen Seite und dem Interesse an einer effektiven Datennutzung für KI-Systeme auf der anderen Seite.[5] Die Schwierigkeit in der Praxis besteht vor allem darin, dieses Konfliktpotenzial zwischen „Daten-Hunger" und Datenschutz bestmöglich aufzulösen,[6] um so einen gerechten Ausgleich zwischen den Interessen herzustellen zu können. Eine Möglichkeit ist es, den Anwendungsbereich der DS-GVO durch die Verwendung von Daten ohne Personenbezug bzw. anonymisierten Daten auszuschließen, um so dieses Konfliktpotenzial grundsätzlich zu vermeiden. Nach Art. 2 Abs. 1 DS-GVO findet die DS-GVO nämlich nur dann Anwendung, wenn es um die Verarbeitung personenbezogener Daten geht. Eine Lösung hierfür

---

1 Vgl. Hornung/Spiecker gen. Döhmann,, in Simitis/Hornung/Spiecker Art. 1, Rn. 3; Datenschutzkonferenz (2018), S. 1.
2 Vgl. Valkanova 2020, S. 336, Rn. 1 f.
3 Vgl. ebd., S. 336, Rn. 2; Raji, DuD 2021, S. 304.
4 Vgl. Brink/Bäßler/Groß-Karrais 2021, S. 501, Rn. 28, ebd. S. 304.
5 Vgl. Paal 2020, S. 427 Rn. 1 f.; ebd. S. 304.
6 Vgl. ebd., S. 427, Rn. 1a f.

kann es beispielsweise sein, wenn für das Training von KI-Systemen sog. synthetische Daten verwendet werden.[7] Bei der Nutzung solcher Daten ist dann insbesondere entscheidend, unter welchen Voraussetzungen von einem fehlenden Personenbezug auch mit Blick auf Verwendung von innovativen Technologien ausgegangen werden kann und ob ein Personenbezug unter gewissen Voraussetzungen dennoch herstellbar ist.

Im Mittelpunkt des Beitrags steht daher die Frage, unter welchen Voraussetzungen synthetische KI-Lerndaten einen Personenbezug aufweisen. Zum Verständnis soll zunächst der Begriff der sog. „synthetischen Daten" näher erläutert und deren Herstellungsprozess kurz aufgezeigt werden (dazu Abschnitt „Synthetische KI-Lerndaten"). Hierauf aufbauend wird sich sodann mit dem Personenbezug bei synthetischen KI-Lerndaten beschäftigt (dazu Abschnitt „Voraussetzungen eines Personenbezugs synthetischer KI-Lerndaten"), wobei hier zunächst die allgemeinen Maßstäbe der DS-GVO zur Bestimmung des Personenbezugs herangezogen werden, um anschließend auf die synthetischen KI-Lerndaten eingehen zu können.

Synthetische KI-Lerndaten

Beim maschinellen Lernen, einem Teilgebiet der KI,[8] wird in der Regel eine große Menge an (personenbezogenen) Daten benötigt.[9] Hierfür werden sog. Trainingsdaten verwendet.[10] Darunter sind Daten zu verstehen, anhand derer die KI-Modelle trainiert werden.[11] Damit für den KI-Lernprozess ausreichend Daten zur Verfügung stehen, welche zur Entwicklung und Validierung von KI-Modellen benötigt werden, und gleichzeitig die datenschutzrechtlichen Interessen von natürlichen Personen hinreichend gewahrt werden, können sog. „synthetische Daten" verwendet werden.[12] Hierunter sind anonymisierte Datensätze zu verstehen, die möglichst nah an die Originaldaten herankommen, ohne dass dabei grundsätzlich eine Re-Identifizierung möglich ist, mithin kein Personenbezug besteht.[13] Bei synthetischen Daten handelt es sich dementsprechend um eine Art von Er-

---

7 Vgl. Raji, DuD 2021, S. 305; Schild, in BeckOK Datenschutzrecht, Art. 4, Rn. 27b.
8 Vgl. Kaulartz 2020, S. 462 Rn. 1.
9 Vgl. Niemann/Kevekordes 2020a, S. 18; Meyer, ZRP 2018, S. 233.
10 Vgl. Kaulartz 2020, S. 34 Rn. 11.
11 Vgl. ebd.
12 Vgl. Raji, DuD 2021, S. 305; Schild, in BeckOK Datenschutzrecht, Art. 4 Rn. 27b.
13 Vgl. Paal 2020, S. 439, Rn. 28; Schild, in BeckOK Datenschutzrecht, Art. 4, Rn. 27b.

satzdaten.[14] Zur Herstellung von synthetischen Daten gibt es eine Vielzahl möglicher Verfahren.[15] Beispielsweise können hierfür Generative Adversial Networks (GAN) verwendet werden, bei denen die Daten durch zwei konkurrierende neuronale Netzwerke – einem Diskriminator und einem Generator – erzeugt werden.[16] Da die beiden konkurrierenden Netzwerke in der Regel den gleichen Datensatz verwenden, wird grundsätzlich nur ein verhältnismäßig kleiner Datenpool an personenbezogenen Daten für die Generierung der neuen synthetischen Daten benötigt.[17] Ein wesentlicher Vorteil bei der Verwendung synthetischer Daten ist es insoweit, dass diese wegen ihres grundsätzlich fehlenden Personenbezugs in den Trainingsphasen beliebig verwendet oder produziert werden können und sie aufgrund ihrer Nähe zu den Originaldatensätzen für KI-Lernprozesse besonders geeignet sind.[18]

Voraussetzungen eines Personenbezugs synthetischer KI-Lerndaten

Es kann allerdings sein, dass synthetische KI-Lerndaten unter gewissen Umständen dennoch einen Personenbezug aufweisen.[19] Unter welchen Voraussetzungen ein Personenbezug vorliegt, die natürlichen Personen also identifiziert oder identifizierbar sind, steht in unmittelbarem Zusammenhang mit der Frage, ob es sich bei den Lerndaten um anonyme Informationen handelt.[20] Nach dem EwGr. 26 S. 5 gelten die Grundsätze des Datenschutzes nicht für anonyme Informationen, konkret also für Informationen, die sich nicht auf eine identifizierte oder identifizierbare natürliche Person beziehen, oder solche personenbezogenen Daten, die in einer Weise anonymisiert worden sind, dass die betroffene Person nicht oder nicht mehr identifiziert werden kann. Demzufolge hängt der rechtliche Status von synthetischen Daten entscheidend von dem Vorliegen eines Personenbezugs ab.[21] Die DS-GVO enthält allerdings keine speziellen Vorschriften

---

14 Vgl. Meents 2020, S. 457, Rn. 47.
15 Vgl. Drechler/Jentzsch 2018, S. 11.
16 Vgl. hierzu ausführlich Meents 2020, S. 457, Rn. 47; Raji, DuD 2021, S. 305.
17 Vgl. Meents 2020, S. 457, Rn. 47.
18 Vgl. Datenethikkommission 2019, S. 132; Raji, DuD 2021, S. 305 f.
19 Vgl. Paal 2020, S. 439, Rn. 28
20 Vgl. ebd. S. 439, Rn. 28; Raji, DuD 2021, S. 306; Schild, in BeckOK Datenschutzrecht, Art. 4, Rn. 27c.
21 Vgl. Drechsler/Jentzsch 2018, S. 19.

für KI-Sachverhalte, weshalb sich die Bestimmung des Personenbezugs nach den allgemeinen Vorschriften der Verordnung richtet, die im Wege der Auslegung anzuwenden sind.[22] Es kommt somit letztlich auf die DS-GVO an, welche konkreten Anforderungen an einen Personenbezug zu stellen sind, wobei hierfür insbesondere die Begriffsbestimmung der personenbezogenen Daten aus Art. 4 Nr. 1 DS-GVO heranzuziehen ist.

Anforderungen der DS-GVO an einen Personenbezug

Als personenbezogene Daten im Sinne des Art. 4 Nr. 1 DS-GVO sind alle Informationen zu verstehen, die sich auf eine identifizierte oder identifizierbare natürliche Person beziehen (sog. betroffene Person). Voraussetzung ist somit neben dem Vorliegen von Informationen über eine natürliche Person insbesondere, dass es sich um eine konkret bestimmbare Person handelt.

1. *Informationen über natürliche Personen*

Die Begriffsbestimmung des personenbezogenen Datums in Art. 4 Nr. 1 DS-GVO ist sehr weit zu verstehen, sodass grundsätzlich sämtliche Informationen umfasst sind, die eine natürliche Person betreffen.[23] Insofern gibt es auch bei der automatisierten Verarbeitung kein belangloses Datum.[24] Bereits aus dem Wortlaut der Norm ergibt sich, dass es sich um Informationen über eine natürliche Personen handeln muss, mit der Folge, dass Informationen über juristische Personen in der Regel nicht erfasst werden.[25] Unter Umständen kann jedoch auch bei juristischen Personen ein Personenbezug bestehen. Dies kann insbesondere dann der Fall sein, wenn aufgrund ihrer tatsächlichen Ausgestaltung (z. B. als Ein-Mann-GmbH) Rückschlüsse auf die hinter der Gesellschaft stehende natürliche Person möglich sind.[26]

---

22 Vgl. Niemann/Kevekordes 2020b, S. 184; Paal 2020, S. 427, Rn. 1f.
23 Vgl. Arning/Rothkegel, in Taeger/Gabel, Art. 4, Rn. 5; Klar/Kühling, in Kühling/Buchner, Art. 4, Nr. 1, Rn. 8.
24 Vgl. BVerfG, 15.2.1983, 1 BvR 209/83 – NJW 1984, S. 422.
25 Vgl. Arning/Rothkegel, in Taeger/Gabel, Art. 4, Rn. 16.
26 Vgl. ebd., Art. 4, Rn. 17.

2. Bestimmbarkeit der betroffenen Person

Eine wesentliche Voraussetzung für einen Personenbezug ist, dass die natürliche Person bestimmbar und damit identifiziert oder identifizierbar ist.

a) *Identifizierte Person*
Als identifiziert gilt eine natürliche Person, wenn sich ihre Identität unmittelbar aus der Information ergibt.[27] Die Information muss sich also einer Person objektiv eindeutig zuordnen lassen,[28] sodass sich diese von einer Personengruppe abgrenzbar hervorhebt.[29] Ein Beispiel hierfür ist ein aussagekräftiger Name einer Person, der eine Wiedererkennung der Person ermöglicht und sich somit von anderen Namen klar abgrenzt.[30] Die Frage nach der Identifizierbarkeit einer Person wird dabei allerdings stets von den jeweiligen Umständen abhängen und muss daher im konkreten Einzelfalls beurteilt werden.[31]

b) *Identifizierbare Person*
Wesentlich schwieriger wird sich hingegen regelmäßig die Beantwortung der Frage gestalten, wann eine Person identifizierbar ist. Von einer Identifizierbarkeit ist grundsätzlich auszugehen, wenn eine Information über eine natürliche Person für sich alleine genommen zur Identifizierung noch nicht ausreicht, sondern Rückschlüsse auf sie erst durch weitere zusätzliche Informationen möglich sind.[32] In Art. 4 Nr. 1 Hs. 2 DS-GVO werden als solche zusätzlichen Informationen beispielhaft die Zuordnung zu einer Kennung oder zu weiteren besonderen Merkmalen genannt.[33] Bei der Prüfung, ob eine natürliche Person identifizierbar ist, sind gemäß des EwGr. 26 S. 3 sämtliche Mittel zu berücksichtigen, die von dem Verantwortlichen oder einer anderen Person nach allgemeinem Ermessen wahrscheinlich genutzt werden, um die natürliche Person direkt oder indirekt zu identifizieren. Nach dem EwGr. 26

---

[27] Vgl. EuGH, 19.10.2016, C-582/14 – ZD 2017, S. 25; Arning/Rothkegel, in Taeger/Gabel, Art. 4, Rn. 24; Borges, in BeckOK IT-Recht, Art. 4, Rn. 10; Karg, in Simitris/Hornung/Spiecker, Art. 4, Nr. 1, Rn. 54; Klar/Kühling, in Kühling/Buchner, Art. 4, Nr. 1, Rn. 18.
[28] Vgl. Karg, in Simitris/Hornung/Spiecker, Art. 4, Nr. 1, Rn. 54.
[29] Vgl. Arning/Rothkegel, in Taeger/Gabel, Art. 4, Rn. 24.
[30] Vgl. ebd.
[31] Vgl. ebd. Art. 4, Rn. 25; Karg, in Smitris/Hornung/Spiecker, Art. 4 Nr.1, 54.
[32] Vgl. Klar/Kühling, in Kühling/Buchner, Art. 4, Nr. 1, Rn. 19.
[33] Vgl. Arning/Rothkegel, in Taeger/Gabel, Art. 4, Rn. 30; Borges, in BeckOK IT-Recht, Art. 4, Rn. 12.

S. 4 sind bei der Feststellung, dass die Mittel nach „allgemeinem Ermessen wahrscheinlich" genutzt werden, insbesondere auch objektive Faktoren zu berücksichtigen, wie etwa die Kosten der Identifizierung sowie der dafür erforderliche Zeitaufwand. Daneben sind die zum Zeitpunkt der Verarbeitung verfügbare Technologie und technologische Entwicklungen zu berücksichtigen. Der Personenbezug ist damit mittels einer Risikoanalyse hinsichtlich der Identifizierungswahrscheinlichkeit festzustellen.[34] Auf wessen Wissen und Mittel es bei Beurteilung der Identifizierbarkeit ankommt und welche konkreten Anforderungen an die erforderlichen Zusatzinformationen zu stellen sind, ist jedoch umstritten.[35] Hierzu haben sich verschiedene Ansätze herausgebildet.

– *Objektiver Ansatz*
Nach dem objektiven Ansatz sind zur Beurteilung der Identifizierbarkeit sämtliche Informationen und Mittel zu berücksichtigen, die irgendeine Person oder Stelle hat.[36] Erfasst werden sollen zudem auch rechtswidrige Zugriffe auf die Datensätze der verantwortlichen Stelle.[37] Das bedeutet, dass die Personenbezogenheit dadurch grundsätzlich für jedes Datum rein objektiv feststellbar ist.[38] Für diesen Ansatz spreche insbesondere der Umstand, dass die Verordnung unter Heranziehung des EwGr. 26 von einem weiten und damit absoluten Verständnis ausgehe.[39] Insoweit wird sich auf dessen Wortlaut gestützt, wonach „[...] alle Mittel berücksichtigt werden, die von dem Verantwortlichen oder einer anderen Person nach allgemeinem Ermessen wahrscheinlich genutzt werden [...]"[40].

– *Subjektiver Ansatz*
Nach dem subjektiven Ansatz hingegen kommt es bei der Beurteilung der Identifizierbarkeit nur auf die Sphäre und die Mittel der verantwortlichen Stelle an und dementsprechend darauf, ob diese die natürliche Person unter einem vertretbaren Aufwand identifizieren

---

34 Vgl. Klar/Kühling, in Kühling/Buchner, Art. 4, Nr. 1, Rn. 22.
35 Vgl. Arning/Rothkegel, in Taeger/Gabel, Art. 4, Rn. 33; Bergt, ZD 2015, S. 365; Borges, in BeckOK IT-Recht, Art. 4, Rn. 14.
36 Vgl. Breyer, ZD 2014, S. 404 f.; Buchner, DuD 2016, S. 156.; Düsseldorfer Kreis 2014, S. 12.
37 Vgl. Arning/Rothkegel, in Taeger/Gabel, Art. 4, Rn. 33; Auer-Reinsdorff/Conrad, in Auer-Reinsdorff/Conrad, § 34, Rn. 95; Brink/Eckhardt, ZD 2015, S. 206.
38 Vgl. Brink/Eckhardt, ZD 2015, S. 206.
39 Vgl. Buchner, DuD 2016, S. 156.
40 Vgl. ebd.

kann.⁴¹ Dies ergebe sich bereits aus dem EwGr. 30, welcher die Möglichkeit aufzeige, dass IP-Adressen „in Kombination mit einer eindeutigen Kennung" eine natürliche Person identifizieren könne und damit im Ergebnis als personenbezogene Daten zu klassifizieren seien, ohne dass hiervon trotz Zuordnungsmöglichkeit des Accessproviders stets ausgegangen werde.⁴² Darüber hinaus spreche für ein relatives Verständnis, dass der EwGr. 26 S. 3 eine nach „allgemeinen Ermessen wahrscheinliche" Nutzung verlange, welche nur dann anzunehmen sei, wenn eine dritte Person beispielsweise infolge einer Übermittlung der Daten durch die verantwortliche Stelle in Kontakt mit den Informationen komme.⁴³ Es bedürfe somit eines konkreten Bezuges zum Verantwortlichen.⁴⁴

– *Breyer-Urteil des EuGH*
Auch der EuGH hat sich bereits in einem Vorabentscheidungsverfahren zur Datenschutz-Richtlinie⁴⁵ mit den Anforderungen an einen Personenbezug auseinandergesetzt. Darin hatte der Gerichtshof zu entscheiden, ob und inwieweit eine dynamische IP-Adresse für einen Anbieter von Online-Mediendiensten ein personenbezogenes Datum darstellt.⁴⁶ Nach Auffassung des Gerichtshofs liegt für den Anbieter ein personenbezogenes Datum vor, wenn er über rechtliche Mittel verfügt, mithilfe deren er auf Zusatzinformationen des Internetzugangsanbieters zugreifen kann, um so die betreffende Person identifizieren zu können.⁴⁷ Mit seiner Breyer-Entscheidung hat sich der Gerichtshof insoweit an einem subjektiven Ansatz orientiert, wobei er in seiner Urteilsbegründung gleichzeitig klargestellt hat, dass der Wortlaut des EwGr. 26 ein Indiz dafür darstelle, dass es nicht erfor-

---

41 Vgl. OLG Hamburg, MMR 2011, S. 282; Redeker, in IT-Recht, Rn. 1012; Schmitz, in Spindler/Schmitz, § 13, Rn. 13; Schulz, in Roßnagel, § 11 TMG, Rn. 23; Schulz, in Gola/Heckmann, § 46, Rn. 15. Ähnlich Klar/Kühling, in Kühling/Buchner, Art. 4, Nr. 1, Rn. 26.
42 Vgl. Schulz, in Gola/Heckmann, § 46, Rn. 15.
43 Vgl. Klar/Kühling, in Kühling/Buchner, Art. 4, Nr. 1, Rn. 26.
44 Vgl. ebd.
45 Vgl. Richtlinie 95/46/EG des Europäischen Parlaments und Rates vom 24. Oktober 1995 zum Schutz natürlicher Personen bei der Verarbeitung personenbezogener Daten zum freien Datenverkehr. Am 25. Mai 2018 mit Wirksamkeit der DS-GVO außer Kraft getreten.
46 Vgl. EuGH, 19.10.2016, C-582/14 – MMR 2016, S. 842.
47 Vgl. ebd. S. 844.

derlich sei, wenn sich die zur Identifikation erforderlichen Informationen ausschließlich bei einer Stelle befinden.[48]
- *Vermittelnder Ansatz*
Auf Grundlage der Rechtsprechung des EuGH hat sich inzwischen ein weiterer vermittelnder Ansatz herausgebildet, bei welchem zur Bestimmung der Identifizierbarkeit sowohl subjektive als auch objektive Elemente einen entsprechenden Niederschlag finden.[49] Danach muss der Verantwortliche sich auch das Zusatzwissen Dritter zurechnen lassen, wenn er über Mittel verfügt, um dieses Zusatzwissen nutzen zu können und eine solche Nutzung zugleich wahrscheinlich ist.[50] Für diesen Ansatz spreche zum einen der EwGr. 26 S. 3, der hinsichtlich der Identifizierbarkeit einer Person nicht nur auf Mittel des Verantwortlichen abstelle, sondern explizit auch Mittel anderer Personen einbeziehe, sofern eine Verwendung dieser Mitteln nach allgemeinem Ermessen wahrscheinlich sei.[51] Zum anderen lege der EwGr. 30 auch den Schluss nahe, dass Online-Kennungen mit entsprechendem Zusatzwissen eine Identifizierung eben nur erlauben können.[52] Im Übrigen müsse eine teleologische Auslegung erfolgen, da andernfalls eine Anonymisierung, also die Aufhebung des Personenbezugs[53], für den Verantwortlichen faktisch nicht möglich sei.[54] Zur Feststellung, ob eine Person identifizierbar ist, sind bei dem erforderlichen Zusatzwissen Dritter neben den faktischen Mitteln darüber hinaus auch die rechtlichen Mittel einzubeziehen.[55] Bei der Nutzung von rechtlichen Mittel soll dann auf den konkreten Einzelfall unter Beachtung der tatsächlichen Nutzungswahrschein-

---

48 Vgl. ebd. S. 843.
49 Vgl. Arning/Rothkegel, in Taeger/Gabel, Art. 4, Rn. 35; Gola, in Gola, Art. 4, Rn. 18; Schantz, in Schantz/Wolff, Rn. 279. Ähnlich Brink/Eckhardt 2015, S. 205, 210 f.; Klar/Kühling, in Kühling/Buchner, Art. 4, Nr. 1, Rn. 26.
50 Vgl. Arning/Rothkegel, in Taeger/Gabel, Art. 4, Rn. 35; Brink/Eckhardt, ZD 2015, S. 210 f.
51 Vgl. Arning/Rothkegel, in Taeger/Gabel, Art. 4, Rn. 35; Brink/Eckhardt, ZD 2015, S. 209.
52 Vgl. ebd.
53 Vgl. Schild, in BeckOK Datenschutzrecht, Art. 4, Rn. 15f.
54 Vgl. Arning/Rothkegel, in Taeger/Gabel, Art. 4, Rn. 35.
55 Vgl. EuGH, 19.10.2016, C-582/14 – MMR 2016, S. 843f.; Arning/Rothkegel, in Taeger/Gabel, Art. 4, Rn.37; Borges, in BeckOK IT-Recht, Art. 4, Rn. 18.

lichkeit abgestellt werden.[56] Auch sind hierbei nach dem EwGr. 26 S. 4 die zum Verarbeitungszeitpunkt maßgebliche Technologie sowie technischen Fortschritte einzubeziehen, was unter Umständen die Gefahr einer nachträglichen Re-Identifizierbarkeit nach sich ziehen kann.[57] Auf Grundlage des EwGr. 26 S. 4, welcher bei der Wahrscheinlichkeit einer Nutzung der Mittel alle objektiven Faktoren einbezieht, soll nach überwiegender Auffassung zugleich auch der Einsatz illegaler Mittel zur Identifizierung berücksichtigt werden.[58]

– *Ergebnis*

Mit Blick auf das Breyer-Urteil des EuGH vermag der vermittelnde Ansatz zu überzeugen, da hierbei sowohl Elemente des subjektiven als auch des objektiven Ansatzes berücksichtigt werden. Bei der Feststellung des Personenbezugs sind demzufolge alle Informationen zu berücksichtigen, die mit vernünftigen (rechtlichen) Mitteln erlangt werden können, wobei nach dem EwGr. 26 S. 4 die zum Verarbeitungszeitpunkt maßgebliche Technologie sowie technische Fortschritte einzubeziehen sind.

Der objektive und der subjektive Ansatz lassen aufgrund ihrer extremen Positionen für sich gesehen wesentliche Aspekte ungeachtet. So würde eine strikte Anwendung des subjektiven Ansatzes dem Wortlaut des EwGr. 26 S. 3 zuwiderlaufen, da dieser ausdrücklich bei den zu berücksichtigen Mitteln „von dem Verantwortlichen oder einer anderen Person" spricht. Der Verordnungsgeber hat damit explizit neben dem Verantwortlichen weitere Personen in seiner Formulierung aufgenommen, sodass eine andere Auffassung nur schwer zu überzeugen vermag. Aber auch der objektive Ansatz verkennt, dass es nach dem EwGr. 26 S. 3 gerade der Wahrscheinlichkeit einer Nutzung der Mittel bedarf, was zumindest bei einem Abstellen auf irgendeine beliebige Person nur schwer zu begründen sein wird. Für einen vermittelnden Ansatz spricht hingegen insbesondere der Sinn und Zweck der DS-GVO, wonach der Schutz von natürlichen Personen bei der Verarbeitung personenbezogener Daten im Vorder-

---

56 Vgl. Arning/Rothkegel, in Taeger/Gabel, Art. 4, Rn. 3; Borges, in BeckOK IT-Recht, Art. 4, Rn. 19.
57 Vgl. Borges, in BeckOK IT-Recht, Art. 4, Rn. 21.
58 Vgl. Borges, in BeckOK IT-Recht, Art. 4, Rn. 20; Ernst, in Paal/Pauly, Art. 4, Rn. 13; Klabunde, in Ehmann/Selmayr, Art. 4, Rn. 17; Klar/Kühling, in Kühling/Buchner, Art. 4, Nr. 1, Rn. 29. Andere Ansicht: Karg, in Simitis/Hornung/Spiecker, Art. 4, Rn. 64.

grund steht, vgl. Art. 1 Abs. 1 DS-GVO. Für einen effektiven Schutz Betroffener vor einer beeinträchtigenden Datenverarbeitung wird es in der Regel nicht ausreichen, wenn ausschließlich auf das Wissen und die Mittel des Verantwortlichen abgestellt wird. Es bedarf vielmehr zusätzlich auch einer Berücksichtigung der Umstände außerhalb der Sphäre des Verantwortlichen, da vor allem durch die stetig voranschreitende Digitalisierung sowie die Entwicklung neuer Technologien die Möglichkeiten für einen Rückgriff auf das Zusatzwissen Dritter steigen, was zugleich die Identifizierungswahrscheinlichkeit erhöht. Dies ist bei der Auslegung entsprechend zu berücksichtigen. Gleichzeitig darf ein zu weites Verständnis des Personenbezugs jedoch nicht dazu führen, dass Informationen generell als personenbezogen zu werten sind, was einen Ausschluss des Anwendungsbereichs faktisch unmöglich machen würde.

Überzeugend ist insoweit ein Mittelweg, mit welchem versucht wird, die Schutzinteressen der Betroffenen und die Interessen der Verantwortlichen an der Nutzung der Daten unter Berücksichtigung der datenschutzrechtlichen Vorgaben bestmöglich in Ausgleich zu bringen.

Herstellung eines Personenbezugs durch Re-Identifizierung

Das dargelegte Verständnis zur Identifizierbarkeit ist auch bei der Beantwortung der Frage, unter welchen Voraussetzungen synthetische KI-Lerndaten einen Personenbezug aufweisen können, zugrunde zu legen. Bei der Risikoanalyse hinsichtlich der Identifizierungswahrscheinlichkeit sind somit alle Informationen zu berücksichtigen, die mit vernünftigen (rechtlichen) Mitteln erlangt werden können, wobei nach EwGr. 26 S. 4 auch die zum Zeitpunkt der Verarbeitung verfügbare Technologie und technologische Entwicklungen eine wesentliche Rolle spielen.

Die Gefahr einer Re-Identifikation bei synthetischen KI-Lerndaten kann daher vor allem aufgrund der wachsenden Informationsmenge und der stetigen Weiterentwicklung neuer leistungsfähiger KI-Modelle nicht generell ausgeschlossen werden.[59] Obwohl synthetische KI-Lerndaten in der Regel zunächst keinen Personenbezug aufweisen, kann wegen ihrer Nähe zu den Originaldatensätzen unter Umständen die Gefahr bestehen, dass

---

59 Vgl. Hornung/Wagner, CR 2019, S. 568; Niemann/Kevekordes, CR 2020a, S. 20.

eine Re-Identifizierung der Datensubjekte, welche zur Herstellung der synthetischen Daten verwendet wurden, möglich ist und eine Gewährleistung der Anonymität infrage stellt.[60] Entscheidend für die Wahrscheinlichkeit einer Re-Identifizierung ist daneben auch die Wahl des Verfahrens zur Gewinnung synthetischer Daten.[61] So kann bei teilweise synthetisierten Daten das Risiko einer Re-Identifizierung größer sein als bei einer vollständigen Synthetisierung der Datensätze, da bei einer teilweisen Synthetisierung ein Teil der Daten gerade nicht verändert wird und das Individuum bereits im originalen Datenpool vorhanden war.[62] Auch eine Zusammenführung zweier Datensätze kann das Risiko einer Re-Identifikation steigern.[63] Es wird dementsprechend bei der Beurteilung eines Personenbezugs für Verantwortliche vor allem darauf ankommen, inwieweit eine Re-Identifikation synthetischer Daten unter Hinzuziehung der derzeit zur Verfügung stehenden innovativen Mittel möglich ist, was letztlich im Einzelfall festgestellt und regelmäßig an den aktuellen Stand der Technik angepasst werden muss.

Es können allerdings auch Maßnahmen ergriffen werden, um einer Identifizierungswahrscheinlichkeit zu entgegnen. Ein präventiv technischer Ansatz kann es beispielsweise sein, Datensätze vor neuen Zusatzinformationen abzuschotten, um dadurch so das Risiko der Identifizierbarkeit zu vermindern.[64] Aber auch eine regelmäßige Analyse von Angriffsszenarien auf Datensätze sowie eine Weiterentwicklungen im Bereich von De-Anonymisierungstechniken zählen zu den technischen Ansätzen.[65] Daneben werden zudem präventive rechtliche Maßnahmen diskutiert, wie etwa eine Selbstverpflichtung Verantwortlicher anonymisierte Daten nicht zu re-identifizieren.[66] Ein weiterer Vorschlag ist es, durch den Europäischen Datenschutzausschuss oder durch die Schaffung von Codes of Conduct Konkretisierungen der DS-GVO in diesem Bereich vorzunehmen.[67]

---

60 Vgl. Datenethikkommission 2019, S. 132; Paal 2020, S. 439, Rn. 28; Raji, DuD 2021, S. 306.
61 Vgl. Drechsler/Jentzsch 2018, S. 10.
62 Vgl. ebd.
63 Vgl. ebd., S. 19f.; Hornung/Wagner, CR 2019, S. 568.
64 Vgl. ebd. S. 571
65 Vgl. Hornung/Wagner, CR 2019, S. 571.
66 Vgl. Hornung/Wagner, CR 2019, S. 573.
67 Vgl. ebd. S. 573.

Daniel Maslewski

Fazit

Mit voranschreitendem technologischen Fortschritt wird auch bei der Entwicklung und Verbesserung von KI-Modellen voraussichtlich der Bedarf an (personenbezogenen) Daten zunehmen. Zur Steigerung des Schutzes Betroffener vor einer beeinträchtigenden Datenverarbeitung können allerdings synthetische KI-Lerndaten eine sinnvolle Alternative darstellen. Die Voraussetzungen, unter denen synthetische KI-Lerndaten einen Personenbezug aufweisen können, richten sich in Ermangelung anderer gesetzlicher Regelungen nach den Grundsätzen und Vorschriften der DS-GVO. Es kommt also vor allem darauf an, wie der Begriff des personenbezogenen Datums ausgelegt und verstanden wird. Unter Zugrundlegung des vermittelnden Ansatzes wird die Identifizierbarkeit von natürlichen Personen und damit die Herstellung eines Personenbezugs derzeit grundsätzlich weit verstanden. Dieses Verständnis gilt es auch bei der Prüfung zu Grunde zu legen, ob synthetische KI-Lerndaten einen Personenbezug aufweisen. Wesentlich ist daher, dass bei der vorzunehmenden Risikoanalyse hinsichtlich der Identifizierungswahrscheinlichkeit alle Informationen berücksichtigt werden, die mit vernünftigen (rechtlichen) Mitteln erlangt werden können. Hierbei müssen als Mittel insbesondere auch die technologischen Entwicklungen (z. B. im Bereich der Künstlichen Intelligenz) berücksichtigt werden, was dazu führt, dass die Wahrscheinlichkeit einer Re-Identifizierung nicht generell ausgeschlossen werden kann und die Identifizierungsgefahr mit zunehmendem technologischen Fortschritt in der Regel steigen kann. Es bedarf somit im konkreten Einzelfall einer Wahrscheinlichkeitsprüfung, ob und inwieweit die Möglichkeit einer Re-Identifizierung tatsächlich besteht und ob dadurch synthetische KI-Lerndaten einen Personenbezug aufweisen.

Literatur

Auer-Reinsdorff, Astrid/Conrad, Isabell (Hrsg.) (2019): Handbuch IT- und Datenschutzrecht. München: C. H. Beck.
Brink, Stefan/Wolff, Heinrich Amadeus (Hrsg.) (2022): Beck'scher Online-Kommentar Datenschutzrecht. München: C. H. Beck.
Brink, Stefan/Eckhardt, Jens (2015): Wann ist ein Datum ein personenbezogenes Datum? – Anwendungsbereich des Datenschutzrechts. In: Zeitschrift für Datenschutz 1/2015, S. 205-212.

Borges, Georg/Hilber, Marc (Hrsg.) (2022): Beck'scher Online-Kommentar IT-Recht. München: C. H. Beck.

Bergt, Matthias (2015): Die Bestimmbarkeit als Grundproblem des Datenschutzrechts – Überblick über den Theorienstreit und Lösungsvorschlag. In: Zeitschrift für Datenschutz Ausgabe Nr.8/2015, S. 365-371.

Breyer, Patrick (2014): Personenbezug von IP-Adressen – Internetzugang und Datenschutz. In: Zeitschrift für Datenschutz 8/2014, S. 400-405.

Buchner, Benedikt (2016): Grundsätze und Rechtmäßigkeit der Datenverarbeitung unter der DS-GVO. In: Datenschutz und Datensicherheit – DuD, Nr. 40, S. 155-161.

Datenethikkommission der Bundesregierung (2019): Gutachten der Datenethikkommssion. Online: https://www.bundesregierung.de/breg-de/service/publikationen/gutachten-der-datenethikkommission-langfassung-1685238 (letzter Zugriff: 30.1.2023).

Datenschutzkonferenz (2018): Kurzpapier Nr. 18: Risiko für die Rechte und Freiheiten natürlicher Personen. Online: https://www.datenschutzkonferenz-online.de/media/kp/dsk_kpnr_18.pdf (letzter Zugriff: 05.06.2023).

Drechsler, Jörg/Jentzsch, Nicola (2018): Synthetische Daten, Innovationspotenzial und gesellschaftliche Herausforderungen, Stiftung Neue Verantwortung 2018. Online: https://www.stiftung-nv.de/sites/default/files/synthetische_daten.pdf (letzter Zugriff: 31.01.2023).

Düsseldorfer Kreis (2014): Orientierungshilfe – Cloud Computing. Online: https://www.datenschutzkonferenz-online.de/media/oh/20141009_oh_cloud_computing.pdf (letzter Zugriff: 05.06.2023).

Ehmann, Eugen/Selmayr, Martin (Hrsg.) (2018): DS-GVO – Datenschutz-Grundverordnung Kommentar. München: C. H. Beck.

Gola, Peter/Heckmann, Dirk (Hrsg.) (2019): Bundesdatenschutzgesetz Kommentar. München: C. H. Beck.

Hornung, Gerrit/Wagner, Bernd (2019): Der schleichende Personenbezug – Die Zwickmühle der Re-Identifizierbarkeit in Zeiten von Big Data und Ubiquitous Computing. In: Computer und Recht, Nr. 9/2019, S. 565-574.

Kaulartz, Markus (2020): Personenbezug von KI-Modellen. In: Kaulartz, Markus/Braegelmann, Tom (Hrsg.): Rechtshandbuch Artificial Intelligence und Machine Learning. München: C. H. Beck, S. 464-477.

Kaulartz, Markus (2020): Trainieren von Machine-Learning-Modellen. In: Kaulartz, Markus/Braegelmann, Tom (Hrsg.): Rechtshandbuch Artificial Intelligence und Machine Learning. München: C. H. Beck, S.32-36.

Kühling, Jürgen/Buchner, Benedikt (Hrsg.) (2020): Datenschutz-Grundverordnung. München: C. H. Beck.

Meents, Jan Geert (2020): Datenschutz durch KI. In: Kaulartz, Markus/Braegelmann, Tom (Hrsg.): Rechtshandbuch Artificial Intelligence und Machine Learning. München: C. H. Beck, S. 445-461.

Meyer, Stephan (2018): Künstliche Intelligenz und die Rolle des Rechts für Innovation. In: Zeitschrift für Rechtspolitik, S. 233-238.

Niemann, Fabian/Kevekordes, Fabian (2020a): Machine Learning und Datenschutz (Teil 1). In: Computer und Recht, Band 36, H. 1/2020, S. 17-25.

Niemann, Fabian/Kevekordes, Fabian (2020b): Machine Learning und Datenschutz (Teil 2). In: Computer und Recht, Band 36, H. 3, S. 179-184.

Paal, Boris (2020): Spannungsverhältnis von KI und Datenschutzrecht. In: Kaulartz, Markus/Braegelmann, Tom (Hrsg.): Rechtshandbuch Artificial Intelligence und Machine Learning. München: C. H. Beck, S. 427-444.

Raji, Behrang (2021): Rechtliche Bewertung synthetischer Daten für KI-Systeme. In: Datenschutz und Datensicherheit – DuD, Nr. 45, S. 303-309.

Roßnagel, Alexander (Hrsg.) (2013): Beck'scher Kommentar zum Recht der Telemediendienste. München: C. H. Beck.

Redeker, Helmut (2020): IT-Recht. München: C. H. Beck.

Schantz, Peter/Wolff, Heinrich Amadeus (2017): Das neue Datenschutzrecht, Datenschutz-Grundverordnung und Bundesdatenschutzgesetz in der Praxis. München: C. H. Beck.

Simitris, Spiros/Hornung, Gerrit/Spiecker gen. Döhmann, Indra (Hrsg.) (2021): Datenschutzrecht, DSGVO mit BDSG. München: C. H. Beck.

Spindler, Gerald/Schmitz, Peter/Liesching, Marc (2018): Telemediengesetz mit Netzwerkdurchsetzungsgesetz Kommentar. München: C. H. Beck.

Taeger, Jürgen/Gabel, Detlev (Hrsg.) (2022): Kommentar DSGVO – BDSG – TTDSG, Frankfurt am Main: Deutscher Fachverlag GmbH.

Valkanova, Monika (2020): Trainieren von KI-Modellen. In: Kaulartz, Markus/Braegelmann, Tom (Hrsg.): Rechtshandbuch Artificial Intelligence und Machine Learning. München: C. H. Beck, S. 336-351.

Das Fediverse: Social Media im Wandel

Mike Kuketz

Das Fediverse ist ein Netzwerk aus Plattformen, die wie bekannte Social Media-Dienste funktionieren, aber allen gehören. Angesichts der Monopolposition und kommerziellen Ausrichtung von Plattformen wie Twitter, Facebook, YouTube und Co. wirkt ein Netzwerk, das den Anspruch hat, „allen zu gehören", befremdlich – wie aus einer anderen Welt. Und so ähnlich kann man sich das Fediverse tatsächlich auch vorstellen. Es ist ein „vereinigtes Universum", in dem föderierte, voneinander unabhängige soziale Netzwerke, Microblogging-Dienste und Webseiten ein gemeinsames Netzwerk bilden, das die Freiheit, Autonomie und Inhalte der Nutzer_innen in den Vordergrund stellt. Der vorliegende Beitrag will unter anderem das Konzept und die Vielfalt des Fediverse beleuchten und aufzeigen, wie sich das Fediverse von kommerziell ausgerichteten Social Media-Plattformen unterscheidet. Bringt das Fediverse womöglich das Potenzial mit, die Welt der sozialen Medien nachhaltig zu verändern?

Im Kern adressiert Social Media ein Grundbedürfnis des Menschen, sein Wissen, Meinungen und allgemein Informationen mit anderen zu teilen bzw. miteinander zu kommunizieren. Hierbei lassen sich Soziale Medien in sechs unterschiedliche Gruppen bzw. Vertreter einteilen: Blogs und Microblogs (bspw. Twitter), Content Communities (bspw. YouTube), soziale Netzwerke (bspw. Facebook), Kollektivprojekte (bspw. Wikipedia), virtuelle Welten (bspw. Second Life) und MMORPGs[1] (bspw. World of Warcraft).[2] Diese Einordnung ist nicht abschließend, sondern entwickelt sich stetig fort.

Mithilfe Sozialer Medien tauschen sich insbesondere Privatpersonen auf den diversen Plattformen untereinander aus – meist wird dazu Text, Bild und Ton verwendet. Aber auch Unternehmen, Institutionen etc. haben den Weg in die sozialen Medien gefunden, verfolgen dabei allerdings andere Ziele. Während Unternehmen insbesondere das eigene Image, Bekanntheit,

---

1 Massively Multiplayer Online Role-Playing Game: Online-Computerspiel, in dem unbegrenzt viele Spieler_innen in Rollen miteinander das Spiel bestreiten.
2 Vgl. Aichner/Jacob 2015.

Mike Kuketz

Kundengewinnung und Kundenbindung im Fokus haben, sind es bei der privaten Nutzung eher das Gemeinschaftsgefühl und der Austausch von Informationen.

Auch aus der politischen Öffentlichkeit sind Soziale Medien heute nicht mehr wegzudenken. Die politische Meinungsbildung findet vermehrt mit Informationen aus sozialen Medien statt – ein Trend, den die COVID-19-Pandemie nochmal beschleunigt hat. Im Gegensatz zu anderen politischen Formaten ermöglichen die sozialen Medien einer breiten Öffentlichkeit, an Diskussionen teilzunehmen und sich über politische Abläufe zu informieren. Umgekehrt hat die Kommunikation und Diskussion in und über soziale Netzwerke einen erheblichen Einfluss auf die Politik. Die Verlagerung gesellschaftlicher Diskurse auf Soziale Medien bedeutet allerdings auch, dass die Meinungsbildung und Interpretationshoheit nicht mehr nur in der Hand des traditionellen Journalismus liegt.

Die Schattenseiten der sozialen Medien

Rund um den *Arabischen Frühling 2011* wurden Soziale Medien als **Technologie der Selbstermächtigung, Liberalisierung und Demokratisierung** gefeiert. Die sozialen Medien ermöglichten es Menschen in verschiedenen arabischen Ländern, einen gemeinsamen Protest gegen das autoritäre Regime zu organisieren. Doch je nachdem, aus welcher Perspektive man die sozialen Medien betrachtet, gibt es auch Schattenseiten. Der wohl prominenteste Fall vom Missbrauch Sozialer Medien geht auf das Jahr 2016 zurück, als sich Donald Trumps Wahlkampf auf detaillierte Persönlichkeitsprofile von mehr als 87 Millionen Facebook-Nutzer_innen stützte. Mithilfe der Datenanalyse-Firma Cambridge Analytica hat das Wahlkampfteam von Trump durch die Analyse von Nutzerdaten gezielt politische Botschaften an einzelne Gruppen gesendet, um deren Wahlverhalten zu beeinflussen.[3]

Abseits solcher Skandale deuten etliche Symptome darauf hin, dass es um den Zustand Sozialer Medien nicht allzu gut bestellt ist. Die Verbreitung von Fake News, Hatespeech und Verschwörungsmythen sind nur die Spitze eines Eisbergs, der sich unaufhaltsam auf Kollisionskurs mit den Interessen der Social Media-Betreiber befindet. Als Ursache nennt das Max-Planck-Institut für Bildungsforschung die voranschreitende infor-

---

3 Vgl. N.N. 2023.

mationelle Entmündigung der Nutzer_innen durch die Plattformbetreiber: „Für demokratische Gesellschaften ist es eine bedenkliche Entwicklung, wenn intransparente Algorithmen einiger weniger Konzerne entscheiden, was wir im Internet zu sehen bekommen."[4]

Plattformen wie Twitter und Facebook sind in erster Linie darauf optimiert, die Aufmerksamkeit der Nutzer_innen möglichst lange zu halten, um etwa interessenbezogene Werbung einzublenden oder bezahlte Inhalte in den Fokus zu rücken. Im Kern geht es also weniger darum, eine gesunde Debattenkultur zu fördern bzw. zu ermöglichen, sondern um Profitmaximierung. Algorithmen bevorzugen Inhalte, die möglichst viele Reaktionen hervorrufen – egal ob positive oder negative. Das erklärte Ziel ist lediglich, dass die Nutzer_innen möglichst lange verweilen und die (bezahlten) Inhalte konsumieren.

Die (Spiel-)Regeln diktieren also die Anbieter bzw. Plattformbetreiber, die ihre Monopolposition rücksichtslos ausnutzen, um zu bestimmen, welche Inhalte ihre Nutzer_innen zu sehen bekommen. Das ist insofern bedenklich, als nach dem Reuters Institute Digital News Report 2019 mehr als die Hälfte (55 Prozent) der weltweiten Internet-Nutzer_innen auf Soziale Medien oder Suchmaschinen zurückgreifen, um sich über die aktuelle Nachrichtenlage zu informieren.[5] Die öffentliche Meinung wird somit zu einem erheblichen Teil durch Inhalte aus sozialen Medien geprägt. Letztendlich bedeutet das: Irgendwelche Algorithmen bestimmen darüber, was die Nutzer_innen zu sehen bekommen, wenn sie sich über das Zeitgeschehen informieren. Damit haben Plattformen erheblichen Einfluss auf die Meinungsbildung und damit die Grundlagen demokratischer Entscheidungen.

Insbesondere der Generation Z (neun bis 24 Jahre), die vermutlich digital versierter sind als ihre Vorgänger_innen, wird oftmals eine höhere Medienkompetenz zugeschrieben. Das Stanford Internet Oberservatory zeigt in einer Untersuchung hingegen, dass ebendiese Generation besonders häufig auf Fake News im Netz hereinfällt, und leitet daraus sogar (negative) Auswirkungen auf die Demokratie ab. Bei „Offline-Entscheidungen" orientieren sich Teenager in der Regel an ihrem sozialen Umfeld. Online hingegen orientieren sich Teenager, begünstigt durch Soziale Medien, eher an einzelnen Persönlichkeiten, die viele Follower_innen haben

---

4 Max-Planck-Institut für Bildungsforschung 2020.
5 Newman, Nic 2019, S. 14.

(sog. Influencer_innen). Das hat zur Folge, dass Teenager (ca. 60 Prozent) bspw. häufiger den Aussagen von YouTube-Influencer_innen glauben als Nachrichtenorganisationen – und das, obwohl die meisten YouTuber_innen meist keine Expertise zu den angesprochenen Themen vorweisen können. So werden Behauptungen von „Meinungsmachern_innen" oftmals als Fakten gewertet, obwohl es sich bei genauerer Betrachtung um Fake News handelt.[6]

Letztendlich ist sozialen Medien damit etwas gelungen, was viele für undenkbar hielten: Nicht mehr Medienhäuser und Journalist_innen sind Gatekeeper von Informationen, sondern die Betreiber der Plattformen bzw. ihre Algorithmen. Die Deutungshoheit von Informationen hat sich demnach verlagert und befindet sich unter der Kontrolle von Algorithmen, die nach eigenen Kriterien entscheiden, welche Inhalte Verbreitung finden. Und diese Kriterien sind meist so gestaltet, dass der Plattformbetreiber den größten Eigennutzen daraus zieht. Die Nutzer_innen wiederum sind gern gesehene „Gäste", die letztendlich dieses datengetriebene Geschäftsmodell überhaupt erst ermöglichen.

Solange Soziale Medien von Plattformbetreibern dominiert werden, die insbesondere das eigene Interesse in den Vordergrund rücken, und jede Entscheidung daran gemessen wird, wie sich eine **Profitmaximierung** erzielen lässt, werden die dargestellten Probleme bleiben bzw. sich verschlimmern. Nachfolgend eine kurze Zusammenfassung jener Probleme, die die Nutzung Sozialer Medien auf kommerziell ausgerichteten Plattformen wie Twitter und Facebook problematisch macht:

- *Personalisierung*: Über die Ausspielung von Werbung bzw. bezahlter Inhalte erfolgt die Profitmaximierung. Maßgeblich gesteuert und beeinflusst wird dies durch die Sammlung und Verarbeitung der Nutzerdaten, die von Algorithmen ausgewertet werden, um die Nutzungsdauer auf den jeweiligen Plattformen zu maximieren.
- *Lock-in-Effekt*: Eine Kommunikation über Plattform-Grenzen hinweg ist meist nicht gewünscht. Dahinter steckt ein einfaches Kalkül: Neben der eigenen Plattform soll sich nach Möglichkeit keine Konkurrenz etablieren. Nutzer_innen kommerziell ausgerichteter Plattformen werden daher wie auf einer einsamen Insel gehalten, die keinen bzw. nur eingeschränkten Kontakt mit der Außenwelt zulässt.

---

6 Vgl. Heise online 2021.

- *Eigene (Spiel-)Regeln*: Monopole erleichtern die Diktatur von (Spiel-)Regeln, die jede_r zu akzeptieren hat, der auf einer Plattform mitwirken möchte. Verstößt man dagegen, obliegt es dem Plattformbetreiber, wie er damit umgeht.
- *Ungesunde Debattenkultur*: Statt möglichst gesunde Debatten zu ermöglichen, werden die Plattformen in erster Linie darauf optimiert, die Aufmerksamkeit der Nutzer_innen möglichst lange zu halten und sie auf bezahlte Inhalte zu lenken. Algorithmen bevorzugen dabei oftmals Inhalte, die möglichst viele Reaktionen hervorrufen – egal ob positive oder negative.
- *Datengetriebenes Geschäftsmodell*: Das Geschäftsmodell profitorientierter Sozialer Medien funktioniert nur, wenn Nutzer_innen ihre Daten bereitwillig und freiwillig zur Verfügung stellen. Im Austausch gegen ihre Daten erhalten Nutzer_innen dann die Möglichkeit, die Dienste der Anbieter „kostenlos" zu nutzen. Besonders perfide: Die Plattformanbieter setzen auf Dark Patterns bzw. Nudging[7], um Datenschutz-Einstellungen zu verstecken, diese missverständlich darzustellen oder den Nutzer_innen mit irreführenden Formulierungen vom Schutz seiner Privatsphäre abzuhalten. Dieses Vorgehen ist ein wichtiger Teil des Geschäftsmodells, denn wenn die Nutzer_innen plötzlich selbstbestimmt entscheiden könnten, was mit ihren Daten geschieht, wäre das Konzept wirtschaftlich nicht tragbar. Man muss an dieser Stelle wohl nicht mehr erwähnen, dass der_die Nutzer_in bei diesen datengetriebenen Geschäftsmodellen nicht der_die Kunde_in, sondern das Produkt ist.
- *Beeinflussung*: Plattformen beeinflussen, welche Inhalte die Nutzer_innen zu sehen bekommen, und haben dadurch eine erhebliche Einwirkung auf die Meinungsbildung und damit die Grundlagen demokratischer Entscheidungen.

Es bedarf eine Art „Exit-Strategie" von kommerziellen Social-Media-Plattformen, die maßgeblich bestimmen, wie und insbesondere welche Informationen wir wahrnehmen. Die Deutungshoheit über Informationen sollte nicht bei Betreibern liegen, deren erklärtes Ziel die eigene Rendite bzw. der Shareholder ist. Letztendlich muss die Autonomie über den eigenen Newsfeed in die Hände der Nutzer_innen gelegt werden, damit diese selbst

---

7 Vgl. Forbrukerrådet [Norwegische Verbraucherschutzorganisation] 2018. Zum Begriff „Nudging" siehe ausführlicher im Abschnitt: Vorschläge zur „Reparatur" Sozialer Medien.

entscheiden und anpassen können, nach welchen Kriterien Soziale Medien ihnen Inhalte anzeigen.

Ein Ausweg aus dem Dilemma könnte das Fediverse sein, das die Freiheit der Nutzer_innen in den Vordergrund rückt und auf Algorithmen verzichtet, die entscheiden, welche Inhalte sichtbar sind bzw. prominent präsentiert werden.

Das Fediverse

Wie bereits eingangs dargestellt, ist das Fediverse ein Netzwerk aus Plattformen, die wie bekannte Social Media-Dienste funktionieren, aber allen gehören. Die entscheidende Frage lautet nun, wie ein Netzwerk „allen gehören" kann und damit im eklatanten Widerspruch zu kommerziellen Social Media-Plattformen wie Twitter und Facebook steht. Die Antwort auf diese Frage liegt in der Struktur des Fediverse begründet, das dezentral organisiert ist und keine zentrale Steuereinheit kennt. Jede_r kann einen eigenen Server betreiben und beisteuern und an der Föderation[8] im Fediverse teilnehmen. Das Prinzip der Föderation wird bspw. seit Jahrzehnten erfolgreich bei E-Mails angewendet, für die es unzählige Anbieter gibt, bei denen ein_e Nutzer_in ein Konto registrieren kann. Die unterschiedlichen Anbieter betreiben wiederum eigene (E-Mail-)Server, die untereinander vernetzt sind bzw. über ein definiertes Protokoll die E-Mails austauschen. Dasselbe Prinzip wird beim Fediverse angewendet. Das bedeutet: Die Architektur des Fediverse bzw. das Prinzip der Föderation verfolgt einen **offenen** Ansatz der kollektiven Vernetzung, bei dem niemand ausgeschlossen wird. Anders als ein zentralisierter Dienst bestimmt nicht ein Anbieter allein die (Spiel-)Regeln, sondern alle gemeinsam. Daraus leitet sich die Vorstellung ab, dass das Fediverse ein Netzwerk ist, das „allen gehört". Ein Netzwerk von Nutzer_innen für Nutzer_innen – aber eben ohne die negativen Effekte, die aus den monopolistischen Strukturen kommerzieller Plattformen resultieren. Mit dem Fediverse geht folglich ein Paradigmenwechsel einher, der nicht nur das Ende des datengetriebenen Geschäftsmodells einläuten, sondern ebenfalls eine Antwort auf die aktuellen Probleme geben könnte, mit denen kommerzielle Social Media-Plattformen zu kämpfen haben.

Durch die dezentrale und gleichzeitig miteinander kompatible Struktur hat das Fediverse möglicherweise einen Weg gefunden, vom Netzwerkeffekt

---

8 Vgl. Deadlyhappen u. a. 2022.

zu profitieren und gleichzeitig auf nachteilige Effekte wie Werbung und Datensammelei zu verzichten. Anders als bei datengetriebenen Geschäftsmodellen herkömmlicher Social Media-Plattformen kommen keine „schädlichen" Algorithmen zum Einsatz, die die Nutzer_innen anhand ihrer Daten durchleuchten und bezahlte Inhalte in den Fokus rücken.

Leider geht mit dem föderierten und offenen Konzept des Fediverse auch ein Nachteil einher: Rendite lässt sich mit dieser Struktur kaum erzielen. Die verschiedenen Plattformen bzw. Angebote im Fediverse finanzieren sich in der Regel aus Spenden und werden durch Vereine oder Privatpersonen betrieben. Damit könnte langfristig ein Anreiz fehlen, um eine nachhaltige Aufrechterhaltung des Fediverse bzw. der darüber erreichbaren Plattformen bzw. Dienste zu gewährleisten. Es gibt aber auch einen Lichtblick: Einige öffentliche Institutionen haben nicht nur den Weg ins Fediverse gefunden, sondern betreiben dort auch eigene Server (Instanzen genannt), die sich in die föderierte Infrastruktur eingliedern. Als Beispiele seien an dieser Stelle der Bundesbeauftragte für Datenschutz und Informationsfreiheit[9] und der Landesbeauftragte Baden-Württemberg[10] genannt.

Das Fediverse: Struktur und Kommunikationsprotokoll

Das Fediverse erinnert etwas an das Internet der „Prä-Facebook-Ära", als sich noch nicht nahezu jede Kommunikation über zentrale Server bzw. kommerziell ausgerichtete Plattformen erstreckt hat. Vereinfacht ausgedrückt ist das Fediverse wie Twitter, Facebook oder YouTube und Co., nur ohne zentrale Betreiber, die ihre Nutzer_innen in einen sog. Walled Garden (geschlossene Plattform)[11] „einsperren". Stattdessen bilden mehrere Server (Instanzen) das Fediverse ab, indem sie vergleichbar wie bei E-Mail-Kommunikation als föderierte Infrastruktur agieren, bei der sich jede_r beteiligen darf. Abbildung 1 skizziert solch ein föderiertes Informationssystem, bei dem ein_e Nutzer_in (blau) über Servergrenzen (grün) hinweg mit anderen Nutzer_innen kommunizieren kann.

---

9 Vgl. Der Bundesbeauftragte für Datenschutz und Informationsfreiheit 2020.
10 Vgl. Der Landesbeauftragte für Datenschutz und Informationsfreiheit 2021.
11 „Eine geschlossene Plattform (auch Walled Garden oder geschlossenes System genannt) ist eine Plattform, die vom Hersteller mit Restriktionen versehen ist. Es handelt sich um einen Kontrollmechanismus, der die Nutzer im eigenen System halten soll." ThisNet u. a. 2022.

Mike Kuketz

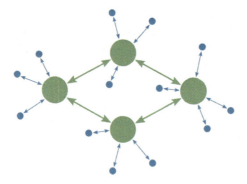

Abb. 1: Föderierte Infrastruktur

Abstrakt dargestellt ist das Fediverse also ein föderiertes Netzwerk, das sich aus vielen Servern (Instanzen) zusammensetzt. Auf jedem Server ist eine gewisse Anzahl an Nutzer_innen untergebracht. Der Clou: Jede Instanz des Fediverse kann einen anderen Dienst beherbergen. Es gibt bspw. Dienste für den Austausch von Kurznachrichten ähnlich wie Twitter (Mastodon) oder einen Facebook-ähnlichen Dienst (Friendica). Ein_e Nutzer_in kann sich nun für einen Dienst entscheiden und dennoch mit anderen Diensten bzw. Nutzer_innen im Fediverse interagieren.

Sinnbildlich kann man sich das Fediverse als Universum vorstellen, das unterschiedliche Galaxien (Dienste) umfasst. In jeder Galaxie gibt es eine Vielzahl von Planeten (Instanzen) auf denen sich Lebewesen (Nutzer_innen) niedergelassen haben und über alle Grenzen hinweg bzw. mit jedem_r im Universum kommunizieren können. Im Vergleich dazu ist ein Dienst wie Twitter lediglich ein Planet, auf dem die Lebewesen (Nutzer_innen) nur untereinander kommunizieren können – eine Kommunikation mit anderen Planeten oder sogar dem gesamten Universum ist nicht vorgesehen.

Damit die Interaktion bzw. Kommunikation in diesem riesigen Universum (Fediverse) auch über Galaxiegrenzen (Dienste) hinweg funktioniert, bedarf es einer Art Gemeinsprache, die jede_r versteht. Daher hat man sich beinahe im gesamten Fediverse auf ein Protokoll mit dem Namen ActivityPub[12] geeinigt – ein offenes, dezentrales Kommunikationsprotokoll, das vom World Wide Web Consortium (W3C) im Jahr 2018 als Standard verabschiedet wurde. Das Protokoll bildet die Grundlage für den Austausch von Inhalten unter nahezu allen Lebewesen (Nutzer_innen) im Fediverse.

---

12 Vgl. ActivityPub 2018.

Jede_r Nutzer_in hat eine Inbox und eine Outbox, die unter anderem eine eindeutige Anschrift besitzt, die sich aus der Adresse des Heimatplaneten (Instanz) und dem Nutzernamen zusammensetzt. Um nun andere Nutzer_innen im Fediverse zu erreichen, verfasst ein_e Nutzer_in einen Text, der nach dem Absenden in der Outbox abgelegt wird und nun von der Außenwelt abgerufen werden kann. Analog dazu wird eine Nachricht, die an die_den Nutzer_in adressiert ist, in ihrer bzw. seiner Inbox abgelegt.

Ein einheitliches Protokoll wie ActivityPub sorgt letztendlich dafür, dass die unterschiedlichen Dienste bzw. Plattformen im Fediverse miteinander Informationen austauschen können. Zum Fediverse werden allerdings auch Dienste wie Diaspora hinzugezählt, die eigene Protokolle verwenden. Der Begriff „Fediverse" ist demnach nicht abschließend bzw. einheitlich definiert. Oftmals werden dezentrale Netzwerke, die als Alternative zu Twitter oder Facebook gelten, als Fediverse bezeichnet. Diese unscharfe Definition bringt einige Probleme in der Praxis mit sich, weil dadurch die eigentliche Idee vom Fediverse untergraben wird. Zur Erinnerung: Ein_e Nutzer_in soll auf einer beliebigen Plattform im Fediverse ein Konto erstellen können und sich darüber mit allen Nutzer_innen auf allen anderen Plattformen austauschen können. Das funktioniert allerdings nur dann, wenn die Plattformen zueinander kompatibel sind bzw. ein einheitliches Protokoll (ActivityPub) zur Kommunikation nutzen. Die meisten Dienste im Fediverse unterstützen jedoch das ActivityPub-Protokoll, planen oder setzen eine Unterstützung dafür bereits um[13]. Die Prognose des Autors lautet daher: Alle Dienste, die das ActivityPub nicht unterstützen, werden in absehbarer Zeit nicht mehr Teil des Fediverse sein bzw. als solches bezeichnet.

Nachfolgend werden diverse Dienste aus dem Fediverse vorgestellt.

Dienste im Fediverse

Das Fediverse wächst beständig. Neue Dienste eröffnen neue Möglichkeiten und sorgen für wachsende Nutzerzahlen. Durch das Registrieren auf einer Instanz erhält man Zugang zum (kompletten) Fediverse. Der Nutzername besteht grundsätzlich aus zwei Teilen: Part eins ist der gewählte Name bzw. Nickname (bspw. lfdi). Part zwei ist die Domain der gewählten Instanz (bspw. bawü.social). Zusammengesetzt ergibt sich dann der eindeutige Nutzername: @lfdi@bawü.social.

---

13 Vgl. Laibcoms u. a. 2023.

Angelehnt an die Idee des Fediverse ist es nicht notwendig, für jeden Dienst eine separate Anmeldung vorzunehmen. Als Teilnehmer_in des Fediverse kann man sich mit allen anderen Nutzer_innen austauschen und diesen folgen. Es steht dem_r Nutzer_in also völlig frei, für welchen Dienst er_sie sich entscheidet.

Nachfolgend eine Auswahl an verschiedenen Diensten aus dem Fediverse. In Klammern stehen jeweils die unfreien, bekannten Dienste, welche am ehesten mit dem Dienst im Fediverse vergleichbar sind:

- *Mastodon (Twitter-Pendant):* Ähnlich wie Twitter ist Mastodon ein Microblogging-Dienst, über den sich Nutzer_innen direkt über Kurznachrichten (Toots) bis zu einer Länge von 500 Zeichen miteinander austauschen können. Das Teilen, also Verbreiten von anderen Toots nennt sich „Boost".
- *Pleroma (Twitter-Pendant):* Pleroma ist ebenfalls ein Microblogging-Dienst und vergleichbar mit Mastodon. Auf vielen Pleroma-Instanzen kann man Beiträge verfassen, die länger als die bei Mastodon üblichen 500 Zeichen sind.
- *PeerTube (YouTube-Pendant):* Die Videoplattform PeerTube ist eine Alternative zu geschlossenen Plattformen wie YouTube oder Vimeo. Auf PeerTube können Videos hochgeladen, angesehen und kommentiert werden. Ähnlich wie bei YouTube werden auch Kanäle unterstützt, die Nutzer_innen abonnieren können.
- *Funkwhale (Spotify-, Soundcloud-Pendant):* Funkwhale ist das Pendant zu PeerTube, auf dem Audio bzw. Musik hochgeladen, angehört und kommentiert werden kann. Für Musiker_innen, Hörbuch- oder Podcasthörer_innen ist Funkwhale eine Alternative zu unfreien Diensten wie Spotify oder Soundcloud.
- *Pixelfed (Instagram-Pendant):* Ähnlich wie Instagram ist Pixelfed ein Dienst zum Teilen, Verbreiten und Kommentieren von Fotos. Nutzer_innen können eigene Fotoalben anlegen, andere Fotos entdecken und in einer Timeline anderen Nutzern_innen/Fotograf_innen folgen.
- *Friendica (Facebook-Pendant):* Friendica ist ein soziales Netzwerk bzw. ein Macroblogging-Dienst, der mit Facebook vergleichbar ist. Es besteht unter anderem die Möglichkeit, sich mit anderen Nutzer_innen zu vernetzen, diesen zu folgen, sich in Gruppen zu organisieren, Fotoalben zu führen, Kommentare abzugeben und Inhalte mit „Likes" bzw. „Dislikes" zu versehen.

– *Hubzilla (Facebook-Pendant):* Auch Hubzilla ist charakteristisch ein soziales Netzwerk, das ähnlich wie Friendica funktioniert und mit Facebook vergleichbar ist. Wie bei einem sozialen Netzwerk üblich können sich Nutzer_innen untereinander vernetzen, Inhalte austauschen und diese kommentieren.
– *Mobilizon (Facebook-Events-Pendant):* Mobilizon ist eine freie Alternative zu Facebook-Events, mit dem sich Veranstaltungen organisieren und bewerben lassen. Neben dem Veranstaltungsort umfasst ein Event auf Mobilizon Datum, Zeit und optional eine Beschreibung.
– *Plume (WordPress-Pendant):* Plume ist ein föderierter Blogging-Dienst, mit dem sich größere Beiträge im Fediverse veröffentlichen lassen. Nutzer_innen können gemeinsam an einem Beitrag arbeiten und sich untereinander austauschen.
– *WriteFreely (WordPress-Pendant):* Genauso wie Plume ist WriteFreely ein föderierter Blogging-Dienst zum Verbreiten von Beiträgen bzw. Inhalten.

Ein weiterer bekannter Dienst (Diaspora) ist in der Aufzählung nicht genannt, weil er, wie oben bereits erwähnt, das ActivityPub-Protokoll bis dato nicht unterstützt, dies auch nicht plant[14] und damit voraussichtlich langfristig keine Zukunft haben wird.

Das nachfolgende Schaubild stellt die oben genannten Dienste bzw. Plattformen des Fediverse grafisch dar und skizziert mit verschiedenen Verbindungslinien, ob die jeweiligen Dienste untereinander kommunizieren können.

Das blaue Liniengeflecht steht stellvertretend für das ActivityPub-Protokoll, das von nahezu allen Diensten (außer Diaspora) unterstützt wird. Dienste wie Hubzilla oder Friendica unterstützen neben ActivityPub noch weitere, zum Teil plattformspezifische Protokolle wie Zot oder DFRN. Diese werden im vorliegenden Beitrag jedoch nicht näher betrachtet. Die Facebook-Alternative Diaspora ist etwas abseits dargestellt, da die fehlende Unterstützung des ActivityPub-Protokolls, außer zu Hubzilla und Friendica, keine weitere Kommunikation mit weiteren Diensten bzw. Plattformen im Fediverse zulässt.

Letztendlich ermöglicht ActivityPub, dass die Idee des Fediverse Realität wird und sich Nutzer_innen über Plattform-Grenzen hinweg miteinander austauschen können. Ohne eine Art „Gemeinsprache" wäre das Fediverse

---

14   Vgl. GitHub 2017.

ähnlich eingeschränkt wie unfreie, geschlossene Dienste, die keine Kommunikation mit anderen Diensten zulassen.

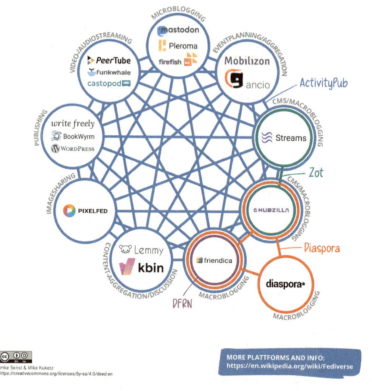

Abb. 2: *Plattformen und Protokolle im Fediverse*

Anzumerken ist noch, dass das Schaubild lediglich einen Teil des Fediverse darstellt. Die blauen, nach außen weisenden Linien (bspw. beim Pixelfed-Knoten) sollen dies verdeutlichen. Das Fediverse ist somit ein offenes, föderiertes Netzwerk, an das sich weitere Dienste anbinden lassen. Eine nicht abschließende Übersicht mit allen Fediverse-Diensten ist auf der englischsprachigen Wikipedia zu finden.[15]

Vorteile des Fediverse

Aufgrund seiner föderalen, offenen Struktur kann jede_r am Fediverse teilnehmen und das Netzwerk mit einer Instanz bereichern. Das bedeutet: Anders als bei geschlossenen, zentralisierten, auf Profit ausgerichteten Plattformen hat das Fediverse keine Eigentümer_innen und keine Shareholder, die mit fragwürdigen Geschäftsmodellen operieren. Frei von jedem (Erfolgs-)Druck kann das Fediverse wachsen und muss dabei weder Gewinn machen, noch seine Nutzer_innen mit Algorithmen manipulieren oder Daten verkaufen.

Es wäre allerdings utopisch zu behaupten, das Fediverse löse alle Probleme, mit denen Soziale Medien heute zu kämpfen haben. Im Gegensatz zu kommerziell ausgerichteten Plattformen wie Twitter und Facebook hat das Fediverse allerdings einige Vorteile, die in Einklang mit weiteren Maßnahmen dazu beitragen können, den „Gesundheitszustand" Sozialer Medien wieder zu verbessern:

- *Werbe- und überwachungsfrei:* Das Fediverse und seine Dienste sind in aller Regel werbe- und überwachungsfrei. Es werden also keine Daten aufgezeichnet, die dazu benutzt werden können, den_die Nutzer_in auf irgendeine Art zu beeinflussen. Ein datengetriebenes Geschäftsmodell wäre mit dem Grundgedanken des Fediverse auch nicht vereinbar, das die Freiheit der Nutzer_innen und seiner Inhalte in den Vordergrund stellt.
- *Chronologische Timeline:* Die meisten Fediverse-Dienste bieten eine Timeline an, die aktuelle Ereignisse bzw. Nachrichten darstellt. Anders als bei kommerziell ausgerichteten Plattformen ist die Timeline allerdings nicht manipuliert bzw. wird von einem Algorithmus beeinflusst, der bspw. Inhalte bevorzugt, die eine Reaktion des_r Nutzers_in wahrscheinlich machen und ihn dadurch länger auf der Plattform verweilen lassen. Nicht der Betreiber stellt also die Timeline zusammen und legt damit fest, was der_die einzelne Nutzer_in zu sehen bekommt, sondern der_die Nutzer_in legt im Fediverse selbst fest, was in seiner Timeline angezeigt wird. Verharmlosend wird die Timeline bei Twitter oder Face-

---

15 Vgl. Laibcombs u. a. 2023.

book auch gerne als „personalisiert" bezeichnet – obwohl diese eine gezielte Manipulation der Nutzer_innen erlaubt.
- *Kein Lock-In:* Im Gegensatz zu geschlossenen Plattformen, bei der eine Kommunikation über Plattform-Grenzen (meist) nicht gewünscht ist, steht es dem_r Nutzer_in im Fediverse vollkommen frei, selbst zu entscheiden, auf welchem Dienst bzw. Instanz er ein Konto eröffnet. Er kann auch jederzeit den Betreiber wechseln und sich für eine andere Instanz entscheiden. Diese Wahlfreiheit sorgt einerseits für einen gesunden Wettbewerb zwischen den Betreibern und fördert gleichzeitig auch die Autonomie jedes Einzelnen.

Insbesondere der Verzicht auf Algorithmen, die bestimmen, welche Inhalte der einzelne Nutzer angezeigt bekommt, ist wohl der entscheidende Unterschied zwischen dem Fediverse und kommerziell ausgerichteten Plattformen wie Twitter, Facebook, YouTube und Co. Je mehr Menschen sich aktiv im Fediverse beteiligen, Inhalte verbreiten und sich dort miteinander vernetzen bzw. austauschen, umso geringer wird die Einflussmöglichkeit der vom Profit getriebenen Plattformen. Eine Meinungsbildung, insbesondere der Verzicht auf Algorithmen, die bestimmen, welche Inhalte der_die einzelne Nutzer_in angezeigt bekommt, ist wohl der entscheidende Unterschied zwischen dem Fediverse und kommerziell ausgerichteten Plattformen wie Twitter, Facebook, YouTube und Co. Je mehr Menschen sich aktiv im Fediverse beteiligen, Inhalte verbreiten und sich dort miteinander vernetzen bzw. austauschen, umso geringer wird die Einflussmöglichkeit der vom Profit getriebenen Plattformen. Eine Meinungsbildung, die unabhängig von manipulierenden Algorithmen funktioniert, kann die Grundlage für demokratische Entscheidungen und Strukturen stärken.

Vorschläge zur „Reparatur" Sozialer Medien

Allein der Wechsel ins Fediverse wird die vorherrschenden Probleme Sozialer Medien zunächst vermutlich lindern, aber nicht nachhaltig lösen. Die föderale Infrastruktur und die offenen Schnittstellen des Fediverse sind kein Garant dafür, dass sich Fake News, Hatespeech etc. nicht weiter ausbreiten. Es bedarf weitere Maßnahmen und Ansätze, um die sozialen Medien zu reparieren. Ein internationales Forscherteam hat im Fachmagazin

Nature Human Behavior[16] Lösungsvorschläge vorgestellt, in dem Probleme wie Fake News, Hatespeech und Verschwörungsmythen adressiert werden. Zusammengefasst sollen diverse Maßnahmen den_die Nutzer_in dabei unterstützen, Informationen besser einordnen zu können. Ein Beitrag könnte bspw. mit der Zusatzinformation versehen werden, wie oft (und schnell) sich dieser verbreitet, geliket und auch tatsächlich angeklickt (gelesen) wurde. Häufig beinhalten Beiträge lediglich die Information, wie oft sie geliket wurden, aber nicht, ob der Inhalt tatsächlich auch angeklickt bzw. gelesen wurde.

Hinter dem Begriff „Nudging" verbirgt sich eine Methode, wie man bei Menschen mit kleinen psychologischen „Stupsern" in Entscheidungssituationen ein gewünschtes Verhalten auslöst. Das Prinzip des Nudgings wird insbesondere von Tech-Konzernen wie Google und Facebook gerne „missbraucht", um den_die Nutzer_in hinsichtlich seiner Datenschutz- bzw. Privatsphäre-Entscheidungen zu manipulieren. Das Ziel: Dem_r Nutzer_in wird die Kontrolle (über seine_ihre Daten) vorgetäuscht, Einstellungen versteckt bzw. missverständlich dargestellt, um den_r Nutzer_in vom Schutz seiner Privatsphäre abzuhalten. In der Studie „Deceived by Design"[17] wird anschaulich dargestellt, wie sich Tech-Konzerne das Nudging zu eigen machen. Eben das Prinzip des Nudgings möchten die Forscher_innen nun nutzen, um den_r Nutzer_in „positiv" im Umgang mit sozialen Medien zu beeinflussen. Die Rede ist von einem „pädagogischen Nudging", bei dem zusätzliche Hinweise zu einem Beitrag eingeblendet werden. Es soll bspw. hervorgehoben werden, wenn Inhalte aus wenigen oder anonymen Quellen stammen (wie bei Wikipedia) und die Nutzer_innen dadurch erinnern, Inhalte gründlicher zu prüfen. Ebenso könnten Seiten bzw. Informationen von staatlichen Medien oder journalistische Inhalte wiederum als solche gekennzeichnet werden. Das Ziel des pädagogischen Nudgings ist also, das Verhalten der Nutzer_innen auf wichtige (Zusatz-)Informationen zu lenken, ohne Regeln oder Verbote aufzustellen. Inhalte, die verschiedene Quellen beinhalten und diese auch verlinken, könnten bevorzugt in sozialen Medien dargestellt werden. Bei Inhalten, die wiederum keine ausreichenden Quellenangaben haben, könnte ein Hinweisfenster (Pop-Up) die Nutzer_innen vor dem Teilen und Verbreiten warnen.

Die Autor_innen schlagen noch weitere Lösungen wie das „Boosting" vor – ein Prinzip, um die Nutzer_innen längerfristig zu befähigen, Inhal-

---

16 Vgl. Lorenz-Spreen/Lewandowsky/Sunstein/Hertwig 2020.
17 Vgl. Forbrukerrådet [Norwegische Verbraucherschutzorganisation] 2018.

te besser einordnen zu können. Das kann bspw. dadurch erfolgen, dass Nutzer_innen selbst über die Gestaltung und Sortierung ihres Newsfeeds mitbestimmen können. Anders als beim Nudging ist das Boosting eine Förderung der Entscheidungskompetenz, die auch dann noch wirksam ist, wenn keine zusätzlichen Informationen zu einem Inhalt eingeblendet werden.

Im Kern geht es dem Forscherteam darum, die Informiertheit der Nutzer_innen zu fördern, damit diese selbst in der Lage sind, die Qualität einer Quelle bzw. Information einordnen zu können. Den Autor_innen zufolge reichen Informationen allein allerdings nicht aus, um die sozialen Medien zu reparieren. Als weiteren Vorschlag soll der_die Nutzer_in die Autonomie über den eigenen Newsfeed zurückerlangen bzw. selbst bestimmen, wie der Newsfeed gestaltet und sortiert wird. Die Kontrolle über den Newsfeed setzen die Forscher_innen mit einer „Informationsautonomie" gleich.

Fazit

Eingangs wurde die Frage aufgeworfen, ob das Fediverse womöglich das Potenzial mitbringt, die Welt der sozialen Medien nachhaltig zu verändern. Die Antwort auf diese Frage kann nicht allein das Fediverse geben, sondern wird entscheidend von den Nutzer_innen geprägt, die sich in den sozialen Medien miteinander vernetzen und austauschen.

Das Fediverse gibt mit seiner föderalen und offenen Struktur den Rahmen vor und vereint voneinander unabhängige soziale Netzwerke, Microblogging-Dienste und Webseiten in einem gemeinsamen Netzwerk. Anders als kommerzielle Social Media-Plattformen stehen im Fediverse insbesondere die Freiheit, Autonomie und Inhalte der Nutzer_innen im Vordergrund. Die Deutungshoheit über Informationen liegt bei den Nutzer_innen und wird nicht von Algorithmen bzw. bezahlten Inhalten beeinflusst, die das Ziel haben, die Aufmerksamkeit der Nutzer_innen möglichst lange zu halten, um den Profit zu maximieren.

Die Antwort auf die eingangs gestellte Frage ist also nicht, ob das Fediverse das Potenzial mitbringt, die Welt der sozialen Medien nachhaltig zu verändern, sondern wie wir es als Gesellschaft schaffen, eine Art „Exit-Strategie" von kommerziellen Social Media-Plattformen zu formulieren. Ausgehend von der Annahme, dass die meisten Nutzer_innen bereits über die negativen Auswirkungen bzw. Einflüsse heutiger Sozialer Medien aufgeklärt sind, die hauptsächlich von profitorientierten Unternehmen betrieben werden, stellt sich also die Frage, wie wir es schaffen, die Nutzer_innen a) von den Vorteilen des Fediverse zu überzeugen und b) möglichst viele Nutzer_innen dazu zu bewegen, ein Konto im Fediverse zu erstellen und dies aktiv zu nutzen. Ganz entscheidende Faktoren hierbei sind Institutionen, Medien, Politik und Influencer_innen, die nicht nur eine gewisse Vorbildfunktion haben, sondern aufgrund ihrer Reichweite und Präsenz erheblich dazu beitragen können, die Gesellschaft auf Alternativen wie das Fediverse aufmerksam zu machen. Ob es das Fediverse letztendlich schafft, kommerziellen Plattformen auf Augenhöhe zu begegnen, hängt entschieden davon ab, ob bzw. wie viele Nutzer_innen den Weg ins Fediverse finden und dort auch bleiben wollen.

Die gute Nachricht: Die nötige Gegenbewegung hat bereits begonnen – immer mehr Institutionen, Politiker und Co. finden den Weg ins Fediverse oder stellen sogar eigene Instanzen bereit, auf denen sich Nutzer_innen registrieren können. Die Wahrheit ist aber auch, dass es weit mehr Vorbilder braucht, die vorangehen, um die Machtverhältnisse zu verschieben.

Fest steht: Die sozialen Medien befinden sich im Wandel. Die Frage ist, in welche Richtung wir uns bewegen (wollen): weiter in Richtung Überwachungskapitalismus, der durch sein datengetriebenes Geschäftsmodell und intransparente Manipulation das Zeug dazu hat, unsere liberale Demokratie von innen heraus auszuhöhlen oder entscheiden wir uns für eine andere Richtung, die freie Entscheidungen, Autonomie und damit letztendlich das Individuum zur Selbstbestimmung in der digitalisierten Welt befähigt? Der Weg ins Fediverse könnte letztendlich entschieden dazu beitragen, dass Menschen wieder selbst entscheiden, wer was wann und wozu über eine Person weiß. Das wäre dann „gelebte" informationelle Selbstbestimmung, die den freiheitsbeschneidenden Tendenzen heutiger Sozialer Medien entgegenwirkt.

Literatur

ActivityPub (2018): Spezifikation. Online: https://www.w3.org/TR/activitypub/ (letzter Zugriff: 25.01.2023).

Aichner, Thomas/Jacob, Frank: Measuring the Degree of Corporate Social Media Use. In: International Journal of Market Research. Band 57, Nr. 2, 2015, S. 257–275.

Deadlyhappen u. a. (2022): Föderation (Informatik). Online: https://de.wikipedia.org/wiki/Föderation_(Informatik) (letzter Zugriff: 25.01.2023).

Der Bundesbeauftragte für Datenschutz und Informationsfreiheit (2020): BfDI startet mit eigenem Social Media Kanal. Online: https://www.bfdi.bund.de/SharedDocs/Pressemitteilungen/DE/2020/25_Social-Media-Kanal.html (letzter Zugriff: 25.01.2023).

Der Landesbeauftragte für Datenschutz und Informationsfreiheit (2021): LfDI öffnet Mastodon-Instanz für öffentliche Stellen. Online: https://www.baden-wuerttemberg.datenschutz.de/lfdi-oeffnet-mastodon-instanz-fuer-oeffentliche-stellen/ (letzter Zugriff: 25.01.2023).

Forbrukerrådet [Norwegische Verbraucherschutzorganisation] (2018): Deceived by Design. How tech companies use dark patterns to discourage us from exercising our rights to privacy. Online: https://fil.forbrukerradet.no/wp-content/uploads/2018/06/2018-06-27-deceived-by-design-final.pdf (letzter Zugriff: 25.01.2023).

GitHub (2017): Support ActivityPub #7422. Online: https://github.com/diaspora/diaspora/issues/7422 (letzter Zugriff 25.01.2023).

Heise online (2021): Warum die Generation Z auf Fake News im Netz hereinfällt. Online: https://www.heise.de/hintergrund/Warum-die-Generation-Z-auf-Fake-News-im-Netz-hereinfaellt-6133760.html (letzter Zugriff 02.06.2023).

Laibcombs u. a. (2023): Fediverse (Communication protocols used in the fediverse). Online: https://en.wikipedia.org/wiki/Fediverse#Communication_protocols_used_in_the_fediverse (letzter Zugriff: 25.01.2023).

Lorenz-Spreen, Philipp/Lewandowsky, Stephan/Sunstein, Cass R./Hertwig, Ralph (2020): How behavioural sciences can promote truth, autonomy and democratic discourse online. In: nature human behavior (4), 1102 – 1109 (2020). Online: https://www.nature.com/articles/s41562-020-0889-7 (letzter Zugriff: 25.01.2023).

Max-Planck-Institut für Bildungsforschung (2020): Transparenz statt schnelle Klicks. Online: https://www.mpg.de/14933957/0611-bild-131579-pm-mpib-online-welt (letzter Zugriff: 25.01.2023).

Newman, Nic (2019): Reuters Institute Digital News Report 2019. Online: https://reutersinstitute.politics.ox.ac.uk/sites/default/files/inline-files/DNR_2019_FINAL.pdf (letzter Zugriff: 25.01.2023).

N.N. (2023): Donald Trumps Präsidentschaftswahlkampf 2015/16. Erklärungen für den unerwarteten Sieg. Online: https://de.wikipedia.org/wiki/Donald_Trumps_Präsidentschaftswahlkampf_2015/16#Erklärungen_für_den_unerwarteten_Sieg (letzter Zugriff: 24.01.2023).

ThisNet u. a. (2022): Geschlossene Plattform. Online: https://de.wikipedia.org/wiki/Geschlossene_Plattform (letzter Zugriff: 25.01.2023).

Curriculum Vitae Herausgeber_innen

Dr. Stefan Brink leitet seit Januar 2023 das unabhängige Institut wida in Berlin (**w**issenschaftliches **I**nstitut für die **D**igitalisierung der **A**rbeitswelt), das den digitalen Wandel mit Blick auf unsere Bürgerrechte begleitet und Digital-Projekte fördert. Mit zahlreichen Gutachten zu Themen des Datenschutzes und der Digitalisierung, als Herausgeber des führenden Datenschutz-Kommentars in Deutschland und mit seinem Podcast „Follow the Rechtsstaat" (mit Prof. Niko Härting) gestaltet er den digitalen Wandel mit.

Von Januar 2017 bis Dezember 2022 war Stefan Brink durch Wahl des Landtags Baden-Württemberg Landesbeauftragter für den Datenschutz und die Informationsfreiheit in Baden-Württemberg und Mitglied der Konferenz der Datenschutzbeauftragten der deutschen Länder und des Bundes DSK. Durch sein Engagement als „Freiheitsbeauftragter", zahlreiche Veröffentlichungen in den Printmedien, eigene Podcasts („Datenfreiheit") und eine Videoreihe mit bekannten Gesprächspartnern zum Thema digitaler Freiheit („B.suchtFREIHEIT") zählt Stefan Brink zu den bekanntesten Datenschützern in Deutschland.

Von 2008 bis 2016 war er Leiter Privater Datenschutz beim Landesbeauftragten für den Datenschutz Rheinland-Pfalz, seit 2012 zugleich stellvertretender Landesbeauftragter für die Informationsfreiheit Rheinland-Pfalz.

Er gibt seitdem zwei Standard-Kommentare zum Datenschutz und zur Informationsfreiheit mit heraus und kommentiert dort und in anderen Werken zu verfassungsrechtlichen, einfachrechtlichen und rechtspolitischen Fragestellungen.

Im Herbst 2022 wurde Stefan Brink mit dem Datenschutzpreis der Gesellschaft für Datenschutz und Datensicherheit GDD, Bonn, ausgezeichnet.

Seit 2023 gehört er dem Vorstand der GDD an. Zugleich ist er Mitglied des wissenschaftlichen Beirats der Zeitschrift für den Datenschutz ZD (Beck Verlag München) sowie der Zeitschrift PinG (Privacy in Germany, ESV Verlag Berlin).

Prof. Dr. Petra Grimm ist seit 1998 Professorin für Medienforschung und Kommunikationswissenschaft an der Hochschule der Medien (Stuttgart). Sie ist Leiterin des Instituts für Digitale Ethik (IDE) und Ethikbeauftragte der Hochschule der Medien.

Ihre Forschungsschwerpunkte sind „Digitalisierung der Gesellschaft", „Ethik der KI und Robotik", „Narrative Ethik" und „Mediennutzung von Kindern und Jugendlichen". Hierzu hat sie zahlreiche Publikationen veröffentlicht und Forschungsprojekte durchgeführt. Ihr Lehrgebiet ist Digitale Ethik und Narrative Medienforschung in Master- und Bachelor-Studiengängen.

Petra Grimm ist u.a. Mitglied im Baden-Württemberg Center of Applied Research (BW-CAR) und der Deutschen Gesellschaft für Publizistik (Fachgruppe Kommunikations- und Medienethik). Sie ist (Mit-)Herausgeberin der Schriftenreihe Medienethik.

Dr. des. Clarissa Henning ist seit Februar 2020 Referentin für Datenethik und Digitalkompetenz beim Landesbeauftragten für den Datenschutz und die Informationsfreiheit Baden-Württemberg. Seit Dezember 2020 ist sie Persönliche Referentin des Landesbeauftragten.

Zuvor war Clarissa Henning Wissenschaftliche Mitarbeiterin an der Hochschule der Medien (HdM) Stuttgart im Institut für Digitale Ethik (IDE) unter Leitung von Prof. Dr. Petra Grimm, Prof. Dr. Tobias Keber und Prof. Dr. Oliver Zöllner. Zudem ist sie seit Jahren als Lehrbeauftragte an verschiedenen Hochschulen tätig. Ihre Lehrinhalte umfassen Medienwissenschaft und Rezeptionsforschung (Hochschule der Medien Stuttgart) oder „Ethik für Informatiker" (Duale Hochschule Baden-Württemberg Karlsruhe; Hasso-Plattner-Institut, Universität Potsdam).

Seit 2023 ist Clarissa Henning Mitglied des SWR-Rundfunkrats. Zudem ist sie stellv. Vorsitzende der medienpolitischen Kommission des Katholischen Deutschen Frauenbundes (KDFB) und Mitglied der Gesellschaft für Medienwissenschaft (AG Mediensemiotik).

Prof. Dr. Tobias Keber ist seit dem 1. Juli 2023 Landesbeauftragter für den Datenschutz und die Informationsfreiheit Baden-Württemberg.

Zuvor war Tobias Keber Professor für Medienrecht und Medienpolitik in der digitalen Gesellschaft an der Hochschule der Medien (HdM) Stuttgart, Lehrbeauftragter für Internetrecht im Masterstudiengang Medienrecht am Mainzer Medieninstitut an der Johannes Gutenberg-Universität Mainz sowie im Leitungsgremium des Instituts für Digitale Ethik (IDE) an der Hochschule der Medien Stuttgart. Vor seiner akademischen Laufbahn war er Rechtsanwalt.

Tobias Keber ist Vorsitzender des Wissenschaftlichen Beirats der Gesellschaft für Datenschutz und Datensicherheit (GDD), Herausgeberbeirat der

Fachzeitschrift Recht der Datenverarbeitung (RDV) und Autor zahlreicher Fachpublikationen zum nationalen und internationalen Medien-, IT- und Datenschutzrecht.

Prof. Dr. Oliver Zöllner lehrt seit 2006 Medienforschung, Mediensoziologie und Digitale Ethik an der Hochschule der Medien Stuttgart, wo er gemeinsam mit Kolleg_innen das Institut für Digitale Ethik (IDE) leitet. Ebenso ist er Mitglied der Ethikkommission der Hochschule der Medien Stuttgart. Als Honorarprofessor ist Oliver Zöllner zudem an der Heinrich-Heine-Universität Düsseldorf tätig.

Zu seinen Forschungsschwerpunkten zählen Fragen der Digitalisierung, der digitalen Transformation und der damit verbundenen Aspekte der reflexiven Medienkompetenz. Zu seinen Spezialgebieten gehören außerdem die strategische Eigendarstellung von Staaten (Public Diplomacy, Nation Branding) wie auch Prozesse der Identitätsbildung in Gesellschaften.

Oliver Zöllner ist Mitherausgeber der Schriftenreihe Medienethik im Franz Steiner Verlag.